中国ESG研究院文库

主 编：钱龙海 柳学信

中国上市公司ESG评价研究2021

张天华 刘柳 王凯 著

ESG Evaluation Report of
Chinese Listed Companies 2021

经济管理出版社
ECONOMY & MANAGEMENT PUBLISHING HOUSE

图书在版编目（CIP）数据

中国上市公司 ESG 评价研究 . 2021/张天华，刘柳，王凯著 . —北京：经济管理出
版社，2023. 1
（中国 ESG 研究院文库/钱龙海，柳学信主编）
ISBN 978-7-5096-9087-1

Ⅰ.①中…　Ⅱ.①张…②刘…③王…　Ⅲ.①上市公司—企业环境管理—评价—
研究报告—中国—2021　Ⅳ.①F279.246

中国国家版本馆 CIP 数据核字（2023）第 112885 号

组稿编辑：梁植睿
责任编辑：梁植睿
责任印制：黄章平
责任校对：张晓燕

出版发行：经济管理出版社
　　　　　（北京市海淀区北蜂窝 8 号中雅大厦 A 座 11 层　100038）
网　　址：www. E-mp. com. cn
电　　话：（010）51915602
印　　刷：唐山玺诚印务有限公司
经　　销：新华书店
开　　本：720mm×1000mm/16
印　　张：16. 75
字　　数：241 千字
版　　次：2023 年 1 月第 1 版　　2023 年 1 月第 1 次印刷
书　　号：ISBN 978-7-5096-9087-1
定　　价：78. 00 元

中国 ESG 研究院文库编委会

中国 ESG 研究院文库总序

环境、社会和治理是当今世界推动企业实现可持续发展的重要抓手，国际上将其称为 ESG。ESG 是 Environmental（环境）、Social（社会）和 Governance（治理）三个英文单词的首字母缩写，是企业履行环境、社会和治理责任的核心框架及评估体系。为了推动落实可持续发展理念，联合国全球契约组织（UNGC）于 2004 年提出了 ESG 概念，得到各国监管机构及产业界的广泛认同，引起国际多双边组织的高度重视。ESG 将可持续发展包含的丰富内涵予以归纳整合，充分发挥政府、企业、金融机构等主体作用，依托市场化驱动机制，在推动企业落实低碳转型、实现可持续发展等方面形成了一整套具有可操作性的系统方法论。

当前，在我国大力发展 ESG 具有重大战略意义。一方面，ESG 是我国经济社会发展全面绿色转型的重要抓手。中央财经委员会第九次会议指出，实现碳达峰、碳中和"是一场广泛而深刻的经济社会系统性变革"，"是党中央经过深思熟虑作出的重大战略决策，事关中华民族永续发展和构建人类命运共同体"。为了如期实现 2030 年前碳达峰、2060 年前碳中和的目标，党的十九届五中全会提出"促进经济社会发展全面绿色转型"的重大部署。从全球范围来看，ESG 可持续发展理念与绿色低碳发展目标高度契合。经过十几年的不断完善，ESG 在包括绿色低碳在内的环境领域已经构建了一整套完备的指标体系，通过联合国全球契约组织等平台推动企业主动承诺改善环境绩效，推动金融机构的 ESG 投资活动改变被投企业行为。目前联合国全球契约组织已经聚集了超过 1.2 万家领军企业，遵循 ESG 理念的投资机构管理的资产规模超过 100 万亿美元，汇聚成为推动绿色低碳发展的强大力量。积极推广 ESG 理念、建立 ESG 披露标准、完善 ESG 信息披露、促进企业 ESG 实践，充分发挥 ESG 投资在推动碳达峰、碳中和过程中的激励约束作用，是我国经济社会发展全面绿色转型的重要抓手。

另一方面，ESG 是我国参与全球经济治理的重要阵地。气候变化、极端天气是人类面临的共同挑战，贫富差距、种族歧视、公平正义、冲突对立是人类面临的重大课题。中国是一个发展中国家，发展不平衡不充分的问题还比较突出；同时，中国也是一个世界大国，对国际社会负有大国责任。2021 年 7 月 1 日，习近平总书记在庆祝中国共产党成立 100 周年大会上的重要讲话中强调，中国始终是世界和平的建设者、全球发展的贡献者、国际秩序的维护者，展现了负责任大国致力于构建人类命运共同体的坚定决心。大力发展 ESG 有利于更好地参与全球经济治理。

大力发展 ESG 需要打造 ESG 生态系统，充分协调政府、企业、投资机构及研究机构等各方关系，在各方共同努力下向全社会推广 ESG 理念。目前，国内关于绿色金融、可持续发展等主题已有多家专业研究机构。首都经济贸易大学作为北京市属重点研究型大学，拥有工商管理、应用经济、管理科学与工程和统计学四个一级学科博士学位点及博士后站，依托国家级重点学科"劳动经济学"、北京市高精尖学科"工商管理"、省部共建协同创新中心（北京市与教育部共建）等研究平台，长期致力于人口、资源与环境、职业安全与健康、企业社会责任、公司治理等 ESG 相关领域的研究，积累了大量科研成果。基于这些研究优势，首都经济贸易大学与第一创业证券股份有限公司、盈富泰克创业投资有限公司等机构于 2020 年 7 月联合发起成立了首都经济贸易大学中国 ESG 研究院（China Environmental, Social and Governance Institute，以下简称研究院）。研究院的宗旨是以高质量的科学研究促进中国企业 ESG 发展，通过科学研究、人才培养、国家智库和企业咨询服务协同发展，成为引领中国 ESG 研究和 ESG 成果开发转化的高端智库。

研究院自成立以来,在科学研究、人才培养及对外交流等方面取得了突破性进展。研究院围绕 ESG 理论、ESG 披露标准、ESG 评价及 ESG 案例开展科研攻关,形成了系列研究成果。一些阶段性成果此前已通过不同形式向社会传播,如在《当代经理人》杂志 2020 年第 3 期"ESG 研究专题"中发表,在 2021 年 1 月 9 日研究院主办的首届"中国 ESG 论坛"上发布等,产生了较大的影响力。近期,研究院将前期研究课题的最终成果进行了汇总整理,并以"中国 ESG 研究院文库"的形式出版。这套文库的出版,能够多角度、全方位地反映中国 ESG 实践与理论研究的最新进展和成果,既有利于全面推广 ESG 理念,也可以为政府部门制定 ESG 政策和企业发展 ESG 实践提供重要参考。

尚福林

前　言

　　ESG，是一种兼顾环境、社会和治理效益的可持续发展框架和工具，体现了追求长期价值增长的理念和价值观。企业践行 ESG 理念，与国家提出绿色低碳、可持续发展的目标高度契合。企业 ESG 评价是对企业有关环境、社会和治理表现及相关风险管理的评估。我国在 2020 年 9 月明确提出"双碳"目标，国务院于 2020 年 10 月印发了《关于进一步提高上市公司质量的意见》，并颁布一系列措施提升整体社会福利水平，ESG 的重要性体现在社会发展的各个环节，各个领域的参与者已就 ESG 理念的践行进行着深入的讨论。以上市公司为代表的企业作为国家经济、社会发展的重要组成部分，在"十四五"时期，更应该主动提高环境保护意识，承担企业社会责任，提高自身治理水平。有效评价企业 ESG 绩效表现对企业准确定位自身发展水平，进而针对性地提升 ESG 绩效表现具有重要意义。

　　近年来，ESG 已经成为国际上企业非财务绩效的主流评价体系，国外多家机构都推出了 ESG 指数及衍生投资产品，如美国 KLD 公司、明晟公司、富时集团分别发布的 Domini 400 Social Index、MSCI ESG 系列指数、FTSE4Good 系列指数等，标普道琼斯也发布了 The Dow Jones 可持续发展系列指数。国内方面，商道融绿、社会价值投资联盟、嘉实基金管理有限公司、上海华证指数信息服务有限公司等机构均设计了指标体系，针对企业 ESG 相关绩效表现进行评价。中国 ESG 研究院充分调研已有评价体系，同时在理论基础、评价导向、指标选取等方面更充分地契合中国情境，于2021 年推出《国内外 ESG 评价与评级比较研究》，提出中国 ESG 研究院对上市公司的 ESG 评价原则，设计相应的评价指标体系，并对我国金融业以及批发和零售业上市公司的 ESG 实践进行了评价。

2022 年，中国 ESG 研究院围绕 ESG 披露标准进行科研攻关，结合理论基础、政策导向和实践焦点，秉持实质性、集成性、系统性原则，通过开放式编码—轴心式编码—选择性编码，构建了"1+N"的企业 ESG 披露标准体系，牵头起草了《企业 ESG 披露指南》团体标准，并于 2022 年4 月 16 日发布，填补了我国企业 ESG 披露标准领域的空白。本书以《国内外 ESG 评价与评级比较研究》为基础，参照《企业 ESG 披露指南》，基于实质共赢、兼收并蓄、扎根国情等原则，深入调研各评价体系，结合中国企业的 ESG 实践，形成针对中国上市公司的 ESG 绩效表现评价报告，以期衡量企业 ESG 绩效表现，推动企业持续改进 ESG 实践，为政府决策、投资机构 ESG 投资提供参考。

本书构建了综合考虑环境保护、社会责任和公司治理水平的 ESG 通用评价体系，用于分析上市公司全行业表现情况。指标体系包括 3 个一级指标、10 个二级指标、57 个三级指标，力图兼顾经济、环境、社会和治理效益，促进企业和组织形成追求长期价值增长的理念。通过各大权威数据平台收集、计算得到 4138 家上市公司相应指标数据并根据不同标准进行打分，最终得到 4138 家企业的 ESG 各项得分和总得分。通过对企业得分的整体分析和各个指标的对比，本书发现 ESG 总得分排名前 50% 的企业在财务方面表现要优于排名后 50% 的企业，企业践行 ESG 发展理念能够有效促进企业更好地应对经济环境的突发变化，帮助利益相关者做出更好的管理策略和投资选择。

在分行业评价中，本书参照证监会发布的《2020 年 4 季度上市公司行业分类结果》文件，对 2020 年 A 股上市公司按照不同门类进行归类，共分为农、林、牧、渔业，采矿业，制造业，电力、热力、燃气及水的生产和供应业，建筑业，批发和零售业，交通运输、仓储和邮政业，住宿和餐饮业，信息传输、软件和信息技术服务业，金融业，房地产业，租赁和商务服务业，科学研究和技术服务业，水利、环境和公共设施管理业，教育业，卫生和社会工作业，文化、体育和娱乐业（因公司数量过少，分类结果不包括居民服务、修理和其他服务业和综合门类）。本书还针对制造业门类下的热门行业大类医药制造业和汽车制造业进行深入分析。首先增加了行业特色指标，调整了指标权重，构建了适用于各个行业的评价体系，对各个行业上市公司的 ESG 表现进行评价，并对其 ESG 理念的践行情况以及 ESG 绩效对财务指标的影响进行分析。

　　本书的撰写得到了首都经济贸易大学中国 ESG 研究院的大力支持。施妙玲、袁伟峰、张睿嘉、韩宇、刘宇航、李英杰、江志国作为重要成员分别参与了以下章节的信息收集和文本撰写工作：全行业，医药制造业，汽车制造业；农、林、牧、渔业，房地产业，科学研究和技术服务业；采矿业，电力、热力、燃气及水的生产和供应业，文化、体育和娱乐业；制造业，金融业；建筑业，信息传输、软件和信息技术服务业，租赁和商务服务业；批发和零售业，水利、环境和公共设施管理业，教育业；交通运输、仓储和邮政业，住宿和餐饮业，卫生和社会工作业。王雨时和刘若曦也对本书中相关数据的收集工作提供了帮助。

目　录

第三篇 总结与建议

第一篇

全行业评价

第1章 上市公司全行业 ESG 评价

1.1 上市公司 ESG 评价背景

1.1.1 上市公司 ESG 评价

ESG，是一种兼顾环境、社会和治理效益的可持续发展框架和工具，体现了追求长期价值增长的理念和价值观，是中国社会经济实现高质量发展、构建新发展格局的有力抓手之一。上市公司是我国经济社会的重要组成部分，截止到 2021 年底，我国上市公司总市值超过 91 万亿元，占 GDP 比重达 80%，上市公司对于 ESG 理念的贯彻程度直接影响了我国高质量发展水平。

2020 年 9 月，我国明确提出 2030 年前实现碳达峰与 2060 年前实现碳中和的目标。2021 年 10 月，中共中央、国务院印发《关于完整准确全面贯彻新发展理念做好碳达峰碳中和工作的意见》。2015 年 6 月，国家标准《社会责任指南》和《社会责任报告编写指南》发布，并于 2016 年 1 月实施。2020 年 10 月，国务院印发《关于进一步提高上市公司质量的意见》，明确提出提高上市公司治理水平等要求。为持续推进"双碳"战略，逐步落实社会责任，稳步提高公司治理水平，我国政府各部门通过多方面努力，引导上市公司践行 ESG 理念，提高 ESG 绩效。2018 年 6 月，中国证监会首次在《上市公司治理准则》修订版中明确要求上市公司对环境、社会责任和公司治理方面的信息进行披露。根据上市公司披露信息，对其进行 ESG 评价，是促进上市公司践行 ESG 理念、改善 ESG 表现、提高 ESG 绩效的重要方法。

1.1.2　中国 ESG 研究院上市公司 ESG 评价

中国 ESG 研究院旨在系统研究并推动 ESG 研究成果在实践中转化，推广并践行 ESG 理念，助力新时代经济高质量发展。研究院推出 ESG 相关系列图书：《ESG 理论与实践》，深入分析了 ESG 相关理论和国内外实践经验；《ESG 披露标准体系研究》，对国内外披露标准进行总结分析，制定中国 ESG 披露标准体系；《国内外 ESG 评价与评级比较研究》，对国内外各 ESG 评价与评级体系进行梳理与比较，构建中国 ESG 研究院 ESG 评价指标体系，对我国金融业和批发零售业上市公司的 ESG 实践进行了评价；《中国 ESG 发展报告 2021》，从 ESG 政策法规、ESG 信息披露、ESG 评价评级、ESG 投资等多方面，分析阐述 ESG 发展的现状与态势。

本书在以上研究基础上，依托中国 ESG 研究院研究资源，在国家高质量发展要求的背景下，完善中国 ESG 研究院 ESG 评价指标体系，扩展评价范围，对我国全体上市公司的 ESG 实践进行评价。

1.2　通用评价指标体系

1.2.1　评价指标

中国 ESG 研究院上市公司 ESG 评价体系与中国 ESG 研究院已发布研

究成果一脉相承，基于实质共赢、兼收并蓄、扎根国情等原则，以《国内外 ESG 评价与评级比较研究》为基础，同时参照由首都经济贸易大学中国 ESG 研究院牵头制定的团体标准《企业 ESG 披露指南》，结合中国企业的 ESG 实践，在理论基础、评价导向、指标选取等层面加强与中国情境以及时代背景的契合度，构建了更加适用于中国企业的 ESG 评价指标体系。

评价体系共包含 3 个一级指标、10 个二级指标、57 个三级指标。一级指标包括环境（E）、社会（S）和治理（G），力图兼顾经济、环境、社会和治理效益，促进企业和组织形成追求长期价值增长的理念。环境（E）评价要素主要包含资源消耗、废物排放、防治行为；社会（S）评价要素主要包含员工权益、产品责任、社会响应、时代使命；治理（G）评价要素主要包含治理结构、治理机制、治理效能。具体指标如表 1.1 所示。

表 1.1　评价指标体系

一级指标	二级指标	三级指标
环境指标（E）	资源消耗	总用水量、单位营收耗水量、天然气消耗、燃油消耗、煤炭使用量
	废物排放	总温室气体排放、氮氧化物排放、二氧化硫排放、悬浮粒子/颗粒物、废水/污水排放量
	防治行为	有害废弃物量、无害废弃物量、总能源消耗、人均能源消耗、耗电量、节水/省水数量、节省能源数量
社会指标（S）	员工权益	女性员工比例、是否披露职工权益保护、雇员总人数、平均年薪、离退休人数比例、人均培训投入
	产品责任	是否披露客户及消费者权益保护、是否披露供应商权益保护
	社会响应	合规经营、是否披露社会责任制度建设及改善措施、诉讼次数、是否披露公共关系和社会公益事业
	时代使命	非管理层员工薪酬、实交所得税、社会捐赠额

一级指标	二级指标	三级指标
治理指标（G）	治理结构	第一大股东持股比例、机构投资者持股比例、股权制衡、两权分离度、高管持股比例、女性董事占比、董事会规模、董事会独立董事比例、董事长和CEO是否是同一人、监事人数
	治理机制	是否有股权激励计划、高管年薪、是否有现金分红、ROE、营业收入同比增长、管理费用率、大股东占款率、股息率、质押股票比例、商誉/净资产、关联交易
	治理效能	社会责任报告是否参照GRI、财报审计出具标准无保留意见、内控审计报告出具标准无保留意见、非经常性损益占比

1.2.2 特色指标解读

2021年8月17日，中央财经委员会第十次会议召开，习近平总书记再次强调了共同富裕是社会主义的本质要求，是中国式现代化的重要特征，要坚持以人民为中心的发展思想，在高质量发展中促进共同富裕。可见，促进共同富裕成为中国现代化发展的新的时代使命。会议还指出要"正确处理效率和公平的关系，构建初次分配、再分配、三次分配协调配套的基础性制度安排"。

关于优化我国三次分配机制的计划早已有所讨论：党的十九届四中全会作出坚持和完善中国特色社会主义制度、推进国家治理体系和治理能力现代化的重大决定，其中便涉及优化收入分配机制问题，具体包括以下要点：坚持按劳分配为主体、多种分配方式并存；鼓励勤劳致富，保护合法收入；增加劳动者特别是一线劳动者劳动报酬，提高劳动报酬在初次分配中的比重；健全劳动、资本、土地、知识、技术、管理、数据等生产要素由市场评价贡献、按贡献决定报酬的机制；健全以税收、社会保障、转移支付等为主要手段的再分配调节机制，强化税收调节，完善直接税制度并逐步提高其比重；重视发挥第三次分配的作用，发展慈善等社会公益事业；增加低收入者收入，扩大中等收入群体，调节过高收入，清理规范隐性收入，取缔非法收入；合理调节城乡、区域、不同群体间分配关系。

中国上市公司更应该积极承担起促进共同富裕的社会责任以及在三次分配中发挥正向作用。在本评价指标体系中，设定了非管理层员工薪酬、实交所得税和社会捐赠额 3 个三级指标，分别对上市公司在初次分配、再分配和三次分配中，积极履行自身时代使命，承担社会责任的表现进行衡量和评价。

1.2.2.1 初次分配

在我国，初次分配是指市场根据要素效率进行分配。上市公司在初次分配中应强化工资收入支付履行能力，增加员工特别是一线员工的劳动报酬，提高员工工资在初次分配中的比重。本指标体系选取上市公司的非管理层员工薪酬对此进行衡量和评价。

1.2.2.2 再分配

二次分配是政府通过税收、扶贫及社会保障统筹等方式进行再分配。要实现资源的最大化合理配置，促进共同富裕，就要充分发挥政府主导的再分配作用，这就要求上市公司积极履行纳税主体的责任，依法纳税，全力支持国家政府工作，促进收入分配最大限度的公平合理。本指标体系选取上市公司的实交所得税对此进行衡量和评价。

1.2.2.3 三次分配

三次分配则是各个社会主体在道德力量的作用下，通过募集、捐赠、志愿等慈善公益方式资源进行的收入分配。促进共同富裕要求充分发挥企业在社会捐赠方面的力量，落实捐赠政策，鼓励企业积极投身社会公益事业。本指标体系选取上市公司的社会捐赠额对此进行衡量和评价。

1.2.3 权重设置

指标权重设置方面，评价体系结合社会经济发展现状，根据指标数据的重要性和可得性，首先采用专家打分和计量统计的方式，确定各二级指标在 E、S、G 3 个一级指标下的权重分配；3 个一级指标权重设置中，在给予治理（G）指标以较高的权重的基础上，考虑不同行业评价侧重点的不同，均衡环境（E）和社会（S）指标的权重设定，确保评价结果的客观性，权重分配如图1.1所示。

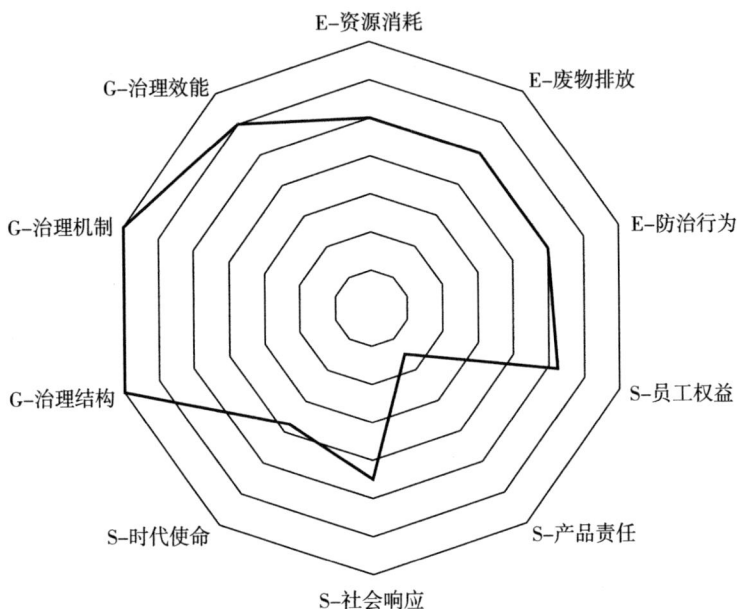

图 1.1　全行业评价权重分配

1.3　ESG 得分描述性统计

表1.2展示了根据证监会分类和筛选得到的4138家企业ESG总得分及环境（E）、社会（S）、治理（G）各分项得分的描述性统计结果。从中可以看到，4138家企业的ESG总得分均值仅为30.37分，属于较低的水平，这在一定程度上反映出中国大部分企业尚未重视ESG工作，有待真正意识到ESG对企业长远发展的重要性，也仍需进一步做好企业自身

信息披露工作，尤其是企业环境保护和治理方面的信息。此外，ESG 总得分的标准差为 7.15 分，最小值仅为 10.72 分，与 63.95 分的最大值相差较大，表明在 ESG 理念的重视程度和践行力度方面，各企业相差较大。

表 1.2　全行业 ESG 得分描述性统计

变量	样本量（家）	均值（分）	标准差（分）	最小值（分）	中位数（分）	最大值（分）
环境（E）得分	4138	2.45	8.33	0	0	69.76
社会（S）得分	4138	42.26	13.05	4.68	41.56	88.28
治理（G）得分	4138	42.38	8.04	9.77	42.71	65.40
ESG 总得分	4138	30.37	7.15	10.72	29.48	63.95

纵向比较环境（E）、社会（S）和治理（G）的得分，在均值方面，三大分支得分均值分别为 2.45 分、42.26 分和 42.38 分，可以看出，上市公司在公司治理和承担社会责任方面得分相近，在环境保护方面表现较差。社会（S）得分的最大值达到 88.28 分，说明部分公司能够积极承担社会责任；环境（E）和治理（G）得分的最大值相差不大，均接近 70 分，说明部分企业能够在一定程度上履行环境保护责任，提高自身治理质量。三大分支最小值得分均小于 10 分，说明部分上市公司对践行 ESG 理念、提高自身可持续发展水平的重视程度较低，有很大改善空间。

1.4　企业 ESG 理念践行情况

1.4.1　环境维度

环境（E）得分均值为 2.45 分，中位数为 0，而该项得分不为 0 的企业平均得分也仅为 16 分。说明半数以上的企业没有有效披露环境信息，披露环境信息的企业得分也整体偏低。企业自身和政府相关部门在环境保护和治理方面的重视程度亟须加强。环境（E）得分的最小值和最大值相差近 70 分，得分超过 50 分的只有 31 家企业且其中有 18 家企业属于制造业，表明分属不同行业的企业，对于环境保护投入和环境保护信息披露的重视程度不均衡，而且表现优异的企业数量有限。过去传统的高能耗、高污染、高排放的粗放型产业结构已经无法适应中国当前经济发展的需求，也不符合世界经济发展的趋势，关注中国企业环境保护现状，引导中国企业重视环境保护，不仅可以进一步提高各项资源的利用效率，减少能源消耗，同时有利于解决当前的环境污染及生态安全问题。

1.4.1.1 资源消耗

资源消耗包含了总用水量、单位营收耗水量、天然气消耗、燃油消耗、煤炭使用量 5 个三级指标。生产用水、天然气、燃油、煤炭是企业生产经营会消耗的主要自然资源，但通过数据查找和计算，这 5 个三级指标中信息披露度最高的是总用水量和单位营收耗水量：4138 家企业中有 132 家企业进行了数据披露；信息披露度最低的是煤炭使用量，仅能收集到 41 家企业的相关数据，这说明企业应加强自然资源消耗信息的披露。

共有 26 家企业资源消耗得分在 80 分或以上，其中得分排名前三的企业分别是来自制造业的中航光电，交通运输、仓储和邮政业的珠海港以及金融业的中国人寿，这三家企业的得分均在 90 分或以上。从数据得分上可以看到，得到 95 分的中航光电不仅披露了 2020 年总用水量、天然气消耗等主要能源消耗的数据，并且在总用水量、天然气消耗、燃油消耗、煤炭使用量上均少于全行业的中值。

1.4.1.2 废物排放

与资源消耗相比，企业在废物排放方面的信息披露相对完整，披露程度最高的是氮氧化物排放：4138 家企业中有 374 家企业进行了披露。而披露程度相对较低的是悬浮粒子/颗粒物，仅有 66 家企业进行了披露。

全行业仅有 9 家企业废物排放指标的得分在 80 分或以上，其中得分排名前三的企业均来自制造业，分别是一拖股份、上海电气、科伦药业，得分均在 85 分或以上。得到最高分 95 分的一拖股份不仅披露了氮氧化物、二氧化硫、悬浮粒子/颗粒物、废水/污水这四项主要生产经营废弃物的排放量数据，并且这四项废弃物排放量数值均少于全行业的中值。一拖股份 2020 年贯彻落实国家相关法律法规和公司多项规章制度，积极采取节能措施，建立节能目标和能源统计体系，促进提升能源综合利用效率；柴油发动机是拖拉机的重要零部件，也是一拖股份的重要生产产品，2020年公司在完成对铸造、涂装等废气治理的同时，加大了对柴油发动机试验台架废气的治理力度，通过对氮氧化物治理技术和发动机试验台架性能要求的研究，制定了专项技术方案，投入资金购置安装了专业净化设施 20台，保证废气处理设备的效率和可靠性，满足国内最严格的柴油发动机试验废气治理的要求，大大减少生产环节中废气排放量。

1.4.1.3 防治行为

信息披露程度方面，总体上对这 7 个三级指标进行数据披露的企业数量不多，其中耗电量披露情况最为优异：4138 家企业中也仅得到 123 家企业的数据；无害废弃物量这一指标只有 52 家企业的数据，与有害废弃物量指标的 103 家企业数据相比少了近一半，这侧面表明了多数企业在废弃物分类记录标准以及信息披露方面需要进一步引导和规范。

相比于资源消耗和废物排放，企业在防治行为上得分较低，表现较差。有 17 家企业得分在 60 分以上，仅有制造业的福莱特公司得分在 80分以上，这表明相关部门应进一步加强对企业能源节省、废物减排等防治行为的引导和监督，企业应增强自身环境防治意识和责任感，完善节能减排相关措施的执行。

1.4.2 社会维度

社会（S）得分方面，不同企业得分波动最大，标准差达到 13.05分，最小值与最大值相差超过 80 分，说明各企业对承担社会责任的重视程度存在很大的差异。全行业有 392 家企业的社会（S）得分在 60 分或以上，其中有 13 家企业得分达到 80 分或以上，说明相当一部分企业注重对员工福利的投入和企业社会形象的建设。企业在创造利润、对股东和员工负责的同时，还要承担相应的社会责任，通过提高员工福利、注重产品责任、响应社会需求、履行时代使命、顺应时代潮流、建设良好的企业形象，进而实现长远发展。

1.4.2.1 员工权益

员工权益的信息整体披露度较高，其中6个三级指标的披露程度存在一定差异，较低的是人均培训投入——有3987家企业没有相关数据的披露，女性员工比例——有3889家企业没有相关数据的披露；最高的是平均年薪——经过计算可得到4134家企业的数据，相关部门和社会各界应加强对企业的监督，引导企业进一步加强对员工权益的重视，尤其是员工培训和女性员工等方面数据的披露。

尽管员工权益数据披露程度较高，但是此项得分在60分或以上的企业只有122家，其中仅有4家企业的得分在80分以上，表明不同企业在员工权益保障方面和重视程度存在较大差异，并且表现优秀的企业数量有限。得分超过80分的4家企业分别是金融业的浦发银行，制造业的上海电气和华海药业，信息传输、软件和信息技术服务业的焦点科技，其中最高分是浦发银行的82.7分。根据企业2020年年报数据，浦发银行积极披露员工相关数据，并且各项数据得分皆为高分，2020年企业推出全行业首个AI基金培训师，已完成超过1.8万人次的培训。

1.4.2.2 产品责任

企业客户和供应商在企业供应链中扮演着至关重要的角色，产品责任这一指标重点关注这两个角色的合法权益在企业的生产经营中是否得到切实保障。产品责任包含是否披露客户及消费者权益保护、是否披露供应商权益保护2个三级指标，从得分来看，有1291家企业没有披露这2个三级指标的数据，668家企业只披露其中1个三级指标的数据，有2179家企业披露了2个三级指标的数据。这说明客户和供应商的权益保护在大多数企业中得到了重视，但是仍有相当一部分的企业需要加强相关信息的披露。

1.4.2.3 社会响应

共有 82 家企业的社会响应得分在 80 分或以上，其中有 5 家企业的得分为 100 分，说明加强上市公司相关信息的披露规范工作取得一定成效，有相当数量的上市公司在合规经营以及承担社会责任方面表现优秀；同时有 148 家企业得分为 0 分，由此可以看出不同上市公司在社会响应方面存在较大的差异，相关部门仍需进一步规范和引导上市公司对于社会响应指标的披露，强化企业合规经营，提高上市公司的发展质量。

此项指标中，共有 5 家企业得分为 100 分，其中 3 家来自制造业，主营医药制造，这与新冠肺炎疫情背景下医药行业快速发展存在一定的关系。其中，人福医药公司于 2020 年发布了第一份 ESG 报告，积极披露公司生产安全、环境保护、公司治理等信息，将合规经营、诚信经营视为企业发展的基本要求，同时杜绝商业贿赂等反公平竞争的行为，支持药品反垄断，通过自身努力维持行业良性竞争环境和秩序。

1.4.2.4 时代使命

时代使命下 3 个三级指标信息披露度较好，共有 3968 家企业披露了相关数据信息，说明近年来越来越多的企业意识到自身的时代使命责任。

从得分情况来看，有 593 家企业得分在 80 分或以上，其中有 243 家企业得分为 100 分。江西铜业公司秉承"履行社会责任，做优秀企业公民"的理念，积极投身社会公益事业，热心各项公益活动，近年捐助了 1 亿多元用于扶贫、救灾、助学和慈善救济、道路改造等社会公益事业；同时，着力发挥龙头企业优势，积极在为社会创造就业机会、增加当地财政收入、促进地方铜业发展等方面作贡献。

1.4.3 治理维度

治理（G）得分均值为 42.38 分，最高得分为 65.40 分，在 4138 家企业中有 46 家企业公司治理得分在 60 分或以上，在治理方面表现优秀的企业数量有限，行业内能够起到引导作用的企业不多。大多数企业得分集中在 30~50 分，企业未来需进一步提高公司治理水平。2020 年 10 月国务院印发的《关于进一步提高上市公司质量的意见》提出了政府部门强化持续监管，优化上市公司结构和发展环境，使上市公司运作规范性得到明显提升，信息披露质量不断改善，突出问题得到有效解决，可持续发展能力和整体质量显著提高。

1.4.3.1 治理结构

治理结构的评分指标较多，大部分企业得分较低——有3406家企业得分集中在20~40分，第一大股东持股比例、股权制衡等4个指标的数据披露度较低，有较多企业需要进一步提高相关信息的披露程度。16家企业得分在50分及以上，其中最高分企业是来自电力、热力、燃气及水的生产和供应业的富春环保公司，得分为54.6分。富春环保公司在2020年年报中积极披露公司治理情况，公司治理水平得分较高。

1.4.3.2 治理机制

共有139家企业治理机制得分在60分及以上，但是质押股票比例、关联交易等指标的信息披露度较低。相当一部分企业在2020年没有股权激励计划，现代企业理论和国内外企业的实践表明，股权激励对于改善公司组织架构、降低管理成本、提升管理效率、增强公司凝聚力和核心竞争力都有积极作用。治理机制得分最高的企业是制造业的鞍钢股份公司，积极披露2020年治理机制的相关数据，其得分达到74.2分。

1.4.3.3 治理效能

治理效能的4个指标信息披露程度较高，绝大部分企业都进行了披露，只有42家企业没有披露相关数据，得分为0分，不同公司在治理效能方面有一定差异。

随着公司治理理论的发展和现代企业的积极实践，上市公司的治理效能实现了显著提升，有209家企业治理效能得分在80分或以上，其中有34家企业得到100分，说明部分上市公司十分重视提高公司治理效能。

1.5 企业财务分析

1.5.1 财务指标对比

表 1.3 分别从平均总市值、盈利能力、运营效率和偿债能力四个方面，对比了上市公司 ESG 总得分排名前 50% 和排名后 50% 企业的表现。从表中可以看出，ESG 总得分排名前 50% 企业的平均总市值达到 349 亿元，明显高于 ESG 总得分排名后 50% 企业的平均总市值（69.4 亿元）。以净资产收益率和营业利润率为代表的盈利能力、以总资产周转率和应收账款周转率为代表的运营效率方面，总得分排名前 50% 的企业表现更优。总得分排名前 50% 的企业流动比率均值为 2.13，得分排名后 50% 企业的流动比率均值为 3.17，虽然排名前 50% 企业的流动比率均值较低，但不能完全说明其偿债能力更差，存货、待摊费用等均会影响流动比率。平均资产负债率方面，两者差别不大。

表 1.3　全体上市公司财务指标对比

ESG 总得分排名	平均总市值（亿元）	盈利能力		运营效率		偿债能力	
		净资产收益率（%）	营业利润率（%）	总资产周转率（次）	应收账款周转率（次）	流动比率	资产负债率（%）
前 50%	**349**	**4.6**	**5.3**	**0.64**	**65.9**	2.13	46.3
后 50%	69.4	-2.7	-145.5	0.54	19.4	**3.17**	**48.7**

1.5.2 投资回报分析

图 1.2 展示了 ESG 总得分排名前 50% 和排名后 50% 的企业在月个股

回报率上的差异。图例中纵轴为对应日期的月个股回报率（考虑现金分红）；横轴为 2020 年 1 月至 2021 年 12 月的股票交易日，为了更清晰、直观地展示不同组别下月个股回报率的差异及变动趋势，选择了每个月的个股回报率数据，共 24 个时间点上的两组数值进行比较。

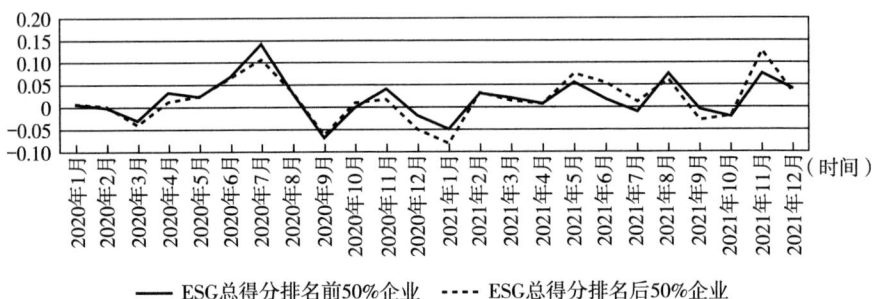

图 1.2　ESG 总得分排名前 50% 和后 50% 企业的月个股回报率对比

注：本书不应被接收者作为其投资决策的依据，不对任何人使用本书内容的行为或由此而引致的任何损失承担任何责任。

由图 1.2 的结果可知，在 2020 年绝大部分时间内，前者的月个股回报率均高于后者。2020 年 10 月国务院印发的《关于进一步提高上市公司质量的意见》得到了各地政府和企业的重视，资本市场也更加关注企业的 ESG 表现，2020 年 10 月至 2021 年 4 月，总得分排名前 50% 的企业在市场活跃时能够带来更大的收益，在市场低迷时能够避免更大的损失。总得分排名前 50% 的企业在 2021 年的整体市场表现优势不大，但在 2021 年 1 月和 2021 年 9 月，整体市场月个股回报率均为负值的情况下，表现要明显优于 ESG 得分较低的企业，说明 ESG 表现优异的企业，能够在整体市场出现较大损失风险时，获得市场参与人员的认可，帮助投资者避免更大的损失。

第二篇

分行业评价

第2章 农、林、牧、渔业
上市公司 ESG 评价

2.1 评价指标体系

2.1.1 评价指标

农、林、牧、渔业包括农用机械、林业设备和器具、畜牧养殖设备和用具、渔业设备和用具、粮油加工机械、饲料加工机械、屠宰和肉类初加工设备、农副产品加工、木材加工、家具制造机械和其他等行业大类。根据中国证监会 2021 年最新发布的《上市公司行业分类指引》，农林牧渔业可划分为"农业""林业""畜牧业""渔业"以及"农、林、牧、渔服务业"五个大类。农、林、牧、渔业 ESG 评价指标体系共计包含 3 个一级指标、10 个二级指标、60 个三级指标（包含 57 个通用指标和 3 个行业特色指标）。一级指标包括环境（E）、社会（S）和治理（G），环境（E）评价要素主要包含资源消耗、废物排放、防治行为；社会（S）评价要素主要包含员工权益、产品责任、社会响应、时代使命；治理（G）评价要素主要包含治理结构、治理机制、治理效能。具体指标如表 2.1 所示。

表 2.1　评价指标体系

一级指标	二级指标	三级指标
环境指标（E）	资源消耗	总用水量、单位营收耗水量、天然气消耗、燃油消耗、煤炭使用量
	废物排放	总温室气体排放、氮氧化物排放、二氧化硫排放、悬浮粒子/颗粒物、废水/污水排放量、**是否有粉尘排放说明**、**COD 排放量**
	防治行为	有害废弃物量、无害废弃物量、总能源消耗、人均能源消耗、耗电量、节水/省水数量、节省能源数量
社会指标（S）	员工权益	女性员工比例、是否披露职工权益保护、雇员总人数、平均年薪、离退休人数比例、人均培训投入
	产品责任	是否披露客户及消费者权益保护、是否披露供应商权益保护
	社会响应	合规经营、是否披露社会责任制度建设及改善措施、诉讼次数、是否披露公共关系和社会公益事业、**是否有保障国家战略物资方案**
	时代使命	非管理层员工薪酬、实交所得税、社会捐赠额
治理指标（G）	治理结构	第一大股东持股比例、机构投资者持股比例、股权制衡、两权分离度、高管持股比例、女性董事占比、董事会规模、董事会独立董事比例、董事长和 CEO 是否是同一人、监事人数
	治理机制	是否有股权激励计划、高管年薪、是否有现金分红、ROE、营业收入同比增长、管理费用率、大股东占款率、股息率、质押股票比例、商誉/净资产、关联交易
	治理效能	社会责任报告是否参照 GRI、财报审计出具标准无保留意见、内控审计报告出具标准无保留意见、非经常性损益占比

2.1.2　特色指标解读

2.1.2.1　是否有粉尘排放说明、COD 排放量

粉尘污染会对人体的多种系统或器官带来危害，企业通过加装除尘设施等方式减少粉尘排放，有益于员工和周边社区居民的身体健康。COD（化学需氧量）超标排放会破坏水体平衡，经过食物链的传递最终引起人体慢性中毒，进而损伤肾、肺等多种重要器官。2020 年 6 月发布的第二次全国污染源普查结果显示，农副食品加工业 COD 排放量占整个工业源排放量的 19.68%。近年来，我国高度重视农业绿色发展，在对第十三届全国人民代表大会常务委员会第四次会议的建议答复上，农业农村部乡村

产业发展司指出，发展生态循环农业是农业绿色发展的必然要求。相关政府部门也于近年频发关于绿色环保农业的规范要求、计划意见等文件，例如中共中央办公厅、国务院办公厅于 2017 年 9 月印发的《关于创新体制机制推进农业绿色发展的意见》指出，要完善农业资源环境管控制度、建立农业绿色循环低碳生产制度，以及要完善农业生态补贴制度，推动农业绿色发展；同年原农业部印发了《种养结合循环农业示范工程建设规划（2017—2020 年）》，支持整县打造种养生态循环产业链；国家发展和改革委员会会同农业农村部等九部门于 2021 年 3 月印发《关于"十四五"大宗固体废弃物综合利用的指导意见》，推动农作物秸秆、畜禽粪污等大宗固体废弃物综合利用，持续推进秸秆肥料化、饲料化、基料化、燃料化、原料化利用。这些举措表明了中央对绿色生态循环发展的决心。

2.1.2.2　是否有保障国家战略物资方案

战略物资储备的目的既包括应对战争、自然灾害、流行疾病等危机突发事件，减缓突发冲击，降低损失伤害，也包括应对经济周期中出现的物资紧缺或物价剧烈波动等社会经济失调状况。战略物资储备的重要性在历史中一遍又一遍地被证明，例如 2008 年汶川地震发生后，我国立即集中力量向地震灾区投放粮油、燃油等物资，最大限度地挽回灾区同胞生命和财产损失；2019 年猪肉价格上涨，商务部会同国家发展和改革委员会、财政部等部门向市场投放储备猪肉，全力保障市场供应，平抑物价；新冠肺炎疫情暴发后，应急管理部会同国家粮食和物资储备局紧急调运中央救灾物资支持湖北做好疫情防控工作，有效地抑制了疫情形势的进一步恶化。应该注意到，战略物资储备绝不仅是政府层面的任务，更需要依靠社会资源，依靠各家企业的参与。灾难发生时，需要企业承担社会责任，在日常经营过程中，企业需要能够主动地、有意识地、战略性地建立战略物资储备制度，保障国家战略物资。

2.1.3　权重设置

中国 ESG 研究院对上市公司的打分采用的数据均来自社会公开信息，

包含万得（WIND）数据库、国泰安（CSMAR）数据库、锐思（RES-SET）数据库、企业社会责任报告、企业可持续发展报告、企业年度财务报告、企业年度审计报告、企业公司章程、企业官网信息、监管机构披露、权威资料记载、权威媒体报道、正规社会组织调研等。数据收集过程由中国 ESG 研究院的助理研究员手工收集完成，并且均经过反复交叉核对，保证了数据的准确性。

在各指标权重设置方面，本评价体系与中国 ESG 研究院研究成果一脉相承，参考 ESG 通用评价体系权重设置，并结合社会经济发展现状和农、林、牧、渔业行业特点，根据指标数据的重要性和可得性，首先采用专家打分和计量统计的方式，确定各二级指标在 E、S、G 3 个一级指标下的权重分配；在 3 个一级指标权重设置中，在给予"环境（E）指标"以较高的权重的基础上，均衡"治理（G）指标"和"社会（S）指标"的权重设定确保评价结果的客观性，权重分配如图 2.1 所示。

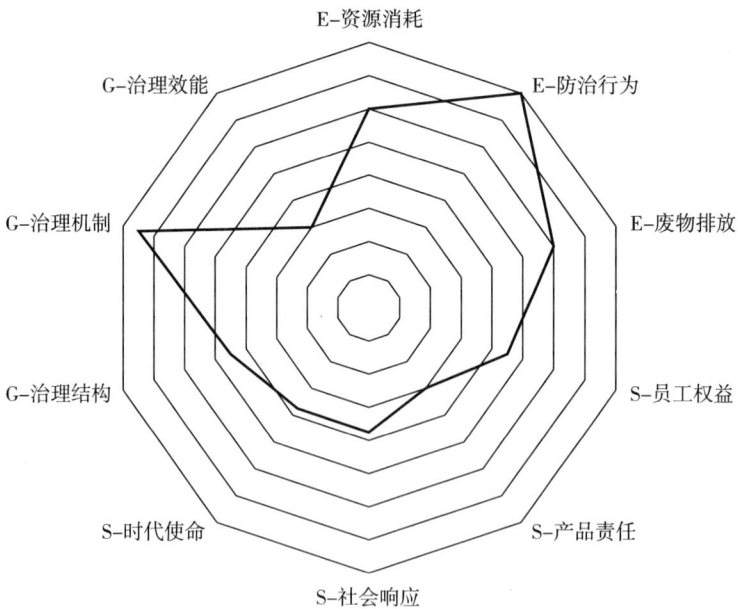

图 2.1　农、林、牧、渔行业评价权重分配

2.2 ESG 得分描述性统计

表 2.2 展示了 2020 年农、林、牧、渔业 ESG 总得分及环境（E）、社会（S）、治理（G）各分项得分的描述性统计结果。本项研究共涵盖了 2020 年的 43 家农、林、牧、渔业企业，在按照评分标准分别得到每家企业环境（E）、社会（S）及治理（G）各分项得分的基础上，根据各分项的权重汇总得到了各企业的 ESG 总得分。如表 2.2 所示，43 家农、林、牧、渔业企业的 ESG 总得分均值为 26.39 分，最大值也仅为 50.18 分，未达 60 分及格线，这表明整个行业 ESG 得分较低。ESG 总得分的标准差为 6.97 分，最小值与最大值相差超过 36 分，两个极值数据差异较大，由此得出在农、林、牧、渔业内，企业对 ESG 的重视程度差别较大，也间接反映出我国部分农、林、牧、渔业上市公司内未能真正关注企业环境、社会、治理绩效。在"双碳"目标背景下，相关企业应该加强对生态保护、低碳转型等相关的领域投入，提高 ESG 绩效表现。

表 2.2 2020 年农、林、牧、渔业 ESG 得分的描述性统计

变量	样本量（家）	均值（分）	标准差（分）	最小值（分）	中位数（分）	最大值（分）
环境（E）得分	43	2.93	4.78	0	0	24.07
社会（S）得分	43	43.23	15.60	15.54	45.13	84.31
治理（G）得分	43	40.84	7.97	19.71	40.05	61.61
ESG 总得分	43	26.39	6.97	14.07	26.18	50.18

另外，环境（E）得分、社会（S）得分和治理（G）得分的均值分别为 2.93 分、43.23 分和 40.84 分，均小于 50 分。其中环境（E）得分的均值最小，比排名第一的社会（S）得分少了超过 40 分，原因可能是农、林、牧、渔业内企业对环境方面的披露程度较低，进而得分较低；另

外，农、林、牧、渔业对生态环境的负面影响近年来也越来越引起社会关注，农、林、牧、渔业相关企业应该加大对环境保护方面的投入，依托 ESG 评价体系，提高自身环境得分。

2.3 企业 ESG 理念践行情况

2.3.1 环境维度

环境（E）得分均值仅为 2.93 分，中位数为 0，而该项得分不为 0 的企业平均得分也仅为 6.64 分，且环境得分最高仅为 24.07 分。这说明大多数的企业没有有效披露环境信息，披露环境信息的企业得分也整体偏低。农、林、牧、渔业企业的环境保护水平直接影响到我国的可持续性发展，以农业为例，2018 年中国科学院院士许智宏曾表示："农业对环境污染的贡献率已经差不多占到我们国家环境污染的一半。"化肥农药的使用、中间废弃物的处理、有害气体排放等都应作为企业环境保护水平的度量指标，相关指标的披露程度较低，企业自身和政府相关部门在环境保护和治理方面的重视程度亟须加强。

2.3.1.1　资源消耗

该二级指标下设总用水量、单位营收耗水量、天然气消耗、燃油消耗、煤炭使用量 5 个三级指标。数据总体披露情况较差，仅有牧原股份、温氏股份两家企业披露了相关数据，其中温氏股份披露了 4 个指标，牧原股份披露了 1 个指标。

2.3.1.2　废物排放

该二级指标下设总温室气体排放、氮氧化物排放、二氧化硫排放、悬浮粒子/颗粒物、废水/污水排放量 5 个通用指标，以及"是否有粉尘排放说明""COD 排放量"2 个农、林、牧、渔业特色指标，共 7 个三级指标。指标披露程度较低，仅巨星农牧披露了"氮氧化物排放量"，特色指标披露情况也较差。

2.3.1.3 防治行为

该二级指标下设有害废弃物量、无害废弃物量、总能源消耗、人均能源消耗、耗电量、节水/省水数量、节省能源数量 7 个三级指标。披露水平同样较低，仅牧原股份和温氏股份两家披露了"耗电量"指标，再一次说明农、林、牧、渔业大部分企业缺乏环境保护相关信息披露的意识。

2.3.2 社会维度

在社会（S）得分方面，不同企业得分波动较大，标准差达到 15.60 分，最小值与最大值相差接近 70 分，说明各企业对承担社会责任的重视程度存在较大差异。农、林、牧、渔业得分超过 60 分的企业仅有 4 家，相较于全体行业得分情况，该行业在社会责任承担上的表现处于较低水平。

2.3.2.1 员工权益

该二级指标下设女性员工比例、是否披露职工权益保护、雇员总人数、平均年薪、离退休人数比例、人均培训投入 6 个三级指标。总体披露情况好于环境指标，其中近一半企业未披露"离退休人数比例"，"女性员工比例"的披露程度也较低。

2.3.2.2 产品责任

该二级指标下设是否披露客户及消费者权益保护、是否披露供应商权益保护 2 个三级指标。约 1/3 的企业 2 个指标均未披露，其余企业能够对 2 个指标进行有效披露。

2.3.2.3 社会响应

该二级指标下设合规经营、是否披露社会责任制度建设及改善措施、诉讼次数、是否披露公共关系和社会公益事业 4 个通用指标与"是否有保障国家战略物资方案" 1 个行业特色指标。约 3/4 的企业未披露"合规经营"指标，约 1/4 的企业未披露"诉讼次数"指标，其他指标披露情况良好。

2.3.2.4 时代使命

该二级指标下设非管理层员工薪酬、实交所得税、社会捐赠额 3 个三级指标。整体披露情况较好，所有企业均能够有效披露。有约 1/4 的企业在 2020 年向社会进行了不同额度的捐赠，社会捐赠额前两名企业分别是牧原股份、温氏股份。

2.3.3 治理维度

治理（G）得分均值为 40.84 分，最高得分为 61.61 分，在 43 家企业中仅牧原股份 1 家企业公司治理得分在 60 分以上，大多数企业得分集中在 30~50 分之间，农、林、牧、渔业公司治理水平还有较大的提升空间。

2.3.3.1 治理结构

该二级指标下设第一大股东持股比例、机构投资者持股比例、股权制衡、两权分离度、高管持股比例、女性董事占比、董事会规模、董事会独立董事比例、董事长和 CEO 是否是同一人、监事人数 10 个三级指标。指标整体披露情况良好，治理结构得分最高的前两家企业分别是北大荒、海南橡胶。

2.3.3.2 治理机制

该二级指标下设是否有股权激励计划、高管年薪、是否有现金分红、ROE、营业收入同比增长、管理费用率、大股东占款率、股息率、质押股票比例、商誉/净资产、关联交易 11 个三级指标，除"是否有股权激励计划"以外，其他指标披露情况均较好。治理机制得分最高的前两家企业分别是牧原股份、雪榕生物。

2.3.3.3 治理效能

该二级指标下设社会责任报告是否参照 GRI、财报审计出具标准无保留意见、内控审计报告出具标准无保留意见、非经常性损益占比 4 个三级指标，整体披露情况良好，企业得分也较为相似，得分最高的为牧原股份。

2.4 企业财务分析

2.4.1 财务指标对比

表 2.3 分别从平均总市值、盈利能力、运营效率和偿债能力方面，对比了农、林、牧、渔业上市公司 ESG 总得分排名前 50% 和排名后 50% 企业的表现。从表中可以看出，ESG 总得分排名前 50% 企业的平均总市值达到 292.30 亿元，明显高于 ESG 总得分排名后 50% 企业的平均总市值（69.84 亿元）。在盈利能力方面，总得分排名前 50% 企业在净资产收益率和营业利润率上的表现都更优。在以总资产周转率和应收账款周转率为代表的运营效率方面，排名前 50% 的企业仍然表现更优。ESG 总得分排名前 50% 的企业流动比率均值为 2.60，排名后 50% 企业的流动比率均值为 1.33，这表明排名前 50% 的企业变现能力与短期偿债能力都更强。资产负债率方面，排名前 50% 企业较排名后 50% 企业更低，可在一定程度上表明，排名前 50% 的企业的财务风险低于排名后 50% 的企业。

表 2.3 农、林、牧、渔业上市公司财务指标对比

ESG 总得分排名	平均总市值（亿元）	盈利能力		运营效率		偿债能力	
		净资产收益率（%）	营业利润率（%）	总资产周转率（次）	应收账款周转率（次）	流动比率	资产负债率（%）
前 50%	**292.30**	**12.99**	**5.95**	**0.63**	**303.20**	**2.60**	36.77
后 50%	69.84	2.05	−6.00	0.43	23.15	1.33	**54.61**

2.4.2 投资回报分析

图 2.2 展示了农、林、牧、渔业 ESG 总得分排名前 50% 和后 50% 的

企业在月个股回报率上的差异。图例中纵轴为对应日期的月个股回报率（考虑现金分红）；横轴为 2020 年 1 月至 2021 年 12 月的股票交易日，为了更清晰、直观地展示不同组别下月个股回报率的差异及变动趋势，选择了每个月的个股回报率数据，共 24 个时间点上的两组数值进行比较。

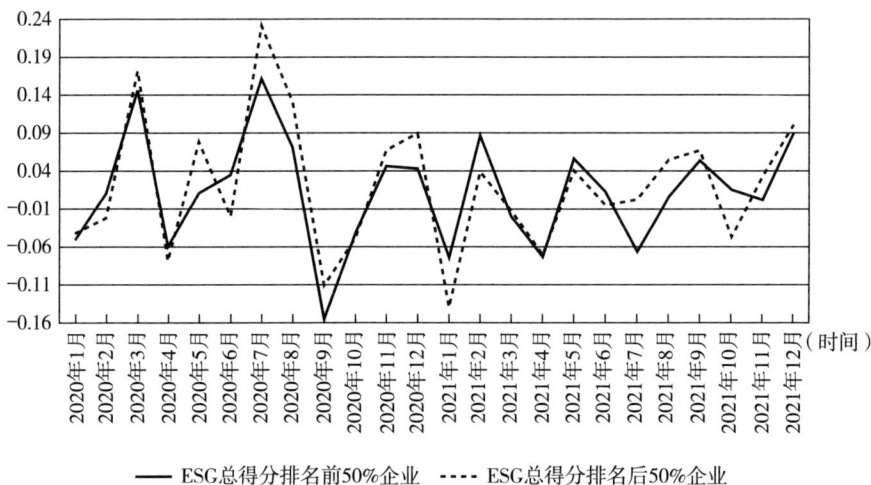

—— ESG总得分排名前50%企业 ---- ESG总得分排名后50%企业

图 2.2　农、林、牧、渔业 ESG 总得分排名前 50%和后 50%企业的月个股回报率对比

注：本书不应被接收者作为其投资决策的依据，不对任何人使用本书内容的行为或由此而引致的任何损失承担任何责任。

由图 2.2 可知，2020 年 1 月至 2021 年 12 月农、林、牧、渔业二级市场整体表现较好，2020 年 1~9 月盈利效应明显，而后进入波动较小的低迷期。在市场活跃的 2020 年前大半年，总得分排名后 50%的企业能够带来更大的收益，同时在 2020 年 9 月、10 月股价回撤时，排名后 50%的企业也能降低更大的损失。在而后的长调整期，排名前 50%和排名后 50%的企业回报率虽差距不大但仍是排名后 50%企业表现更优。

第3章 采矿业上市公司ESG评价

3.1 评价指标体系

3.1.1 评价指标

根据证监会公布的行业分类，截止到2020年底，我国采矿业共有76家上市公司。本行业ESG评价体系共计包含3个一级指标、10个二级指标、61个三级指标（其中包括4个行业特色指标）。一级指标包括环境（E）、社会（S）和治理（G），环境（E）评价要素主要包含资源消耗、废物排放、防治行为；社会（S）评价要素主要包含员工权益、产品责任、社会响应、时代使命；治理（G）评价要素主要包含治理结构、治理机制、治理效能。具体指标如表3.1所示。

表3.1 评价指标体系

一级指标	二级指标	三级指标
环境指标（E）	资源消耗	总用水量、单位营收耗水量、天然气消耗、燃油消耗、煤炭使用量
	废物排放	总温室气体排放、氮氧化物排放、二氧化硫排放、悬浮粒子/颗粒物、废水/污水排放量
	防治行为	有害废弃物量、无害废弃物量、总能源消耗、人均能源消耗、耗电量、节水/省水数量、节省能源数量、**是否有应对突发环境事件的应急预演**

一级指标	二级指标	三级指标
社会指标（S）	员工权益	女性员工比例、是否披露职工权益保护、雇员总人数、平均年薪、离退休人数比例、人均培训投入、**是否提供职业病防治健康管理、是否披露安全生产内容**
	产品责任	是否披露客户及消费者权益保护、是否披露供应商权益保护
	社会响应	合规经营、是否披露社会责任制度建设及改善措施、诉讼次数、是否披露公共关系和社会公益事业、**是否严格管理对当地社区及居民的影响**
	时代使命	非管理层员工薪酬、实交所得税、社会捐赠额
治理指标（G）	治理结构	第一大股东持股比例、机构投资者持股比例、股权制衡、两权分离度、高管持股比例、女性董事占比、董事会规模、董事会独立董事比例、董事长和CEO是否是同一人、监事人数
	治理机制	是否有股权激励计划、高管年薪、是否有现金分红、ROE、营业收入同比增长、管理费用率、大股东占款率、股息率、质押股票比例、商誉/净资产、关联交易
	治理效能	社会责任报告是否参照GRI、财报审计出具标准无保留意见、内控审计报告出具标准无保留意见、非经常性损益占比

3.1.2 特色指标解读

3.1.2.1 是否有应对突发环境事件的应急预演

2005年1月26日，国务院第79次常务会议通过了《国家突发公共事件总体应急预案》，并于2006年1月8日发布并实施。2002年6月29日，第九届全国人民代表大会常务委员会第二十八次会议通过《中华人民共和国安全生产法》，20年来进行了三次修正；2021年6月10日，第十三届全国人民代表大会常务委员会第二十九次会议通过了《关于修改〈中华人民共和国安全生产法〉的决定》第三次修正。除此之外，国家还编制了《中华人民共和国环境保护法》《国家突发环境事件应急预案》等相关的法律、行政法规。我国始终重视企业安全生产，重视人民生命财产安全，重视经济社会健康持续发展。

采矿业企业更要意识到自身行业特性，在生产时更需将安全问题放在首位，建立和完善对突发环境事件的应急预演方案。这要求企业学习相关法律法规，严格自身标准化规范化生产；设立相关组织机构，将权力下放，确保安全生产行为的落实；完善运行机制，对主要危险源进行监控及预防；撰写和实施应急方案，通过实践演练让员工熟悉方案流程，让管理者反思应急方案漏洞，不断完善应急流程。安全生产、减少生产安全事故是保障人民生命和财产安全的重要一步，是促进经济社会健康发展的基本要求，对于采矿业企业尤其如此。

3.1.2.2　是否提供职业病防治健康管理

由于工作性质的不同，各行业企业都存在造成员工职业病的可能性。采矿业企业对于员工，尤其是工作在矿山一线的员工，应重视其健康管理。提供员工职业病防治健康管理不仅是对员工负责，更是对企业自身负责，是企业承担行业可持续发展责任的表现。防治采矿业职业病不只是简单按照《中华人民共和国职业病防治法》中的规定定期组织相关人员进行职工职业健康检查，更要把"以人为本，安全生产"牢牢放在心上，真正做到重视员工生命健康安全，了解造成相关常见职业病的危害来源，积极采取有效防治措施，将员工利益与企业利益视为一体，实现共同进退。

3.1.2.3　是否披露安全生产内容

采矿业企业若疏忽对安全事故的防治和预警，会导致其生产环境的不断恶化，矿山安全事故的严重程度也会不断加大，潜在隐患也会越来越多。频繁发生的矿山安全事故不仅会给国家、企业以及职工家庭造成巨大的生命财产损失，而且也会严重制约国民经济和矿山企业的可持续发展。因此，根据行业现存生产安全问题，结合自身企业实际情况对症下药，不断完善矿山安全生产保障体制，加强监管投入对于采矿业来说具有十分重要的意义。

3.1.2.4　是否严格管理对当地社区及居民的影响

2017 年 5 月 26 日，中共中央政治局就推动形成绿色发展方式和生活方式进行第四十一次集体学习，这是党的十八大以来中共中央政治局第一次以"绿色发展"为主题的集体学习。绿色发展是党的十八届五中全会确立的五大发展理念之一，着力解决人与自然和谐问题。在主持这次学习时，习近平总书记强调，推动形成绿色发展方式和生活方式是贯彻新发展理念的必然要求，必须把生态文明建设摆在全局工作的突出地位。我们在快速发展中积累了大量生态环境问题，对于这样的状况必须下大气力扭转。这对我国的采矿业发展，尤其是采矿业与当地社区及居民的和谐发展提出了更高的要求。

随着经济社会的发展，现代矿山企业在追求经济利益的同时，还应该承担对矿工、工作环境以及社区成员等利益相关者的社会责任，打造矿山企业与社区发展的共同体。矿山企业严格管理对当地社区及居民的影响是其履行社会责任的表现，也是促进公司发展、提高企业声誉的重要途径。

3.1.3 权重设置

根据采矿业的行业特点，在指标权重的设定偏重也与其他行业有所不同。考虑到该行业对于环境的影响较大，故在 3 个一级指标权重设置中，给予环境（E）指标以较高的权重，其次是社会（S）指标，最后是治理（G）指标，权重分配如图 3.1 所示。

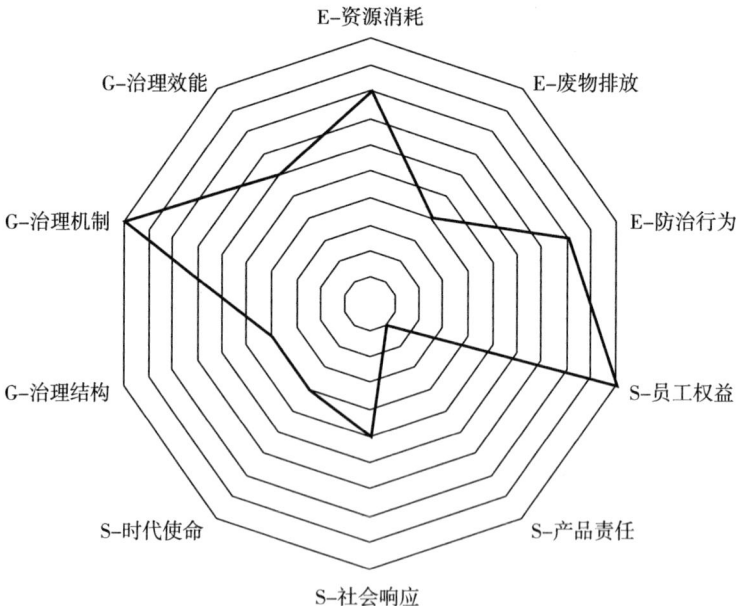

图 3.1　采矿业评价权重分配

3.2　ESG 得分描述性统计

表 3.2 展示了 2020 年采矿业 ESG 总得分及环境（E）、社会（S）、治理（G）各分项得分的描述性统计结果。本项研究共涵盖了 2020 年的 76 家采矿业企业，可以看到，76 家采矿业企业的 ESG 总得分均值为 32.46 分，总得分的标准差为 11.63 分，最小值与最大值有 47.86 分的差值，可以看出采矿业企业对于 ESG 信息披露的披露水平较低，行业内各企业对 ESG 的重视程度存在较大的差异，行业对 ESG 的认识尚未达成共识。

表 3.2　2020 年采矿业 ESG 得分的描述性统计

变量	样本量（家）	均值（分）	标准差（分）	最小值（分）	中位数（分）	最大值（分）
环境（E）得分	76	10.90	14.95	0	5.00	64.50
社会（S）得分	76	46.24	15.65	18.97	44.13	80.98
治理（G）得分	76	47.65	8.82	23.63	48.56	65.80
ESG 总得分	76	32.46	11.63	16.33	29.50	64.19

另外，环境（E）得分、社会（S）得分和治理（G）得分的均值分别 10.90 分、46.24 分和 47.65 分，都小于 50 分。其中环境（S）得分的均值最小，究其原因，是因为企业对于环境保护方面的信息披露较少，缺少自愿披露环境保护信息的意识，导致大部分得分都为 0。

此外，企业总得分最高为 64.19 分，部分采矿业企业能够有意识地在实际工作中践行 ESG 理念。但是总得分的标准差高达 11.63 分，最低分也仅有 16.33 分，行业内部分企业 ESG 表现还有较大改进空间，需要企业加强自身 ESG 理念践行，相关部门加强引导管理，共同改善目前采矿业 ESG 得分普遍较低的情况。

3.3　企业 ESG 理念践行情况

3.3.1　环境维度

环境（E）得分均值仅为 10.90 分，中位数为 5.00 分，最大值为 64.50 分，最大值和最小值相差 64.50 分。这一组数据说明半数以上的企业没有有效披露环境信息，采矿业对于披露环境信息的情况差异较大，表现良好的企业数量较少，且披露信息的企业得分也较低。要改善这种情况，还需要各企业在生产时重视环境保护。同时，也需要政府相关部门完善相关法规，严厉整治违规违法污染事件，保证环境保护的理念从上至下贯穿始终，为行业的可持续发展保驾护航。采矿业是典型的第二产业，也就是利用基本的生产资料进行加工并出售的行业，有着"靠山吃山"的行业属性，保护环境是企业为谋求自身长足发展的重要战略，更是为保证人类宜居健康的生活环境而做出的社会贡献。

3.3.1.1　资源消耗

经济发展离不开资源消耗，资源消耗是衡量企业在承担保护生态环境方面所做贡献的重要指标。具体的三级指标包括总用水量、单位营收耗水量、天然气消耗、燃油消耗和煤炭使用量。根据数据资料显示，在 76 家采矿业企业中，绝大多数的企业披露信息完整程度较低，仅有 8 家企业对上述三级指标进行了不同程度的披露。资源消耗披露情况表现最好的是兖矿能源和驰宏锌锗，两家企业对 5 个相关指标信息都进行了有效的披露和公示。兖矿能源发布的社会责任报告，将绿色运营融入公司管理的血脉中，重视资源管理，积极建设资源节约型、环境友好型企业，深谙可持续发展乃企业经营长久之计。

3.3.1.2　废物排放

废物排放指标包括总温室气体排放、氮氧化物排放、二氧化硫排放、悬浮粒子/颗粒物、废水/污水排放量 5 个三级指标。与资源消耗相比，76 家采矿业企业披露的废物排放信息情况较好，有 18 家公司公开了相关信息。其中兖矿能源、金钼股份和中国神华这三家公司披露的信息最为完整，5 个三级指标均有涉及，且三家企业废物排放得分的均分都较高，表现较为良好。兖矿能源在资源消耗和废物排放信息披露方面体现了其作为行业龙头的水平，在行业中处于领先位置。

3.3.1.3　防治行为

在防治行为二级指标下，包括有害废弃物量、无害废弃物量、总能源消耗、人均能源消耗、耗电量、节水/省水数量和节省能源数量 7 个通用三级指标，以及是否有应对突发环境事件的应急预演 1 个特色指标。相比通用指标，"是否有应对突发环境事件的应急预演"这一信息的披露情况更好，可见采矿业整体对于安全生产的重视程度较高。在 76 家公司中仅有 16 家公司披露了通用指标的相关信息，对于企业的日常防治行为，采矿业各企业的重视程度还需进一步提高。

3.3.2　社会维度

采矿业社会（S）得分的最大值为 80.98 分，均值得分为 46.24 分，76 家公司中有 14 家公司的得分大于 60 分；标准差为 15.65 分，最小值与最大值相差超过 60 分。通过这一组数据可以看出，部分采矿业企业体现出了对于承担社会责任一定程度的重视，但部分企业在有效披露相关信息这一方面做的有所欠缺，行业内各企业对于承担社会责任的重视程度存在较大的差异。

3.3.2.1　员工权益

采矿业企业员工权益得分均值为 40.94 分，76 家企业中只有 10 家得分在 60 分以上，其中仅有 1 家企业得分超过 80 分，较低的得分均值表明采矿业对于员工权益保障方面的疏忽。相当部分企业得分较低，反映出在该行业中注重维护员工权益的企业数量有限，且不同企业对于员工权益的重视程度也存在着较大差异。海油发展的员工权益得分为85.94分，是在采矿业中员工权益得分最高的企业，该公司在 2020 年报告中披露 6 项通用指标和 2 项行业特色指标的数据信息，且其中 5 项指标得分为 100 分，表现出色。海油发展具有将人才资源作为公司可持续发展的战略资源的人才理念，注重提升各级员工综合素质的同时重视企业内部文化的支撑和精神的引领，举办多届全公司范围内的年度人物评选活动，不仅能够凝聚人心、鼓舞士气，更为企业的长久发展提供动能。

3.3.2.2 产品责任

产品责任包含是否披露客户及消费者权益保护、是否披露供应商权益保护 2 个三级指标，采矿业在产品责任的得分均值为 51.32 分，76 家公司中有 36 家公司在这两项指标中都获得了满分，披露了客户消费者和供应商这两方的权益保护信息，表现较为良好；但同时有 32 家公司在该项得分为 0，即未披露消费者或供应商两方中任意一方相关的权益保护信息。从整体数据来看，该行业目前对于产品责任的重视程度呈两极分化态势。

采矿业承担着为工业企业提供能源及动力的重任，是连接工业企业与能源企业的重要桥梁，企业自身须在生产工作时格外注意上下游企业的权益保护，政府相关部门应进一步加强引导，梳理企业合作关系，强调企业间的共同体关系，促进构建和谐可持续的产品生态，共同努力将现在50%的得分率提升到100%，为国民经济发展铺好路、夯牢基、打实桩。

3.3.2.3 社会响应

采矿业社会响应的得分均值为 42.32 分，76 家企业中共有 12 家得分在 60 分以上，山东黄金的得分为 83.33 分，是行业中社会响应指标得分最高的企业。这组数据说明采矿业目前整体行业在社会响应方面的表现欠佳，行业还普遍缺乏对社会公共关系、企业社区联系作用与反作用重要性的了解，表现优异的公司数量较少，难以形成重视社会影响的行业风气和氛围。

山东黄金主动承担社会责任，始终坚持服务社会，积极构建和谐的企地关系，在 2020 年 1 月于北京举行的"2020《财经》可持续发展高峰论坛暨长青奖颁奖典礼"上，山东黄金荣获"长青奖"中的"可持续发展普惠奖"。该公司还组织开展多项慈善捐赠、志愿服务活动，在 2020 年"第二十届中国上市公司百强高峰论坛暨第六届中国百强城市全面发展论坛"上，山东黄金荣膺"中国百强企业"和"中国百强二十年特别贡献企业奖"；除此之外，经综合考评，山东黄金的 2019～2020 年度信息披露工作评价结果为 A 级，并已连续三年获此殊荣。

3.3.2.4　时代使命

采矿业时代使命这一指标的得分均值为 63.12 分，整体来看采矿业在肩负时代使命这方面的表现较好，76 家上市公司中有 18 家公司得分在 75 分以上，其中有 12 家企业得分为 100 分。其中以 ESG 总得分名列前茅的中国石油为代表，积极促进经济和社会和谐发展，关注民生和社会发展，大力支持脱贫攻坚，在 2020 年国务院扶贫开发领导小组主办的全国脱贫攻坚奖表彰大会上，中国石油获评"脱贫攻坚奖组织创新奖"，为行业树立优秀榜样。

3.3.3　治理维度

治理（G）得分均值为 47.65 分，最高得分为 65.80 分，采矿业 76 家上市公司中只有 6 家公司在治理的得分高于 60 分，缺少表现优秀的行业示范企业，各采矿业企业在公司治理方面都需要进一步提升。

3.3.3.1　治理结构

采矿业企业在治理结构的得分普遍较低，76 家上市公司平均得分为 35.12 分，最高分不足 50 分，这组数据说明了该行业各企业对于公司内部管理控制制度方面亟待完善，信息披露工作需进一步加强，其中获得最高分 49.51 分的公司是中国石油。

3.3.3.2　治理机制

采矿业在治理机制上的得分均值为 41.28 分，76 家上市公司中仅有 4

家企业的治理机制得分在 60 分以上，行业整体表现较差，在治理机制的表现上还需进一步提高和完善，做好相关信息披露工作。其中治理机制得分最高的公司是中国石油，得分为 65.72 分。

在治理指标下的前 2 个二级指标"治理结构"和"治理机制"得分最高的都是中国石油。该企业认真履行中国证券监督管理委员会、香港联交所、纽约证券交易所和美国证券交易委员会的要求以及其他监管要求，不断规范和改善公司治理结构，建立股东大会、董事会以及相应的专门委员会、监事会和总裁负责的管理层。不仅如此，中国石油严格按照已制定的《公司章程》《董事会工作手册》《监事会组织和议事规则》《公司披露控制和披露程序的原则》等文件规范公司内部管理运作，并向所有市场参与者和监管部门提供及时、准确、完整、可靠的公司信息，努力提升公司价值，值得采矿业中的其他公司向其学习和靠近。

3.3.3.3　治理效能

采矿业企业在治理效能指标的得分均值为 66.61 分，在 76 家上市公司中有 27 家公司的得分在 75 分或以上，行业整体在治理效能方面的表现及信息的有效披露都较为良好，其中获得最高分 100 分的冀中能源积极披露相关数据，且每一项三级指标均获得了满分。

3.4　企业财务分析

3.4.1　财务指标对比

表 3.3 分别从平均总市值、盈利能力、运营效率和偿债能力方面，对比了采矿业上市公司 ESG 总得分排名前 50% 和排名后 50% 企业的表现。从表中可以看出，ESG 总得分排名前 50% 企业的平均总市值达到 734 亿元，远高于 ESG 总得分排名后 50% 企业的平均总市值（93 亿元）。以净

资产收益率和营业利润率为代表的盈利能力和以总资产周转率和应收账周转率为代表的运营效率方面，得分排名前 50% 的企业表现更优。总得分排名前 50% 的企业流动比率均值为 1.33，总得分排名后 50% 企业的流动比率均值为 1.70，虽然总得分排名前 50% 企业的流动比率均值较低，但不能完全说明其偿债能力更差，存货、待摊费用等均会影响到流动比率。在平均资产负债率方面，两者差别不大。

表 3.3　采矿业上市公司财务指标对比

ESG 总得分排名	平均总市值（亿元）	盈利能力		运营效率		偿债能力	
		净资产收益率（%）	营业利润率（%）	总资产周转率（次）	应收账款周转率（次）	流动比率	资产负债率（%）
前 50%	**734**	**7.0**	**8.5**	**0.62**	**77.0**	1.33	49.3
后 50%	93	−10.4	−12.9	0.53	52.3	**1.70**	**50.4**

3.4.2　投资回报分析

图 3.2 展示了采矿业 ESG 总得分排名前 50% 和后 50% 的企业在月个股回报率上的差异。图例中纵轴为对应日期的月个股回报率（考虑现金分红）；横轴为 2020 年 1 月至 2021 年 12 月的股票交易日，为了更清晰、直观地展示不同组别下月个股回报率的差异及变动趋势，选择了每个月的个股回报率数据，共 24 个时间点上的两组数值进行比较。

由图 3.2 呈现的结果可知，采矿业 ESG 总得分排名前后 50% 的企业的月个股回报率的波动趋势大致相似。对比得分排名前后 50% 企业个股回报率波动的幅度，能够看出得分排名前 50% 的企业波动相对稳定，一定程度上反映出在面对整体经济环境的种种不确定因素时，积极践行 ESG 理念的企业能够以更优的应对方案来保持公司的平稳运行。

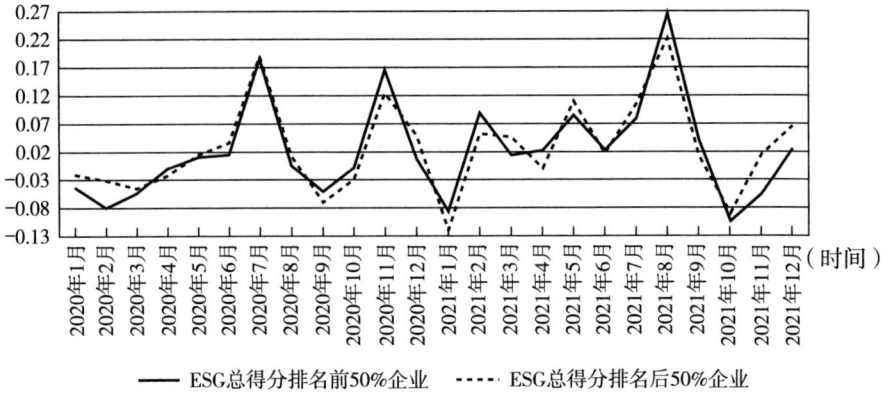

图 3.2　采矿业 ESG 总得分排名前 50% 和后 50% 企业的月个股回报率对比

注：本书不应被接收者作为其投资决策的依据，不对任何人使用本书内容的行为或由此而引致的任何损失承担任何责任。

第4章 制造业上市公司ESG评价

4.1 评价指标体系

4.1.1 评价指标

在碳达峰、碳中和目标驱动下，绿色低碳可循环发展成为主旋律，这对于制造业的影响尤其深远。目前在学术界中已有研究表明，ESG与制造业企业财务表现非负相关，即ESG对企业财务表现的影响为正或者为0。制造业上市公司ESG评价体系中，共计包含3个一级指标、10个二级指标、59个三级指标（包括2个行业特色指标）。一级指标包括环境（E）、社会（S）和治理（G），力图兼顾经济、环境、社会和治理效益，促进企业和组织形成追求长期价值增长的理念。环境（E）评价要素主要包含资源消耗、废物排放、防治行为；社会（S）评价要素主要包含员工权益、产品责任、社会响应、时代使命；治理（G）评价要素主要包含治理结构、治理机制、治理效能。具体指标如表4.1所示。

表 4.1 评价指标体系

一级指标	二级指标	三级指标
环境指标（E）	资源消耗	总用水量、单位营收耗水量、天然气消耗、燃油消耗、煤炭使用量
	废物排放	总温室气体排放、氮氧化物排放、二氧化硫排放、悬浮粒子/颗粒物、废水/污水排放量
	防治行为	有害废弃物量、无害废弃物量、总能源消耗、人均能源消耗、耗电量、节水/省水数量、节省能源数量
社会指标（S）	员工权益	女性员工比例、是否披露职工权益保护、雇员总人数、平均年薪、离退休人数比例、人均培训投入、**是否有安全培训/应急演练、是否披露安全生产内容**
	产品责任	是否披露客户及消费者权益保护、是否披露供应商权益保护
	社会响应	合规经营、是否披露社会责任制度建设及改善措施、诉讼次数、是否披露公共关系和社会公益事业
	时代使命	非管理层员工薪酬、实交所得税、社会捐赠额
治理指标（G）	治理结构	第一大股东持股比例、机构投资者持股比例、股权制衡、两权分离度、高管持股比例、女性董事占比、董事会规模、董事会独立董事比例、董事长和 CEO 是否是同一人、监事人数
	治理机制	是否有股权激励计划、高管年薪、是否有现金分红、ROE、营业收入同比增长、管理费用率、大股东占款率、股息率、质押股票比例、商誉/净资产、关联交易
	治理效能	社会责任报告是否参照 GRI、财报审计出具标准无保留意见、内控审计报告出具标准无保留意见、非经常性损益占比

4.1.2 特色指标解读

4.1.2.1 是否有安全培训/应急演练

应急演练是应急管理的重要组成部分，是检验应急预案、锻炼应急队伍、磨合应急机制、应急宣传教育、完善应急准备的主要手段。而企业想要使应急演练工作起到应有作用，还应该编制好应急预案，做好日常员工应急宣传培训、应急队伍建设、应急物资储备等工作，做好应急演练。

4.1.2.2　是否披露安全生产内容

"是否披露安全生产内容"是衡量制造业企业 ESG 表现的重要指标。2021 年 3 月 5 日，第十三届全国人民代表大会第四次会议在人民大会堂举行开幕会，时任国务院总理李克强作政府工作报告，报告指出"加强生产安全事故防范和处置"。在对 2021 年重点工作进行部署中指出，完善和落实安全生产责任制，深入开展安全生产专项整治三年行动，坚决遏制重特大事故发生。企业披露安全生产内容有利于防止重大安全事故的发展，提高自身可持续发展能力。

4.1.3　权重设置

在制造业上市公司评价权重设置方面，考虑到治理机制（是否有股权激励计划、高管年薪、是否有现金分红、ROE、营业收入同比增长、管理费用率、大股东占款率、股息率、质押股票比例、商誉/净资产、关联交易）相关指标会对制造业上市公司产生深远影响，所以赋予制造业上市公司治理机制较高的权重，希望以此能够鞭策制造业相关企业更加关注公司治理机制方面表现的提高，以获得更高的 ESG 评分。

同时，对于制造业企业，在环境（E）方面，对资源的消耗和其相关防治行为要更加得到企业的重视；在社会（S）方面，拥有较高的社会响应会提高制造业企业的公民信誉值。因此赋予资源消耗、防治行为以及社会响应较高的权重，具体的权重分配如图 4.1 所示。

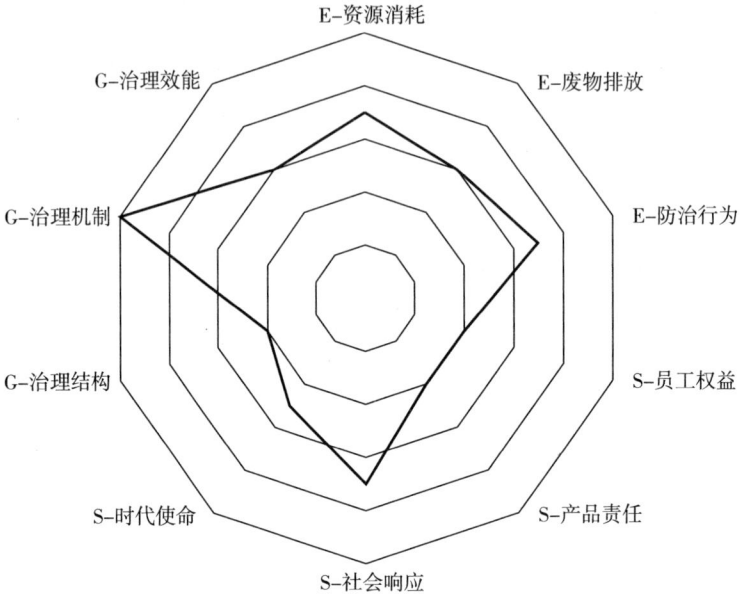

E-资源消耗
E-废物排放
G-治理效能
E-防治行为
G-治理机制
S-员工权益
G-治理结构
S-产品责任
S-时代使命
S-社会响应

图 4.1 制造业评价权重分配

4.2 ESG 得分描述性统计

表 4.2 展示了 2020 年制造业 ESG 总得分及环境（E）、社会（S）、治理（G）各分项得分的描述性统计结果。本项研究共涵盖了 2020 年的 2653 家制造行业内的企业，在按照评分标准分别得到每家企业环境（E）、社会（S）及治理（G）各分项得分的基础上，根据各分项的权重汇总得到了各企业的 ESG 总得分。观察表 4.2 可得，2653 家制造业企业的 ESG 总得分均值为 32.05 分，ESG 总得分未到 50 分，整个行业 ESG 得分偏低，ESG 总得分的标准差为 7.02 分，最小值与最大值相差近 60 分，两个极值数据差异较大。由此得出，在制造业内有些企业对 ESG 的重视

程度较高，但是仍然存在个别企业对 ESG 的重视程度较低，也间接反映出我国制造业内仍有些企业未能真正关注企业环境、社会、治理绩效。

表 4.2　2020 年制造业 ESG 得分的描述性统计

变量	样本量（家）	均值（分）	标准差（分）	最小值（分）	中位数（分）	最大值（分）
环境（E）得分	2653	2.26	7.70	0	0	69.50
社会（S）得分	2653	49.89	14.14	2.01	52.01	88.40
治理（G）得分	2653	41.01	8.35	10.86	41.40	69.25
ESG 总得分	2653	32.05	7.02	7.02	31.75	66.78

另外，环境（E）得分、社会（S）得分和治理（G）得分的均值分别为 2.26 分、49.89 分和 41.01 分，均小于 50 分。其中环境（E）得分的均值最小，比治理（G）得分少了将近 40 分。观察制造业中关于环境（E）的得分，中位数为 0，由此得出目前还有很多制造业企业未能真正实现对环境方面信息的披露。相关制造业企业应该加大对环境方面的重视程度，提高工艺水平和原材料利用率，并且对即将排放的废水、废气进行过滤和回收等无害化处理，由此提高制造业企业在环境方面的绩效表现。

4.3　企业 ESG 理念践行情况

4.3.1　环境维度

环境（E）得分均值仅为 2.26 分，中位数为 0，说明半数以上的企业没有有效披露环境信息，制造业企业自身和政府相关部门在环境保护和治理方面的重视程度亟须加强。环境（E）得分的最小值和最大值相差近 70 分，有 18 家企业得分超过 50 分，表明在不同制造业企业中对于环境保护投入和环境保护信息披露的重视程度差异较大，且表现优异的企业数量有限。

制造业企业应根据相关政策制度和指引强化 ESG 内部控制，不断提高 ESG 信息披露质量。上市公司应强化 ESG 管理创新，增强内部管控能力，提升信息透明度，降低公司的信息风险和经营风险，从而为公司高质量发展奠定基础。现存的高污染企业不能单纯成为环境管制的对象，应该从企业成立初期就将环境保护工作重视起来，明确环保督查的内容、方式和程序，要精准施策。企业要努力实现在技术创新过程中的节能减排，提高环保技术的质量和数量，使生产效率保持稳定增长。

4.3.1.1　资源消耗

中国作为"世界工厂"，制造业水平得到了很大的提升。近几年，制造业成为我国经济增长的支柱。在"资源消耗"相关评价指标中，总得分最高的企业是中航光电，得分为 95 分。在 ESG 评价体系中，主要包含总用水量、单位营收耗水量、天然气消耗、燃油消耗、煤炭使用量，中航光电公司对上述 5 项指标均进行了有效披露，并且除单位营收耗水量之外的 4 项指标均在整个制造行业中处于上游水平。各制造业企业有责任关注企业对资源的消耗，合理利用资源，通过 ESG 评级结果对资源浪费的行为加以改善，并对资源的有效利用加以支持和鼓励。

4.3.1.2　废物排放

制造业企业会产生一定数量的废物，未经过处理的废物排放在河流或其他自然环境中，对生态环境造成了严重的破坏。关于废物排放相关指标，一拖股份的披露较为全面，不仅披露了总温室气体排放、氮氧化物排放、二氧化硫排放、悬浮粒子/颗粒物以及废水/污水排放量，而且所有相关指标的得分都很高。因此，一拖股份的废物排放得分在 2653 家公司里得分最高，达到 95 分。

4.3.1.3　防治行为

中国制造业企业有义务关注 ESG 评级，对相关防治行为加以改善，并提高各制造业企业对有毒性、易燃性、腐蚀性的危险废物的认识水平。

在本行业 ESG 评价体系当中，属于制造业企业的有 2653 家，但是只有 174 家企业对防治行为的相关指标进行了有效的统计和披露，在统计的数据中最小值为 10 分，由此可知，在制造业企业当中只有少部分企业足够关注防治行为的相关指标。不过也有公司关于防治行为方面有着卓越的表现，例如总得分最高的企业福莱特，得分为 82 分，这家公司对有害废弃物量、无害废弃物量、总能源消耗、人均能源消耗、节水/省水数量、节省能源数量均进行了披露，并且相关指标表现良好。

4.3.2　社会维度

社会（S）得分均值为 49.89 分，是 3 个一级指标中平均值最大的指标，表明制造业企业对社会相关指标的关注度较高。虽然在制造业企业中关于社会的整体得分相对较高，但是不同企业得分差异较大，标准差达到 14.14 分，最小值与最大值相差超过 85 分，说明各企业对承担社会责任的重视程度存在很大的差异。

全行业有 740 家企业的社会（S）得分在 60 分或以上，其中有 6 家企业得分达到 80 分或以上，说明有将近 30% 的制造业企业注重对员工权益、产品责任、社会响应及时代使命的投入与建设。这个数据相比于其他 2 个一级指标表现要优，但是还应该加强制造业企业对员工福利的投入和企业社会形象的建设。在创造利润、对股东和员工负责的同时，承担相应的社会责任，通过提高员工福利、注重产品责任、响应社会需求、履行时代使命、顺应时代潮流，建设良好的企业形象，进而实现长远发展。

4.3.2.1　员工权益

制造业企业管理的目的是增加效益、控制成本、提高员工的工作效率。当前，员工激励已成为各大公司关注的重点。制造业企业提高员工积极性和工作效率，进而提高企业的核心竞争力。在 2653 家公司中，几乎所有的企业都对相关指标进行了有效披露，由此可见员工权益的相关指标被制造业企业尤为看重。在这些公司中，得分排名前十的企业分别是上海电气、华海药业、广汽集团、康弘药业、华友钴业、新安股份、领益智造、工业富联、上汽集团和中芯国际。其中得分最高的是上海电气，得分达到 85.7 分，员工权益的相关指标得分优异。

4.3.2.2 产品责任

对于制造业企业而言，在拓展市场、做大规模、转变机制的过程中会面临诸多的风险。在众多指标中，制造业关于产品责任的披露较为完善，并且得分都比较高，有 1541 家公司都在"产品责任"这个指标中得到了较为理想的成绩。产品责任和制度逐渐发展，在采取适当措施之后，制造业企业可以将产品责任的压力转化为企业进步的动力，使中国成为制造业强国。

4.3.2.3 社会响应

在社会响应相关指标中，包括合规经营、是否披露社会责任制度建设及改善措施、诉讼次数、是否披露公共关系和社会公益事业。包括新开源、联创股份、龙津药业等公司在内的 15 家公司都在相关指标中，根据加权计算得到 80 分，可以表明这几家公司对社会响应方面的关注度较高，但有相当部分企业得分较低，需要对自身社会响应能力进行有效提升。

4.3.2.4 时代使命

在时代使命相关指标中，有将近 288 家企业得到了较高评分。但同时，虽然有一些公司已经开始关注时代使命，仍有部分公司对相关指标缺乏基本的重视，时代使命得分均值仅有 51 分，有 130 家企业在此项指标中得分为 0，即没有相关信息的披露，这会严重影响相关企业在 ESG 评级中的表现。

4.3.3 治理维度

企业治理（G）得分均值为 41.01 分，最高得分为 69.25 分，在 2653 家企业中有 22 家企业治理得分在 60 分或以上，但均在 80 分以下。制造业企业在治理方面表现优秀的企业数量有限，大多数企业得分集中在 40~50 分，企业未来需进一步提高公司治理水平。

4.3.3.1　治理结构

制造业 ESG 评价体系中关于治理结构相关指标共划分了 10 个三级指标，通过较为严谨的收集与数据分析之后发现，各个制造业企业关于治理结构的重视程度不尽相同，行业得分均值为 33 分，有些企业表现良好，如渤海化学，得分达到 54.9 分，是 2653 家制造业企业中得分最高的，但是也有一些企业的得分较低，这较为严重地影响了相关企业整体 ESG 得分。

4.3.3.2　治理机制

关于治理机制相关指标，在众多制造业企业中，一汽解放的得分最高，为 73 分，远高于行业得分均值（38 分）。一汽解放在是否有股权激励计划、是否有现金分红、营业收入同比增长、大股东占款率、质押股票比例、商誉/净资产、关联交易这些三级指标中的得分相对优异。可以看出一汽解放非常重视本公司的治理机制，在评价体系排名中处于相对良好的地位。

4.3.3.3　治理效能

相比于治理机制和治理结构而言，关于治理效能的三级指标较少，有社会责任报告是否参照 GRI、财报审计出具标准无保留意见、内控审计报告出具标准无保留意见、非经常性损益占比 4 个三级指标。治理效能指标整体披露情况较好，行业均值达到 51 分，但是并不是每一家公司都对这 4 项指标进行了披露，有将近 50 家企业对相关指标只进行了少量披露或者并未披露。德赛电池、宝丰能源等 10 家企业表现良好，治理效能得分较高。

4.4　企业财务分析

4.4.1　财务指标对比

表 4.3 分别从平均总市值、盈利能力、运营效率和偿债能力方面，对比了制造业上市公司 ESG 总得分排名前 50% 和排名后 50% 企业的表现。

从表中可以看出，ESG 总得分排名前 50% 企业的平均总市值达到 318 亿元，而 ESG 总得分排名后 50% 企业的平均总市值为 30.9 亿元，制造业上市公司 ESG 总得分排名前 50% 和排名后 50% 企业在市值方面的得分存在明显差距。在盈利能力方面，制造业上市公司 ESG 总得分排名前 50% 的企业净资产收益率和营业利润率分别为 14.52% 和 24.62%，而制造业上市公司 ESG 总得分排名后 50% 的企业净资产收益率和营业利润率分别为 -12.30% 和 -240.87%，与 ESG 总得分排名前 50% 企业相比有较大差距。在以总资产周转率和应收账款周转率为代表的运营效率方面，总得分排名前 50% 的企业表现更优。总得分排名前 50% 的企业流动比率均值为 1.32，排名后 50% 企业的流动比率均值为 1.26，两者差别不大；在资产负债率方面，ESG 总得分排名前 50% 的上市公司比排名后 50% 的上市公司高出 46.49%。

表 4.3 制造业上市公司财务指标对比

ESG 总得分排名	平均总市值（亿元）	盈利能力		运营效率		偿债能力	
		净资产收益率（%）	营业利润率（%）	总资产周转率（次）	应收账款周转率（次）	流动比率	资产负债率（%）
前 50%	318	14.52	24.62	0.84	70.70	1.32	69.16
后 50%	30.9	-12.30	-240.87	0.28	2.90	1.26	22.67

4.4.2 投资回报分析

图 4.2 展示了 ESG 总得分排名前 50% 和后 50% 的制造业上市公司在月个股回报率上的差异。图例中纵轴为对应日期的月个股回报率（考虑现金分红）；横轴为 2020 年 1 月至 2021 年 12 月的股票交易日，为了更清晰、直观地展示不同组别下月个股回报率的差异及变动趋势，选择了每个月的月个股回报率数据，共 24 个时间点上的两组数值进行比较。

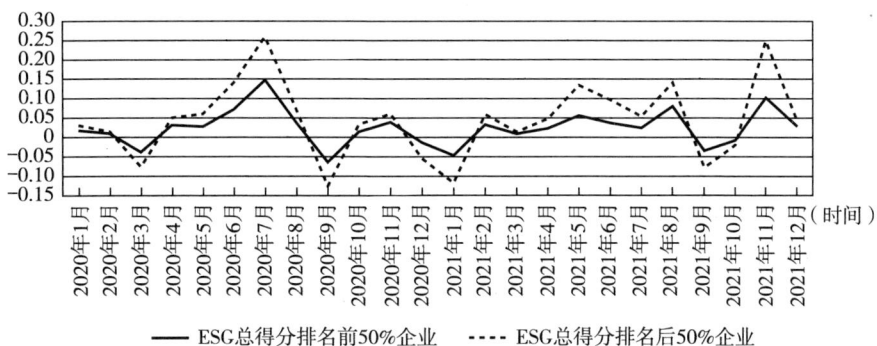

图 4.2　制造业 ESG 总得分排名前 50%和后 50%企业的月个股回报率对比

注：本书不应被接收者作为其投资决策的依据，不对任何人使用本书内容的行为或由此而引致的任何损失承担任何责任。

由图 4.2 的结果可知，在绝大部分时间内，ESG 总得分排名前 50%的制造业上市公司的月个股回报率波动幅度都远小于排名后 50%的制造业上市公司。因此，ESG 表现优异的企业能够在资本市场面临较大不确定性，行业内各公司股价波动幅度较大时，为投资者带来更稳定的投资收益，降低投资风险。

第5章 电力、热力、燃气及水的生产和供应业上市公司 ESG 评价

5.1 评价指标体系

5.1.1 评价指标

根据证监会公布的行业分类，截止到 2020 年，我国电力、热力、燃气及水的生产和供应业共有 117 家上市公司。本行业 ESG 评价体系共计包含 3 个一级指标、10 个二级指标、61 个三级指标（包括 4 个行业特色指标）。一级指标包括环境（E）、社会（S）和治理（G），环境（E）评价要素主要包含资源消耗、废物排放、防治行为；社会（S）评价要素主要包含员工权益、产品责任、社会响应、时代使命；治理（G）评价要素主要包含治理结构、治理机制、治理效能。具体指标如表 5.1 所示。

表 5.1 评价指标体系一览

一级指标	二级指标	三级指标
环境指标（E）	资源消耗	总用水量、单位营收耗水量、天然气消耗、燃油消耗、煤炭使用量
	废物排放	总温室气体排放、氮氧化物排放、二氧化硫排放、悬浮粒子/颗粒物、废水/污水排放量

续表

一级指标	二级指标	三级指标
环境指标（E）	防治行为	有害废弃物量、无害废弃物量、总能源消耗、人均能源消耗、耗电量、节水/省水数量、节省能源数量、**是否回收和清洁利用再生资源、是否在新能源研发有所投入、厂区环境是否环保**
社会指标（S）	员工权益	女性员工比例、是否披露职工权益保护、雇员总人数、平均年薪、离退休人数比例、人均培训投入
	产品责任	是否披露客户及消费者权益保护、是否披露供应商权益保护、**是否严格管理车间工作及设备迭代**
	社会响应	合规经营、是否披露社会责任制度建设及改善措施、诉讼次数、是否披露公共关系和社会公益事业
	时代使命	非管理层员工薪酬、实交所得税、社会捐赠额
治理指标（G）	治理结构	第一大股东持股比例、机构投资者持股比例、股权制衡、两权分离度、高管持股比例、女性董事占比、董事会规模、董事会独立董事比例、董事长和 CEO 是否是同一人、监事人数
	治理机制	是否有股权激励计划、高管年薪、是否有现金分红、ROE、营业收入同比增长、管理费用率、大股东占款率、股息率、质押股票比例、商誉/净资产、关联交易
	治理效能	社会责任报告是否参照 GRI、财报审计出具标准无保留意见、内控审计报告出具标准无保留意见、非经常性损益占比

5.1.2　特色指标解读

5.1.2.1　是否回收和清洁利用再生资源

再生资源回收是发展循环经济的重要环节，其以物资不断循环利用的经济发展模式，正在成为全球潮流，获得了国内国际的一致认同。可持续发展也就是指在发展经济时不能只顾企业自身，既要符合当代人类的需求，又不能致损害后代人满足其需求能力的发展，应该在注意经济增长数量的同时，还要注意追求经济增长的质量。可持续发展最主要的标志就是能源能够重复多次利用，保持良好的生态发展环境。

电力、热力、燃气及水的生产和供应业企业应牢牢遵守《中华人民共和国清洁生产促进法》，同时根据这一法律，企业还应主动承担清洁生产的社会责任，提高资源利用效率，减少和避免污染物的产生，保护和改善环境，保障人体健康，促进经济与社会可持续发展。不断采取改进设计、使用清洁的能源和原料、采用先进的工艺技术与设备、改善管理、综合利用等措施，从源头削减污染，提高资源利用效率，减少或者避免生产、服务和产品使用过程中污染物的产生和排放，以减轻或者消除对人类健康和环境的危害。

5.1.2.2 是否在新能源研发有所投入

新能源是传统能源之外的各种能源形式，是正在开发利用或积极研究、有待推广的能源，如太阳能、地热能、风能、海洋能等。传统的能源行业，如热力、燃气等在生产时产生的二氧化碳、废水、粉尘等会对环境产生污染和危害，不利于行业经济的可持续发展，因此需要对新能源进行投入研发，以代替传统能源生产方式。

新能源行业的核心仍然是技术的比拼，而这就离不开背后研发费用的重金投入。加强研发投入将继续成为企业提高竞争力的重要手段，而这也必将推动新能源行业整体更高效的发展。

5.1.2.3 厂区环境是否环保

为保护和改善环境，防治污染和其他公害，保障公众健康，推进生态文明建设，促进经济社会可持续发展，第十二届全国人民代表大会常务委员会第八次会议于 2014 年 4 月 24 日修订通过《中华人民共和国环境保护法》，修订后的《中华人民共和国环境保护法》（以下简称《环保法》）自 2015 年 1 月 1 日起施行。

《环保法》提到："保护环境是国家的基本国策"，"一切单位和个人都有保护环境的义务"。企业事业单位和其他生产经营者应当防止、减少环境污染和生态破坏，对所造成的损害依法承担责任。作为有担当、有责任心的中国企业应该主动履行环保义务，促进行业健康可持续发展。

5.1.2.4 是否严格管理车间工作及设备迭代

企业严格管理车间工作及设备迭代不仅可以将工作流程化、合理化，提高员工工作效率和员工工作素养、专业程度，这也更是企业对其生产的产品及产品质量负责的表现。企业对车间进行严格管理，不能仅发布各种指示精神，更应该将工作落到实处，培训员工、建立信息共享平台，合理利用数字化方式积极进行技术创新、制度创新。

安全生产、减少生产安全事故是保障人民生命和财产安全的第一步，是促进经济社会健康发展的基本要求，对于生产安全水平要求较高的电力、热力、燃气及水的生产和供应业如此，对于所有行业的所有企业也当如此。

5.1.3　权重设置

考虑到电力、热力、燃气及水的生产和供应业与社会关联密切的行业特点，在指标权重的设定上，赋予社会（S）指标以较高的权重，其次是环境（E）指标，最后是治理（G）指标，权重分配如图 5.1 所示。

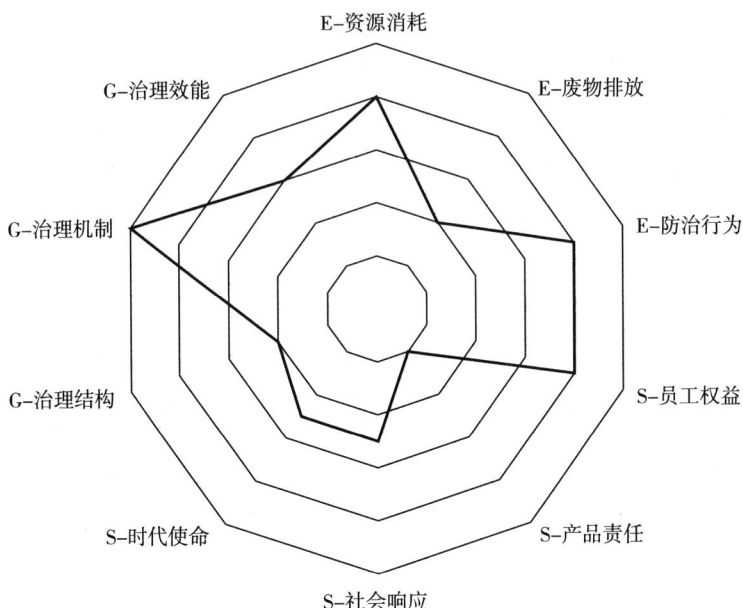

图5.1　电力、热力、燃气及水的生产和供应业评价权重分配

5.2 ESG 得分描述性统计

表5.2展示了2020年电力、热力、燃气及水的生产和供应业 ESG 总得分及环境（E）、社会（S）、治理（G）各分项得分的描述性统计结果。可以看到，117家电力、热力、燃气及水的生产和供应业企业的 ESG 总得分均值为34.32分，ESG 总得分的标准差为8.10分，最小值与最大值有42.2分的差值，可以看出行业内各企业对 ESG 的重视程度存在一定的差距，数据反映出我国电力、热力、燃气及水的生产和供应业对 ESG 的认识尚未成熟，而且也没有达成共识。

表5.2 2020 年电力、热力、燃气及水的生产和供应业 ESG 得分的描述性统计

变量	样本量（家）	均值（分）	标准差（分）	最小值（分）	中位数（分）	最大值（分）
环境（E）得分	117	10.95	8.26	0	12.00	67.00
社会（S）得分	117	45.64	13.01	14.82	44.42	82.32
治理（G）得分	117	48.91	9.02	24.05	47.99	67.14
ESG 总得分	117	34.32	8.10	17.43	33.75	59.63

另外，环境（E）得分、社会（S）得分和治理（G）得分的均值分别为10.95分、45.64分和48.91分，都小于50分。其中环境（E）得分的均值最小，仅为10.95分。根据分析，企业对于相关资源消耗、环境污染与治理方面的内容披露较少且不完整，这反映了电力、热力、燃气及水的生产和供应业企业还缺少自愿披露相关环境信息的意识，所以出现了很多企业得分为0的情况。

此外，我国电力、热力、燃气及水的生产和供应业 ESG 总得分最高的企业为59.63分，而得分最低的企业仅有17.43分。这反映出目前在该

行业内的各企业在披露 ESG 相关信息与贯彻 ESG 相关理念的力度等方面仍存在很大的改善空间，尤其是对于环境情况的披露需要得到重视。得分也凸显了企业需要加大对与 ESG 有关信息的关注的紧迫性，这也为国家和行业加快制定相关的 ESG 政策提供了事实依据。

5.3 企业 ESG 理念践行情况

5.3.1 环境维度

环境（E）得分均值仅为 10.95 分，中位数为 12.00 分，最大值为 67.00 分，最小值为 0，最大值和最小值相差 67 分。这一组数据说明，电力、热力、燃气及水的生产和供应业的上市公司在披露环境信息的表现较差，且各企业披露的情况差异较大，在披露环境信息方面表现良好的企业数量较少。各企业需要进一步学习了解环境保护对于企业长远发展的积极作用，将保护环境的理念贯穿生产全流程。政府相关部门需要完善相关治理办法，合理立法立规，严厉整治违规违法污染事件，同时为企业绿色环保的发展提供支持与保障。

5.3.1.1 资源消耗

数据资料显示，电力、热力、燃气及水的生产和供应业在"资源消耗"这一项指标上的披露情况很差，在 117 家上市公司中，仅有 4 家企业对"资源消耗"下所有三级指标进行了披露，其中有关资源消耗披露情况表现最好的是新奥股份，对"资源消耗"下的全部三级指标信息都进行了有效的披露和公示。

5.3.1.2 废物排放

废物排放指标包括总温室气体排放、氮氧化物排放、二氧化硫排放、悬浮粒子/颗粒物、废水/污水排放量 5 个三级指标。电力、热力、燃气及水的生产和供应业对于废物排放相关信息的披露情况仍然不容乐观，但优于"资源消耗"相关信息的披露，在 117 家上市公司中有 20 家公司公开了相关信息。其中华能国际披露信息相对完整，5 个三级指标中披露了 4 个相关指标信息，且 4 个指标的得分都是 75 分，表现较为良好。华能国际积极开展温室气体相关管理工作，先后出台温室气体排放统计管理规定、自愿减排项目开发管理规定等规章制度，分别针对碳资产管理、温室气体统计管理、自愿减排项目开发和碳资产交易做出了较为详细的指导和规定。"十三五"期间，华能国际着力推进低碳清洁能源充分利用，不断提高低碳清洁能源装机比重，至 2020 年实现低碳清洁能源装机容量占比超过 20%。另外，华能国际超低排放机组容量达到 98%，二氧化硫、氮氧化物、烟尘三项污染物排放绩效同比基本持平，稳定保持超低排放水平，符合或优于国家排放标准，环保指标保持行业领先。

5.3.1.3 防治行为

防治行为指标包括有害废弃物量、无害废弃物量、总能源消耗、人均能源消耗、耗电量、节水/省水数量和节省能源数量 7 个通用三级指标和是否回收和清洁利用再生资源、是否在新能源研发有所投入、厂区环境是否环保 3 个行业特色三级指标。行业对特色指标的披露情况较好。117 家企业中在"防治行为"这一项目表现最好的是新奥股份，在 10 个三级指标中有效披露了 8 个指标的相关信息，且得分表现也较为良好。

新奥股份在"资源消耗"和"防治行为"这两项指标的得分在行业中均位列第一，该公司密切关注环境问题，积极响应联合国和政府发出的号召，将 ESG 融入企业日常运营，编制环境、社会及管制报告，把相关信息有效全面地公示给大众及相关利益者。2020 年 12 月，全国工商联在京发布《中国民营企业社会责任报告（2020）》及《中国民营企业社会责任优秀案例（2020）》，新奥集团股份有限公司成功入选 30 家优秀案例之一。

5.3.2　社会维度

电力、热力、燃气及水的生产和供应业社会（S）得分的最大值为82.32分，均值得分为45.64分，通过这一组数据可以看出电力、热力、燃气及水的生产和供应业整体能够注意承担相关企业社会责任，但在及时有效披露相关信息这一方面有所欠缺；该行业117家上市公司中有17家公司的得分大于60分，其中有两家公司得分大于75分，可以看出行业内在社会方面表现较好的公司数量较少，在回馈社会、保护员工权益这些企业责任方面尚未形成良好的行业氛围，急需更多领头企业给行业带来正面的示范作用；本行业社会得分的标准差为13.01分，最小值与最大值相差60多分，表明行业内各上市公司对于社会表现的重视程度存在较大的差异。

5.3.2.1　员工权益

员工权益二级指标下包括女性员工比例、是否披露职工权益保护、雇员总人数、平均年薪、离退休人数比例和人均培训投入6个三级指标。电力、热力、燃气及水的生产和供应业在员工权益项得分的均值为36.77分，117家上市公司中只有8家得分在60分以上，其中仅有1家公司的得分在75分以上，较低的得分均值表明电力、热力、燃气及水的生产和供应业对于员工权益保障方面的疏忽，而60分以上企业占全行业企业数量较低的比重则反映出在该行业中注重维护员工权益这方面表现优秀的企业数量有限，且不同公司对于这方面的重视程度也存在着较大差异。

成都燃气的员工权益得分为79.28分，是行业内员工权益得分唯一上75分的公司。成都燃气不仅能够全面完整地公布员工权益的相关信息，而且能够在各三级指标上获得较高的分数，将员工权益保护融入生产工作始终，将员工发展同企业发展紧密联系在一起。

5.3.2.2　产品责任

在产品责任指标下包含是否披露客户及消费者权益保护、是否披露供应商权益保护2个通用三级指标，以及是否严格管理车间工作及设备迭代1个行业特色三级指标。电力、热力、燃气及水的生产和供应业在产品责任的得分均值为51.57分，117家上市公司中有27家公司在这2项指标中都获得了满分，也就是这27家公司不仅全面地披露了客户消费者和供应商这两方的权益保护信息，还能够对车间进行严格管理，定时检查设备并及时对设备更新迭代。但与此同时还有25家公司在产品责任指标的得分为0，即公司未披露消费者或供应商两方中任意一方相关的权益保护信息，也没有披露相关对车间管理工作的信息。从整体数据来看，该行业目前虽有一部分公司对产品责任有较强披露意愿，信息披露工作做得较好，但也有相当数量的企业还需提高自身对产品责任的认识，形成良好的信息披露氛围。

电力、热力、燃气及水的生产和供应业肩负着为工业企业提供能源、动力的重任，披露产品责任相关信息不仅是对上下游企业等相关利益者的保护与支持，更是使企业能够长久发展，在时代的浪潮中立于不败之地的重要保障，政府相关部门也应进一步加强引导，保护行业以及行业间和谐可持续发展。

5.3.2.3 社会响应

社会响应指标下包括合规经营、是否披露社会责任制度建设及改善措施、诉讼次数和是否披露公共关系和社会公益事业共4项三级指标。电力、热力、燃气及水的生产和供应业在社会响应的得分均值为42.40分，117家企业中共有20家得分在60分以上，其中有5家公司得分大于75分。这组数据说明电力、热力、燃气及水的生产和供应业目前整体在社会响应方面的表现都欠佳，表现优异的公司数量不多，进步空间较大。

中节能太阳能科技有限公司的社会响应得分为80分，是行业中社会响应指标得分最高的。该公司铭记肩负的社会责任，始终以造福社会为己任，积极投身各项公益活动，充分发挥中央企业的示范引领作用。

5.3.2.4 时代使命

时代使命指标下包含非管理层员工薪酬、实交所得税和社会捐赠额3个三级指标。电力、热力、燃气及水的生产和供应业在"时代使命"这一指标的得分均值为60.70分，整体来看，电力、热力、燃气及水的生产和供应业在肩负时代使命这方面的表现较优，117家上市公司中有53家公司得分在60分以上，其中有24家公司得分在75分以上，还有11家公司在这一项获得了满分。

行业ESG总得分名列第一的新奥股份将积极承担社会责任视为企业基因与生存基石，将坚持把企业战略与国家战略相结合设为履行社会责任的起点，坚持把财富反哺人民和社会。新奥股份企业社会责任表现获得国际机构的高度认可，公司推行可持续发展战略，参照国际标准搭建了完整的治理架构与执行体系，通过设立ESG委员会及管理团队，不断强化ESG的战略引领作用，将ESG要素根植于核心业务与企业文化中。公司先后获评"2021年度ESG卓越企业""2022年《财经》长青奖——可持续发展效益奖""第十一届中国上市公司口碑榜——最具社会责任上市公司"等行业大奖。

该行业以新奥股份为代表的一众公司都在为促进经济和社会和谐发展做着积极正面的努力，它们关注民生和社会发展，将企业命运与时代命运紧密联系在一起，共同承担新时代的新使命，为构建和谐健康可持续的经济生态而共同努力。

5.3.3　公司治理

治理（G）得分均值为48.91分，最高得分为67.14分，电力、热力、燃气及水的生产和供应业117家上市公司中没有一家公司在治理指标上的得分高于60分，只有四家公司在治理指标上的得分大于50分，可见该行业在公司治理方面需要进步的空间巨大，在公司生产运作时，应多将视线转移到公司治理上来，以收获更好的经营效果。

5.3.3.1　治理结构

电力、热力、燃气及水的生产和供应业在治理结构的得分普遍较低，117家上市公司平均得分为37.17分，最高分不足60分，这组数据说明了该行业整体对于公司内部管理制度方面亟待完善，信息披露工作需进一步加强，以便于社会各界的监督。其中获得最高分54.63分的公司是富春环保，该公司在 2020 年年报中积极披露公司治理情况，公司治理水平得分较高。

5.3.3.2 治理机制

电力、热力、燃气及水的生产和供应业在治理机制上的得分均值为 43.40 分，117 家上市公司中仅有六家企业治理机制得分在 60 分以上，行业整体表现较差，在治理机制上还需进一步学习和完善，做好相关信息披露工作。其中治理机制得分最高的公司是创业环保，得分为 71.93 分。

5.3.3.3 治理效能

电力、热力、燃气及水的生产和供应业在治理效能指标的得分均值为 65.92 分，在 117 家上市公司中有 26 家公司的得分在 75 分或以上，行业整体在治理效能方面本身以及有效披露相关信息的表现都较为良好，大唐发电和桂冠电力两家公司的治理效能指标获得满分，它们积极披露相关数据，并在每一项三级指标均获得了满分。

5.4 企业财务分析

5.4.1 财务指标对比

表 5.3 分别从平均总市值、盈利能力、运营效率和偿债能力方面，对比了电力、热力、燃气及水的生产和供应业上市公司 ESG 总得分排名前 50% 和排名后 50% 企业的表现。从表中可以看出，ESG 总得分排名前 50% 企业的平均总市值达到 293 亿元，远高于 ESG 总得分排名后 50% 企业的平均总市值（65 亿元）。对比该行业排名前后 50% 公司的财务指标可以发现，以净资产收益率和营业利润率为代表的盈利能力，以及以总资产周转率和应收账款周转率为代表的运营效率方面，都是总得分排名前 50% 的企业表现更优。在偿债能力方面，总得分排名前 50% 的企业流动比率均值为 1.11，

排名后 50%企业的流动比率均值为 1.24；总得分排名前 50%的资产负债率为 55.5%，排名后 50%企业的资产负债率均值为 57.0%，两者差别并不大。

表 5.3　电力、热力、燃气及水的生产和供应业上市公司财务指标对比

ESG 总得分排名	平均总市值（亿元）	盈利能力		运营效率		偿债能力	
		净资产收益率（%）	营业利润率（%）	总资产周转率（次）	应收账款周转率（次）	流动比率	资产负债率（%）
前 50%	**293**	**6.8**	**21.2**	**0.38**	**11.6**	1.11	55.5
后 50%	65	−17.9	6.5	0.34	11.2	**1.24**	**57.0**

5.4.2　投资回报分析

图 5.2 展示了电力、热力、燃气及水的生产和供应业 ESG 总得分排名前 50%与后 50%的企业在月个股回报率上的差异。图例中纵轴为对应日期的月个股回报率（考虑现金分红）；横轴为 2020 年 1 月至 2021 年 12 月的股票交易日，为了更清晰、直观地展示不同组别下月个股回报率的差异及变动趋势，选择了每个月的个股回报率数据，共 24 个时间点上的两组数值进行比较。

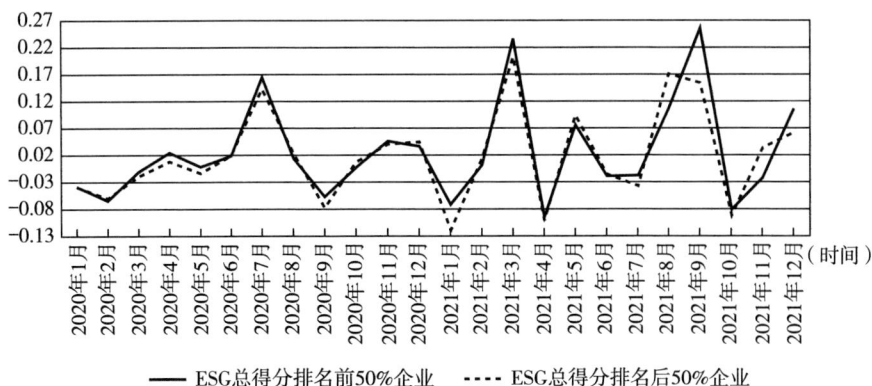

图 5.2　电力、热力、燃气及水的生产和供应业 ESG 总得分排名
前 50%和后 50%企业的月个股回报率对比

注：本书不应被接收者作为其投资决策的依据，不对任何人使用本书内容的行为或由此而引致的任何损失承担任何责任。

由图 5.2 呈现的结果可知，在这两年的时间里，ESG 总得分排名前后 50% 的企业在月个股回报率上的变化趋势比较相似，且看上去两条折线多有重合之处，但仔细观察此图便可发现，总得分排名前 50% 的企业的月个股回报率要在绝大多数时间点内高于得分排名后 50% 的企业。尤其在 2021 年 8 月至 2021 年 10 月，可以明显看出电力、热力、燃气及水的生产和供应业中 ESG 总得分排名前 50% 的企业的个股回报率远远高于排名后 50% 的企业。

第6章 建筑业上市公司ESG评价

6.1 评价指标体系

6.1.1 评价指标

建筑业指国民经济中从事建筑安装工程的勘察、设计、施工以及对原有建筑物进行维修活动的物质生产部门。根据证监会的分类，截止到2020年，我国建筑行业共有98家企业。本行业ESG评价体系共计包含3个一级指标、10个二级指标、61个三级指标（包括4个建筑业特色指标）。一级指标包括环境（E）、社会（S）和治理（G），其中环境（E）评价要素主要包含资源消耗、废物排放、防治行为；社会（S）评价要素主要包含员工权益、产品责任、社会响应、时代使命；治理（G）评价要素主要包含治理结构、治理机制、治理效能。具体指标如表6.1所示。

表6.1 评价指标体系

一级指标	二级指标	三级指标
环境指标（E）	资源消耗	总用水量、单位营收耗水量、天然气消耗、燃油消耗、煤炭使用量
	废物排放	总温室气体排放、氮氧化物排放、二氧化硫排放、悬浮粒子/颗粒物、废水/污水排放量

一级指标	二级指标	三级指标
环境指标（E）	防治行为	有害废弃物量、无害废弃物量、总能源消耗、人均能源消耗、耗电量、节水/省水数量、节省能源数量、**建筑垃圾处理是否环保、是否在生产中推广节能产品**
社会指标（S）	员工权益	女性员工比例、是否披露职工权益保护、雇员总人数、平均年薪、离退休人数比例、人均培训投入、**是否有"关爱农民工计划"、是否披露安全生产内容**
	产品责任	是否披露客户及消费者权益保护、是否披露供应商权益保护
	社会响应	合规经营、是否披露社会责任制度建设及改善措施、诉讼次数、是否披露公共关系和社会公益事业
	时代使命	非管理层员工薪酬、实交所得税、社会捐赠额
治理指标（G）	治理结构	第一大股东持股比例、机构投资者持股比例、股权制衡、两权分离度、高管持股比例、女性董事占比、董事会规模、董事会独立董事比例、董事长和CEO是否同一人、监事人数
	治理机制	是否有股权激励计划、高管年薪、是否有现金分红、ROE、营业收入同比增长、管理费用率、大股东占款率、股息率、质押股票比例、商誉/净资产、关联交易
	治理效能	社会责任报告是否参照GRI、财报审计出具标准无保留意见、内控审计报告出具标准无保留意见、非经常性损益占比

6.1.2 特色指标解读

6.1.2.1 建筑垃圾处理是否环保

建筑垃圾是在对建筑物实施新建、改建、扩建或者是拆除过程中产生的固体废弃物。根据建筑垃圾的产生源不同，可以分为施工建筑垃圾和拆毁建筑垃圾。施工建筑垃圾，顾名思义就是在新建、改建或扩建工程项目当中产生的固体废弃物，而拆毁建筑垃圾就是在对建筑物拆迁拆除时产生的建筑垃圾。

建筑垃圾对我们的生活环境影响较大，如果对于建筑垃圾实行长期不管理的态度，那么对于城市环境卫生、居住生活条件、土地质量评估等都有恶劣影响。大量的土地堆放建筑垃圾后，会降低土壤的质量，降低土壤的生产能力；建筑垃圾堆放于空气中，影响空气质量，一些粉尘颗粒会悬浮于空气中，危害人体健康；建筑垃圾在长期堆放过程中，其中的有害物质渗入到地下水域，污染水环境；如果建筑垃圾在城市中堆放，对城市环境、美观度都不利；建筑垃圾的堆放还可能存在某些安全隐患，随时会引发一些事故。

6.1.2.2　是否在生产中推广节能产品

节能产品认证是根据《中华人民共和国节约能源法》，按照国家节能产品认证标准，采用国际上最严格的"产品检验+产品生产场地质量保证能力现场检查+每年的监督（含产品监督+生产现场监督）"的认证规定与程序，由国家权威、公正的第三方机构——中标认证中心（中国节能产品认证中心）对产品能效水平、生产企业持续的保证能力进行实物和现场的确认，最后通过颁布认证证书，证明某一产品是节能产品；通过在产品上张贴节能认证标志，便于消费者识别节能产品和非节能产品。

6.1.2.3　是否有"关爱农民工计划"

农民工指的是具有农业户口身份的工人，即从农村进入城市，依靠替雇主工作为谋生手段，但不具备非农业户口的社会群体。

农民工已成为我国产业工人的主体，是推动国家现代化建设的重要力量，为经济社会发展做出了巨大贡献。党中央、国务院高度重视农民工工作，《国务院关于解决农民工问题的若干意见》（国发〔2006〕5号）印发以来，出台了一系列政策措施，推动农民工转移就业规模持续扩大，职业技能不断提高，工资收入大幅增加，参加社会保险人数较快增长，劳动保障权益维护明显加强，享受基本公共服务范围逐步扩大，关心关爱农民工的社会氛围正在形成。但目前农民工就业稳定性不高，劳动保障权益受侵害的现象还时有发生，享受基本公共服务的范围仍然较小，大量长期在城镇就业的农民工还未落户，"关爱农民工计划"有利于农民工权益的保障。

6.1.2.4 是否披露安全生产内容

安全生产是指在生产经营活动中，为了避免造成人员伤害和财产损失的事故而采取相应的事故预防和控制措施，使生产过程在符合规定的条件下进行，以保证从业人员的人身安全与健康，设备和设施免受损坏，环境免遭破坏，保证生产经营活动得以顺利进行的相关活动。《中华人民共和国安全生产法》确定了"安全第一、预防为主、综合治理"的安全生产管理基本方针，在此方针的规约下形成了一定的管理体制和基本原则。

6.1.3 权重设置

由于建筑业企业的大多数业务对环境影响较大，所以赋予环境（E）指标较高的权重，均衡社会（S）、治理（G）的权重，在环境（E）下的二级指标中更加侧重于资源消耗和防治行为。在社会（S）指标中则给予员工权益较高的权重。权重分配如图 6.1 所示。

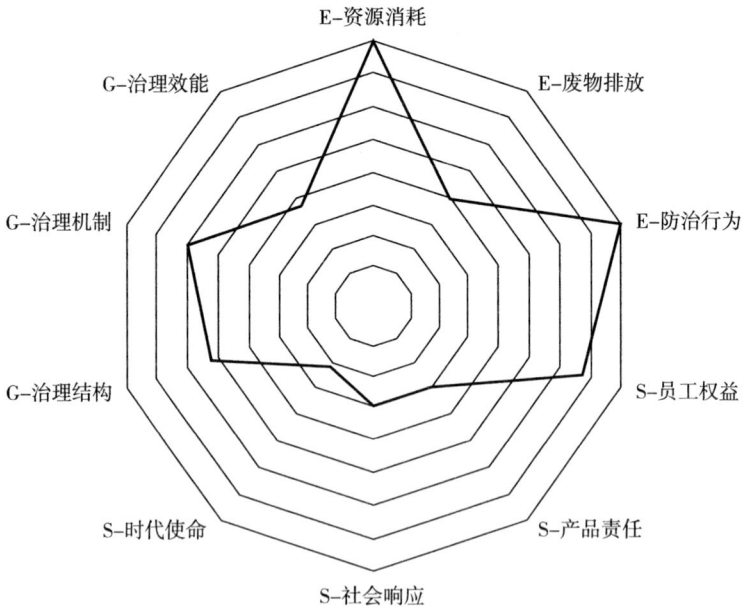

图 6.1　建筑业评价权重分配

6.2　ESG 得分描述性统计

表 6.2 展示了 2020 年建筑业 ESG 总得分及环境（E）、社会（S）、治理（G）各分项得分的描述性统计结果。由表中列示的结果可得，该项研究共包括了 2020 年的 98 家建筑业企业，在按照评分标准及二级指标权重分别得到每家企业环境（E）、社会（S）和治理（G）各分项得分的基础上，根据各分项一级指标的权重汇总得到了各企业的 ESG 总得分。可以看到，98 家建筑业企业的 ESG 总得分均值为 26.51 分，水平较低，ESG 总得分的标准差为 7.78 分，最大值为 54.85 分，最小值为 11.21 分，最大值与最小值相差超过 40 分，这表明行业内各企业对 ESG 的重视程度存在非常大的差异，侧面反映出我国建筑行业仍未形成有行业共识性的 ESG 相关政策法规，另外，监管机构的引导也还有待加强。其中，环境（E）得分均值为 2.04 分，社会（S）得分均值为 43.81 分，治理（G）得分均值为 41.83 分，三者均较低。其中尤其是环境（E）得分的均值最小，仅有 2.04 分。这表明目前该行业内各企业在披露 ESG 相关信息与贯彻 ESG 相关理念的力度上有很大的改善空间，尤其是在环境信息披露层面上。此外也凸显了对于 ESG 理念推广，国家政策引导的急迫性和必要性。

表 6.2　2020 年建筑业 ESG 得分的描述性统计

变量	样本量（家）	均值（分）	标准差（分）	最小值（分）	中位数（分）	最大值（分）
环境（E）得分	98	2.04	8.35	0	0	48.14
社会（S）得分	98	43.81	14.39	15.35	44.60	77.93
治理（G）得分	98	41.83	7.67	16.70	42.14	60.75
ESG 总得分	98	26.51	7.78	11.21	25.29	54.85

6.3　企业 ESG 理念践行情况

6.3.1　环境维度

环境（E）得分均值仅为 2.04 分，中位数为 0，而该一级指标得分不为 0 的企业只有 10 家。得分为 0 的企业没有有效披露环境信息，而披露环境信息的企业得分也整体偏低，得分最高的中国中冶也仅有 48.14 分，说明建筑业整体缺乏对环境信息披露的意识。在建筑企业生产经营过程中，会对环境产生许多影响，因此建筑业应该重视对环境的保护，加强环境保护意识，积极披露相关信息，相关部门也应加强监督企业在经营的过程中对环境的保护，充分利用资源，减少废物排放。

6.3.1.1　资源消耗

该二级指标下共包括 5 个三级指标：总用水量、单位营收耗水量、天然气消耗、燃油消耗、煤炭使用量。在建筑业中披露这 5 个指标的企业数量较少：浦东建设、中铝国际、中国铁建等企业披露了总用水量和单位营收耗水量；浦东建设、中铝国际、中国铁建、中国中冶等企业披露了天然气消耗；浦东建设、中国铁建、中国中冶披露了燃油消耗；中国铁建等企业披露了煤炭使用量。建筑行业中绝大多数企业没有树立重视资源消耗的意识，中国铁建处于行业中的领先位置，在资源消耗下的 5 个三级指标均能有意识地披露，行业内其他企业应向中国铁建学习，重视资源消耗，合理利用各项资源。

6.3.1.2　废物排放

废物排放下的三级指标共有 5 个：总温室气体排放、氮氧化物排放、二氧化硫排放、悬浮粒子/颗粒物、废水/污水排放量。这 5 个指标的披露情况较差，只有中国中冶和浦东建设等企业披露了总温室气体排放数据，氮氧化物排放、二氧化硫排放、悬浮粒子/颗粒物只有中国中冶和中国中铁等企业进行了披露，废水/污水排放量的披露情况也较差，建筑行业在生产经营过程中必然会产生废水、污水，而废水、污水的肆意排放对环境的污染也不容小觑，因此建筑行业企业应该重视废水、污水的排放量以及排放的方式。

6.3.1.3　防治行为

在防治行为下共有 9 个三级指标：有害废弃物量、无害废弃物量、总能源消耗、人均能源消耗、耗电量、节水/省水数量、节省能源数量、建筑垃圾处理是否环保、是否在生产中推广节能产品。其中建筑垃圾处理是否环保、是否在生产中推广节能产品是建筑业的 2 项特色指标。在建筑业的 98 家企业中，只有个别企业披露了相关数据。中铝国际和中国中铁等企业披露了有害废弃物量；中国中冶、中铝国际和中国中铁等企业披露了无害废弃物量；中国中冶、中铝国际、中国铁建和浦东建设等企业披露了耗电量；中材国际和中国建筑等企业披露了节省能源数量；中国化学、中国铁建、中国核建和中国中冶等企业披露了总能源消耗和人均能源消耗。2 项特色指标的披露情况相对较好，"建筑垃圾处理是否环保"有 21 家企业披露，"是否在生产中推广节能产品"有 33 家企业披露。可见，建筑行业整体对于防治行为的披露情况十分糟糕。该行业企业在生产经营过程中应加强环境保护意识，积极披露相关指标，增强防治行为。

6.3.2　社会维度

社会（S）的得分均值为 43.81 分，是 3 个一级指标中得分均值最高的一项，标准差为 14.39 分，最大值与最小值相差超过 60 分，说明行业内各个企业对于社会责任的重视程度差异较大，但整体水平偏低。在社会责任部分分设 4 个二级指标，分别是员工权益、产品责任、社会响应、时代使命。在 98 家建筑企业中有 14 家社会得分超过 60 分，其中中国铁建得分最高，是 77.93 分，说明该行业部分企业虽然对社会责任有所关注，但没有充分投入，企业在发展的过程中应该维护员工权益，对所生产的产品负责到底，积极响应社会的需求，并发挥时代赋予的使命。

6.3.2.1 员工权益

在该二级指标下设立8个三级指标：女性员工比例、是否披露职工权益保护、雇员总人数、平均年薪、离退休人数比例、人均培训投入、是否有"关爱农民工计划"、是否披露安全生产内容。其中"是否有'关爱农民工计划'""是否披露安全生产内容"是建筑业的特色指标，因考虑到该行业的员工大多数为农民工，而农民工往往生活艰苦，所以关爱农民工成为社会的一个焦点话题。农民工的工作地点通常是在施工的现场，在工作过程中存在许多安全隐患，因此在农民工提供体力劳动的同时，企业也应关注农民工的心理以及身体健康状况，给予他们更多的关爱。在建筑行业，企业保证安全生产是最基本的原则之一，所以企业应该积极披露安全生产内容。在员工权益部分得分最高的企业是浦东建设，得分为75.03分，说明浦东建设重视对于员工的培训，积极披露了安全生产内容。

6.3.2.2 产品责任

在产品责任部分共包括2个三级指标：是否披露客户及消费者权益保护、是否披露供应商权益保护。建筑行业中有59家企业披露了客户及消费者权益保护的相关信息，有41家企业披露了供应商权益保护的相关信息。2个指标均有50%左右的企业披露，说明行业中的大部分企业都十分关注产品责任，对于建筑行业而言，企业与顾客和供应商之间的关系维护格外重要，保护好客户和供应商权益可以增加彼此之间的信任，从而增强企业信誉和在市场上的口碑，以此获得更多的业务。

6.3.2.3 社会响应

社会响应下的三级指标共4项：合规经营、是否披露社会责任制度建设及改善措施、诉讼次数、是否披露公共关系和社会公益事业。在98家建筑企业中表现最出色的中国化学，其社会响应得分为100分，在近一年中违规次数较少，在行业中属于顶尖水平，同时披露了社会责任制度建设及改善措施、公共关系和社会公益事业，近一年中投诉次数更是为0。

6.3.2.4 时代使命

该二级指标下共有 3 个三级指标：非管理层员工薪酬、实交所得税、社会捐赠额。行业中有 11 家企业时代使命得分为 100 分，并有近一半的企业时代使命得分高于 60 分，说明行业中的部分企业已能够充分重视时代使命，随着社会的发展，企业的使命也会发生改变，企业在发展的同时也关注着时代的发展，着力发展当代社会赋予企业的使命。

6.3.3 治理维度

治理（G）的得分均值为 41.83 分，标准差为 7.67 分，最大值与最小值分别为 60.75 分和 16.70 分，说明建筑行业企业普遍比较关注对公司的治理，但多数企业还有较大的改进空间。在 98 家建筑企业中，治理（G）得分最高的是天健集团。在治理层面中共设有 3 个二级指标，分别是治理结构、治理机制、治理效能。虽然行业中企业在治理层面相较于环境表现较好，但仍不容乐观，有相当部分企业治理得分未超过 50 分，应引起行业重视。建筑行业在生产经营的过程中也应做好公司内部的治理活动，做到改善治理机制、调整治理结构、提高治理效能。

6.3.3.1 治理结构

在治理结构中共包括 10 个三级指标，分别为：第一大股东持股比例、机构投资者持股比例、股权制衡、两权分离度、高管持股比例、女性董事占比、董事会规模、董事会独立董事比例、董事长和 CEO 是否是同一人、监事人数。该行业的 98 家企业在治理结构方面的表现不够理想，得分最高的维业股份为 51.07 分，得分超过 50 分的企业也只有维业股份一家，说明行业中的企业没有充分认识到治理结构的重要性。合理的治理结构可以使企业规避一些错误决策，避免经营者出现权力大于责任的现象。

6.3.3.2 治理机制

治理机制下有是否有股权激励计划、高管年薪、是否有现金分红、ROE、营业收入同比增长、管理费用率、大股东占款率、股息率、质押股票比例、商誉/净资产、关联交易共 11 个三级指标。从得分上看，中国化学得分超过 60 分，达到 61.79 分，但行业中的最低分只有 10.62 分，分差超过 50 分，说明行业内企业对于治理机制的重视程度存在较大差异。三级指标中的股权激励计划可以在很大程度上对员工起到激励作用，增加员工的忠诚度，但是行业中 98 家企业只有 6 家在 2020 年披露了股权激励计划，希望更多的企业可以进行相关披露。

6.3.3.3　治理效能

在该二级指标下设立 4 个三级指标：社会责任报告是否参照 GRI、财报审计出具标准无保留意见、内控审计报告出具标准无保留意见、非经常性损益占比。通过观察建筑行业中企业的治理效能得分的结构发现，该行业的企业治理效能得分差异较大，小于 40 分的企业有 10 家，40~70 分的企业共 73 家，大于 70 分的企业有 15 家。处于中分段的企业较多，低分段和高分段的企业都不是很多，此现象说明行业内多数企业已经注重治理效能的管理，但是真正做好的企业并不是很多，仍有多数企业需要加大投入的力度，提高公司治理效能。

6.4　企业财务分析

6.4.1　财务指标对比

表 6.3 展示了建筑业平均总市值、盈利能力、运营效率、偿债能力四个方面的相关财务指标，并对该行业中 ESG 总得分排名前 50% 和后 50% 的企业进行对比。从表中可以看出，总得分排名前 50% 的企业平均总市值为 214 亿元，总得分排名后 50% 的企业平均总市值只有 42 亿元，总得分排名前 50% 和排名后 50% 企业的平均总市值存在较大的差距。从资本市场的角度看，企业的市值规模越大，说明企业综合实力较高，有利于提高企业的价值。在盈利能力方面，通过净资产收益率和营业利润率来衡量

企业的盈利能力，观察表中数据发现，无论是净资产收益率还是营业利润率，总得分排名前 50% 的企业都远高于排名后 50% 的企业，总得分前 50% 企业的净资产收益率为 5.32%。总得分排名后 50% 的企业净资产收益率仅为 2.09%，总得分排名前 50% 企业的营业利润率为−0.53%，总得分排名后 50% 的企业营业利润率为−4.70%，说明建筑行业整体是亏损的，但总得分排名前 50% 的企业能够避免更大亏损。关于运营效率，总得分排名前 50% 的应收账款周转率是 4.02 次，而总得分排名后 50% 的应收账款周转率却为 9.38 次，应收账款周转率总得分排名后 50% 的企业表现较优，总资产周转率总得分排名前 50% 的企业表现更优。总得分排名前 50% 企业的流动比率均值为 1.39，排名后 50% 企业的流动比率均值为 1.53，排名后 50% 的企业资产的变现能力要强于排名前 50% 的企业，而资产负债率总得分排名前 50% 的企业要高于排名后 50% 的企业。

表 6.3　建筑业上市公司财务指标对比

ESG 总得分排名	平均总市值（亿元）	盈利能力		运营效率		偿债能力	
		净资产收益率（%）	营业利润率（%）	总资产周转率（次）	应收账款周转率（次）	流动比率	资产负债率（%）
前 50%	**214**	**5.32**	**−0.53**	**0.58**	4.02	1.39	**66.91**
后 50%	42	2.09	−4.70	0.46	**9.38**	**1.53**	63.03

6.4.2　投资回报分析

图 6.2 展示了建筑业 ESG 总得分排名前 50% 和排名后 50% 的企业在月个股回报率上的差异。图例中纵轴为对应日期的月个股回报率（考虑现金分红）；横轴为 2020 年 1 月至 2021 年 12 月的股票交易日，为了更清晰、直观地展示不同组别下月个股回报率的差异及变动趋势，选择了每个月的个股回报率数据，共 24 个时间点上的两组数值进行比较。

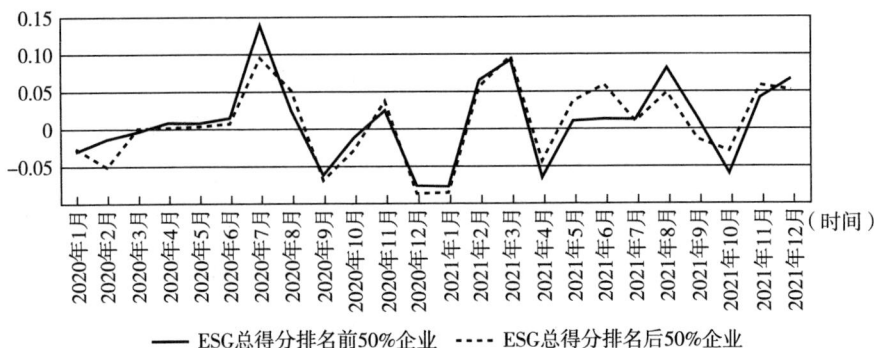

ESG总得分排名前50%企业 ---- ESG总得分排名后50%企业

图 6.2　建筑业 ESG 总得分排名前 50%和后
50%企业的月个股回报率对比

注：本书不应被接收者作为其投资决策的依据，不对任何人使用本书内容的行为或由此而引致的任何损失承担任何责任。

由图 6.2 可知，在 2020 年 6 月至 2020 年 11 月，整个市场面临了较大波动，排名前 50%的企业在此期间虽有所起伏，但能为投资者带来更多的收益。在这 24 个时间节点上，总得分排名前 50%的企业和总得分排名后 50%的企业个股回报率整体趋势十分相似，但总得分排名前 50%的企业表现要优于得分排名后 50%的企业，在整个市场有所波动时，总得分排名前 50%企业的个股回报率曲线更加平稳，能够给投资者带来更稳定的收益。

第7章 批发和零售业上市公司 ESG 评价

7.1 评价指标体系

7.1.1 评价指标

伴随互联网技术的进一步发展，批发和零售业拥有了更加广阔的市场。评价共包括 168 家企业。为了更好地评估批发和零售业各企业践行 ESG 理念的情况，共设置了环境（E）、社会（S）、治理（G）3 个一级指标，在各个一级指标下又分设二级指标总计 10 个，其中，二级指标防治行为下设置了"是否提供社区环保宣传"1 个特色三级指标，二级指标产品责任下设置了"是否保护客户信息隐私""专利数量"2 个特色三级指标，进而具有针对性地分析评估批发和零售业各企业情况，具体指标如表 7.1 所示。

表 7.1 评价指标体系

一级指标	二级指标	三级指标
环境指标（E）	资源消耗	总用水量、单位营收耗水量、天然气消耗、燃油消耗、煤炭使用量
	废物排放	总温室气体排放、氮氧化物排放、二氧化硫排放、悬浮粒子/颗粒物、废水/污水排放量

一级指标	二级指标	三级指标
环境指标（E）	防治行为	有害废弃物量、无害废弃物量、总能源消耗、人均能源消耗、耗电量、节水/省水数量、节省能源数量、**是否提供社区环保宣传**
社会指标（S）	员工权益	女性员工比例、是否披露职工权益保护、雇员总人数、平均年薪、离退休人数比例、人均培训投入
	产品责任	是否披露客户及消费者权益保护、是否披露供应商权益保护、**是否保护客户信息隐私、专利数量**
	社会响应	合规经营、是否披露社会责任制度建设及改善措施、诉讼次数、是否披露公共关系和社会公益事业
	时代使命	非管理层员工薪酬、实交所得税、社会捐赠额
治理指标（G）	治理结构	第一大股东持股比例、机构投资者持股比例、股权制衡、两权分离度、高管持股比例、女性董事占比、董事会规模、董事会独立董事比例、董事长和 CEO 是否是同一人、监事人数
	治理机制	是否有股权激励计划、高管年薪、是否有现金分红、ROE、营业收入同比增长、管理费用率、大股东占款率、股息率、质押股票比例、商誉/净资产、关联交易
	治理效能	社会责任报告是否参照 GRI、财报审计出具标准无保留意见、内控审计报告出具标准无保留意见、非经常性损益占比

7.1.2　特色指标解读

7.1.2.1　是否提供社区环保宣传

2018 年，中国正式出台环保税（Environmental Protection Tax，EPT），这是中国首个以环境保护为直接政策目标的税种。随着民众环境法治意识的不断提高，社区居民是我国当前污染治理中不可忽视的社会力量，他们将以各种各样的方式对企业的生活残留、能源损耗等多个方面加以影响。以往企业在环境决策时往往更倾向于采取专家判断的方式，并认为民众的风险认知有较大误差，于是企业与社区民众沟通的过程也常常采取单方面的科学宣传和教育方式甚至是无沟通，这种模式在多元开放的现代社会中效果非常有限，社区居民往往在事后发现自己的环境权益受到侵害，并对企业污染行为提出补偿的要求。为此，在我国社区民众环保意识逐渐高涨和信息网络比较畅通的情况下，企业应当提供一定程度的社区环保宣传，这种多领域、具有开放性和双向互动性的沟通方式尤为重要。来自社区民众的环保压力越大，企业越需要和社区民众交互式地交换信息与意见，同时进行较大力度的社区环保宣传，提高环保意识。

7.1.2.2　是否保护客户信息隐私

批发和零售业与其他行业相比较时存在交易对象多、交易量零星分散、交易次数频繁等特点，这些特点的存在使批发零售业会掌握众多客户信息隐私。在进行商品交易的过程中，消费者个人信息泄露的问题引发了我国零售批发行业的广泛关注。步入大数据时代后，便利的信息共享途径加剧了个人隐私泄露与个人隐私权利矛盾冲突，隐私的范围不断扩大，公共领域的随之缩减也让隐私保护难度加大。为此，面对隐私保护关键技术不完善、隐私保护法律法规不健全、隐私保护意识不充分的多重挑战下，企业如何通过内部规定与措施来保护隐私也成为客户衡量企业可靠性的一个重要标准。

7.1.2.3　专利数量

批发和零售业是决定经济运行速度、质量和效益的引导性力量，在当今经济高速发展的时代背景下，批发和零售业面临着更加激烈的竞争，技术的创新发展变得格外重要。在科技水平处于高速发展的时代下，专利数量也是衡量一个企业是否坚持创新发展的一大标准。通过分析企业的专利数量可以很好地得出企业在某一阶段下的发展速度，将不同企业的专利数量进行对比后，可以进一步分析企业专利数量对企业发展的影响程度，是衡量企业在批发零售业中发展水平的重要标准。

7.1.3　权重设置

指标权重设置方面，结合批发和零售业特点，将环境（E）、社会（S）、治理（G）3 个一级指标给予了不同的权重，其中，赋予社会（S）

指标最高权重达到整体的 45%，其次是治理（G）指标和环境（E）指标，分别占整体的 30% 和 25%。一级指标下的二级指标中，着重赋予社会（S）指标下的社会响应和治理（G）指标下的治理机制较高权重，进而更好地衡量批发和零售业各企业在践行 ESG 理念方面的表现情况，权重分配如图 7.1 所示。

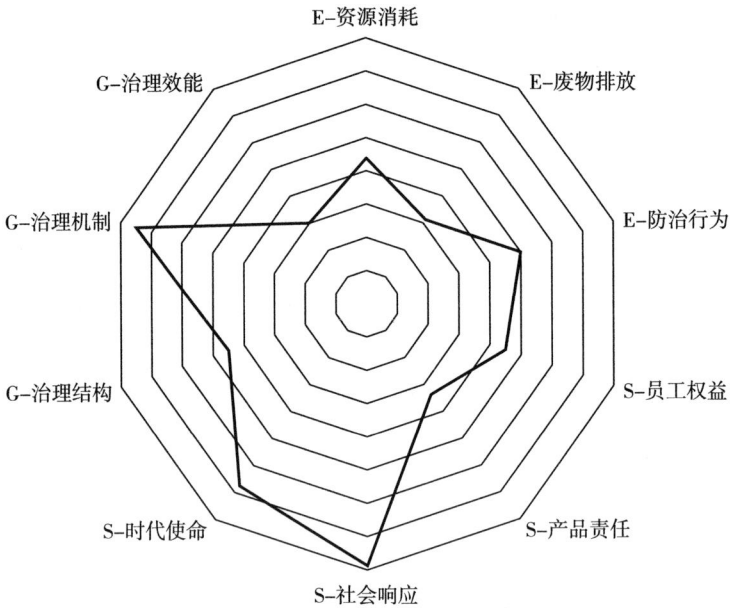

图 7.1　批发和零售业评价权重分配

7.2　ESG 得分描述性统计

表 7.2 展示了根据证监会分类和筛选得到的 168 家企业 ESG 总得分，即环境（E）、社会（S）、治理（G）各分项得分的描述性统计结果。可

以看到，168 家企业的 ESG 总得分均值为 13.21 分，属于较低水平，这在一定程度上反映了中国大部分教育业企业尚未重视 ESG 工作，有待真正意识到 ESG 对企业长远发展的重要性，也仍需进一步做好企业自身信息披露工作，尤其是企业环境保护和公司治理方面的信息。此外，ESG 总得分的标准差为 3.30 分，最小值为 6.67 分，与 38.73 分的最大值相差较大，表明在 ESG 理念的重视程度和践行力度方面，批发和零售业整体属于较低水平。

表 7.2　2020 年批发和零售业 ESG 得分的描述性统计

变量	样本量（家）	均值（分）	标准差（分）	最小值（分）	中位数（分）	最大值（分）
环境（E）得分	168	0.23	1.19	0	0	10.69
社会（S）得分	168	20.46	5.76	6.30	19.76	51.68
治理（G）得分	168	13.14	3.53	8.04	12.96	51.60
ESG 总得分	168	13.21	3.30	6.67	12.86	38.73

纵向比较环境（E）、社会（S）和治理（G）的得分，在均值方面，三大分支得分均值分别为 0.23 分、20.46 分和 13.14 分，可以看出，批发和零售业企业在环境保护方面的披露信息非常少，承担社会责任和公司治理方面相差不大，均属于较低水平。深粮控股的社会（S）与治理（G）均为得分最大值，分别达到 51.68 分和 51.60 分，是 3 个一级指标中的最高得分。治理（G）对企业的发展起着重要的作用，而承担社会（S）责任则是一家优秀企业最基本的义务，故批发和零售业企业应当继续提高公司治理（G）和承担社会（S）责任方面的重视程度，从而进一步提升企业在全行业中的竞争力。环境（E）得分的最大值仅为 10.69 分，明显暴露出批发和零售业企业在环境（E）方面的重视程度严重不足，提高自身可持续发展的水平需要加强对环境（E）方面的重视，在这方面还存在很大的改善空间。

7.3 企业 ESG 理念践行情况

7.3.1 环境维度

环境（E）得分的均值为 0.23 分，中位数为 0 分，最大值为 10.69 分，这说明尽管批发和零售业整体在环境（E）方面的信息披露不足，但是仍有部分企业对相关信息进行了披露，不同企业对于环境保护方面的重视程度存在明显差异。批发和零售业在环境保护方面应根据不同企业间从事的经营活动不同而选择不同的环境保护措施，从而减少废物，降低环境污染水平。批发和零售业在交易过程中存在交易量零星分散、交易次数频繁等特点，这些特点会使批发和零售业产生多余或没有完全销售的产品，对于这类产品可以采取回收再利用或低碳绿色处理方式，可将此类信息汇总披露，关注中国批发和零售业自身的环境保护现状进而引导中国批发和零售业重视环境保护，不仅可以提高各类资源的利用率，减少能源消耗，同时有利于解决众多环境污染等环境生态问题。

7.3.1.1 资源消耗

资源消耗作为二级指标之一，是衡量企业在承担保护生态环境方面所做贡献的重要指标，包含了总用水量、单位营收耗水量、天然气消耗、燃油消耗、煤炭使用量 5 个三级指标。通过资料收集，168 家批发和零售业企业披露情况较差，能够主动披露相关信息的企业数量较低。批发和零售业企业应该加强自然资源消耗信息的披露，以利于加强社会和政府部门对企业环境保护水平的监督，进而提高企业环境保护水平、加快绿色低碳循环发展经济体系的建立。

7.3.1.2 废物排放

废物排放指标包括总温室气体排放、氮氧化物排放、二氧化硫排放、悬浮粒子/颗粒物、废水/污水排放量5个三级指标。废物排放指标的披露情况相较于资源消耗指标有小幅提升，废物排放指标与环境生态保护紧密相关，同时也是政府和相关部门评价企业是否做到环境保护的重要标准，因此，批发和零售业各企业应加强对废物排放的信息披露，引导企业进一步做到废物的绿色环保排放进而保护生态环境。

7.3.1.3　防治行为

防治行为包含有害废弃物量、无害废弃物量、总能源消耗、人均能源消耗、耗电量、节水/省水数量、节省能源数量共7个三级指标和是否提供社区环保宣传1个特色三级指标。

防治行为指标信息的披露情况与废物排放指标信息披露情况相似，通过数据库查找、数据计算和查找企业年报、社会责任报告等方式发现相当一部分批发和零售业企业没有明确提到"社区环保宣传"的字样。批发和零售业应给予环境保护方面的信息披露更多的重视，积极披露相关信息数据。同时，相关部门也应加强对批发零售业企业披露信息的引导，进一步为环境保护做出努力。

7.3.2　社会维度

社会（S）得分方面，标准差为5.76分，最小得分值与最大得分值相差45分左右，说明各企业对承担社会责任的重视程度存在一定的差异。批发和零售业全行业168家企业中的最高得分为51.68分，说明批发和零售业全行业企业对员工福利的投入和企业形象的建设还没有足够重视。

7.3.2.1　员工权益

员工是企业经营运转不可替代的重要组成部分，保障员工权益对企业的成功与长远发展起到关键因素，国家经济科技的高速发展带动批发和零售业吸引各地人才的加入，而人才的加入还需要企业相关政策的关注才能减少人才的流失并带动企业进一步发展提高企业整体竞争力。

员工权益指标下包含了女性员工比例、是否披露职工权益保护、雇员总人数、平均年薪、离退休人数比例、人均培训投入6个三级指标。除了女性员工比例和平均年薪指标信息披露较少外，其他 4 个指标都有较高的披露度。6 个指标中披露度最高的是雇员总人数与人均培训投入指标，批发和零售业 168 家企业均有相关信息的披露。从得分方面来看，最高得分为豫园股份 63.87 分，通过分析其披露信息可以发现，在员工权益这 6 项三级指标中，该企业在其中 3 项取得了 100 分满分，这使该企业在最后的员工权益得分汇总中获得了最高得分。根据行业得分情况，相关部门与社会各界需要加强企业在女性员工和员工薪酬方面的监督，引导企业进一步对员工权益的重视。

7.3.2.2 产品责任

批发和零售业企业有着交易对象多、交易量零星分散、交易次数频繁等特点，因此产品责任指标的信息披露对研究批发和零售业企业尤为重要。产品责任下包含了是否披露客户及消费者权益保护、是否披露供应商权益保护 2 个三级指标和是否保护客户信息隐私、专利数量 2 个特色三级指标。从得分来看，是否披露客户及消费者权益保护、是否披露供应商权益保护 2 个三级指标的披露情况较好，大部分企业在这 2 个指标的信息做了披露。但是，在是否保护客户信息隐私和专利数量这 2 个特色指标上，仅有小部分企业有所披露。产品责任方面的最高得分为飞亚达的 75 分，通过分析该企业的披露情况可以发现，该企业 4 项指标中有 3 项获得满分。综合行业全部企业披露情况可以得知，批发和零售业企业大多可以重视客户和供应商的权益保护，但客户信息隐私保护方面和代表了企业创新发展的专利数量方面有待企业积极披露。

7.3.2.3 社会响应

批发和零售业 168 家企业在社会响应方面的得分多集中在 40~50 分，有 32 家企业得分在 60 分或以上，与其他二级指标得分相比表现较好。批发和零售业上市公司相关信息的披露规范工作取得一定成效，有相当数量的上市公司在合规经营以及承担社会责任方面表现较好；信息披露方面，绝大多数企业在 4 个三级指标下可以披露其中的 2 项或 2 项以上指标的相关信息；同时有两家企业得分为 0 分，由此可以看出不同上市公司在社会响应方面存在较大的差异。相关部门仍需进一步规范和引导上市公司对社会响应指标的披露，强化企业合规经营，提高上市公司的发展质量。

7.3.2.4　时代使命

时代使命下 3 个三级指标中非管理层员工薪酬和实交所得税 2 项指标披露度较好，168 家批发和零售业企业全部都有披露，而社会捐赠额指标披露情况一般，有一半左右的企业进行了披露，说明近年来越来越多的企业意识到自身的时代使命责任。从得分来看，有 30 家企业得分在 80 分或以上，其中有 7 家企业得分为 100 分，然而，仍有 5 家企业得分仅有 27.78 分，说明在承担时代使命责任方面，批发和零售业企业之间仍存在较大差异，需要发挥得分为 100 分企业的标杆作用，引导低分企业积极披露相关信息，更好地承担时代使命责任。

7.3.3　治理维度

治理（G）得分均值为 13.14 分，深粮控股得分最高，为 51.60 分，企业最低得分为 8.04 分。在 168 家企业中，得分集中在 10~20 分，批发和零售业治理方面的表现仍有很大的提升空间，行业内能够起到引导作用的企业尚未产生，企业未来仍需进一步提高公司治理水平。公司的可持续发展能力和整体质量与公司的治理水平息息相关，要优化上市公司结构和发展环境，使上市公司运作规范性得到明显提升，信息披露质量不断改善，从而提升公司的可持续发展能力和整体质量。

7.3.3.1　治理结构

治理结构的评分指标包括第一大股东持股比例、股权制衡、两权分离度等 10 个三级指标，大部分企业得分较低——有 134 家企业集中在 20~40 分，第一大股东持股比例指标的数据披露度较低，大部分企业需要进一步提高相关信息的披露程度。中国铁物得分最高，达到 50.70 分，批发和零售业中仅有少部分企业在积极披露公司治理情况。

7.3.3.2　治理机制

建发股份、江苏舜天、第一医药三家企业治理机制得分在 60 分或以上。现代企业理论和国内外企业的实践表明，股权激励对于改善公司组织架构、降低管理成本、提升管理效率、增强公司凝聚力和核心竞争力都有积极作用。行业内龙头企业应积极披露相关信息，带动整个行业的信息披露，从而引导全行业整体水平得到提高。

7.3.3.3 治理效能

治理效能得分情况是所有二级指标中表现最好的，有 93 家企业得分在 60 分或以上，10 家企业得分在 90 分或以上，其中包括 1 家企业得分为 100 分。但仍有 7 家企业得分最低仅有 25 分，不同公司在治理效能方面有着较大的差异。从整体而言，高分企业的涌现说明部分上市公司十分重视提高公司的治理效能，起到了模范的作用。

7.4 企业财务分析

7.4.1 财务指标对比

表 7.3 分别从平均总市值、盈利能力、运营效率和偿债能力方面，对比了批发和零售业 ESG 总得分排名前 50% 和排名后 50% 企业的表现。从表中可以看出，批发和零售业 ESG 总得分排名前 50% 企业的平均总市值达到了 171 亿元，要明显高于 ESG 总得分排名后 50% 的平均总市值（89 亿元）。以净资产收益率和营业利润率为代表的盈利能力、以总资产周转率和应收账款周转率为代表的运营效率方面，ESG 总得分排名前 50% 的企业在净资产收益率、营业利润率和总资产周转率方面表现优于排名后 50% 的企业，但在应收账款周转率表现方面不如排名后 50% 企业。整体而言，ESG 总得分排名前 50% 企业的平均盈利水平较排名后 50% 企业更优，同样的投入可以获得更高的产出。总得分排名前 50% 的企业流动比率均值为 1.41，较弱于排名后 50% 的企业流动比率均值（1.50），说明排名前

50%的企业在偿债方面要稍弱于排名后 50%的企业。在平均资产负债率方面，两者差别不大，总得分排名前 50%企业略低于排名后 50%企业。

表 7.3　批发和零售业上市公司财务指标对比

ESG 总得分排名	平均总市值（亿元）	盈利能力		运营效率		偿债能力	
		净资产收益率（%）	营业利润率（%）	总资产周转率（次）	应收账款周转率（次）	流动比率	资产负债率（%）
前 50%	**171**	**5.6**	**1.34**	**1.44**	27.97	1.41	58.1
后 50%	89	5.0	0.98	1.15	**114.24**	**1.50**	**61.1**

7.4.2　投资回报分析

图 7.2 展示了批发和零售业 ESG 总得分排名前 50%与后 50%的企业在月个股回报率上的差异。图例中纵轴为对应日期的月个股回报率（考虑现金分红），横轴为 2020 年 1 月至 2021 年 12 月的股票交易日。为了更清晰直观地展示不同组别下月个股回报率的差异及变动趋势，选择了每个月的个股回报率数据，共 24 个时间点上的两组数值进行比较。

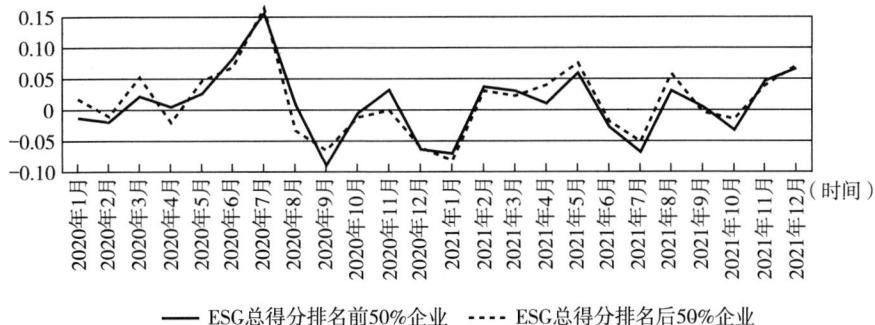

—— ESG总得分排名前50%企业　---- ESG总得分排名后50%企业

图 7.2　批发和零售业 ESG 总得分排名前 50%和
后 50%企业的月个股回报率对比

注：本书不应被接收者作为其投资决策的依据，不对任何人使用本书内容的行为或由此而致的任何损失承担任何责任。

由图 7.2 可知，在 2020 年的前半年，总得分排名后 50% 的企业在市场活跃时能够带来更大的收益，但是从 2020 年 7 月至 2021 年 3 月，总得分排名前 50% 的企业与排名后 50% 的企业相比相差不大，略优于排名后 50% 的企业。2021 年 3 月以后，市场情况再次发生改变，直至 2021 年 12 月，总得分排名后 50% 的企业表现较排名前 50% 的企业更好，可以带来更大的收益。

第8章 交通运输、仓储和邮政业上市公司 ESG 评价

8.1 评价指标体系

8.1.1 评价指标

交通运输、仓储和邮政业为经济社会发展提供了基础性服务，是国民经济发展的基础性、保障性产业，该领域的发展可以有效地促进经济增长与社会发展，同时经济社会发展需求也会对该领域产生促进作用，包括铁路运输业、道路运输业、水上运输业、航空运输业、管道运输业、多式联运和运输代理业、装卸搬运和仓储业、邮政业 8 个大类，27 个中类，67 个小类。截至 2020 年，交通运输、仓储和邮政业共有 103 家上市公司。本行业 ESG 评价体系共包含 3 个一级指标、10 个二级指标、61 个三级指标。一级指标包括环境（E）、社会（S）和治理（G）。环境（E）评价要素主要包含资源消耗、废物排放、防治行为；社会（S）评价要素主要包含员工权益、产品责任、社会响应、时代使命；治理（G）评价要素主要包含治理结构、治理机制、治理效能。具体指标如表 8.1 所示。

表 8.1 评价指标体系

一级指标	二级指标	三级指标
环境指标（E）	资源消耗	总用水量、单位营收耗水量、天然气消耗、燃油消耗、煤炭使用量
	废物排放	总温室气体排放、氮氧化物排放、二氧化硫排放、悬浮粒子/颗粒物、废水/污水排放量
	防治行为	有害废弃物量、无害废弃物量、总能源消耗、人均能源消耗、耗电量、节水/省水数量、节省能源数量、**是否有节能减排措施、是否披露碳排放减少量相应情况**
社会指标（S）	员工权益	女性员工比例、是否披露职工权益保护、雇员总人数、平均年薪、离退休人数比例、人均培训投入、**是否有安全培训/应急演练**
	产品责任	是否披露客户及消费者权益保护、是否披露供应商权益保护、**是否披露客户满意度/客户投诉数量相应情况**
	社会响应	合规经营、是否披露社会责任制度建设及改善措施、诉讼次数、是否披露公共关系和社会公益事业
	时代使命	非管理层员工薪酬、实交所得税、社会捐赠额
治理指标（G）	治理结构	第一大股东持股比例、机构投资者持股比例、股权制衡、两权分离度、高管持股比例、女性董事占比、董事会规模、董事会独立董事比例、董事长和CEO是否是同一人、监事人数
	治理机制	是否有股权激励计划、高管年薪、是否有现金分红、ROE、营业收入同比增长、管理费用率、大股东占款率、股息率、质押股票比例、商誉/净资产、关联交易
	治理效能	社会责任报告是否参照GRI、财报审计出具标准无保留意见、内控审计报告出具标准无保留意见、非经常性损益占比

8.1.2 特色指标解读

8.1.2.1 是否有节能减排措施

《国务院关于印发"十四五"节能减排综合工作方案的通知》要求，到2025年，全国单位国内生产总值能源消耗比2020年下降13.5%，能源消费总量得到合理控制，化学需氧量、氨氮、氮氧化物、挥发性有机物排放总量比2020年分别下降8%、8%、10%以上、10%以上。节能减排政策机制更加健全，重点行业能源利用效率和主要污染物排放控制水平基本达到国际先进水平，经济社会发展绿色转型取得显著成效。推动绿色铁路、绿色公路、绿色港口、绿色航道、绿色机场建设，有序推进充换电、加注（气）、加氢、港口机场岸电等基础设施建设。提高城市公交、出租、物流、环卫清扫等车辆使用新能源汽车的比例。加快大宗货物和中长途货物运输"公转铁""公转水"，大力发展铁水、公铁、公水等多式联运。是否有节能减排措施关系到交通运输、仓储和邮政业企业的长远发展。

8.1.2.2　是否披露碳排放减少量相应情况

碳排放量是指在生产、运输、使用及回收该产品时所产生的平均温室气体排放量。而动态的碳排放量，则是指每单位货品累积排放的温室气体量，同一产品的各个批次之间会有不同的动态碳排放量。

2021 年 3 月，全球能源互联网发展合作组织在京举办研讨会，发布《中国 2030 年前碳达峰研究报告》等三项研究成果，提出通过建设中国能源互联网实现碳减排目标的系统方案。中国提出的"双碳"目标，体现了中国应对气候变化的雄心和力度。随着中国与全球碳交易市场的建立与成熟，全球在碳减排领域的积极性也在不断提升，资金将流向风能、太阳能与生物燃料等低成本领域，减少对高成本化石燃料的投资，2021 年将成为全球清洁能源大发展的起点。碳排放减少量是衡量交通运输、仓储和邮政业环境友好程度的重要指标。

8.1.2.3　是否有安全培训/应急演练

安全培训是安全生产管理工作中一项十分重要的内容，它是提高员工安全生产素质的一项重要手段。所谓安全培训，一般是指提高生产经营单位管理人员、作业人员安全生产知识、技能和整体素质，以达到安全生产目的而进行的职业教育和训练。应急演练按照组织方式及目标重点的不同，可以分为桌面演练和实战等。桌面演练又称为模拟场景演练和室内演练，是指由应急指挥机构成员以及各应急组织负责人利用地图、沙盘、流程图、计算机模拟、视频会议等辅助手段，针对事先假定的应急情景，讨论和推演应急决策及现场处置的过程。实战演练是指参演人员利用应急处置涉及的设备和物资，针对事先设置的突发事件情景及其后续的发展情景，通过实际决策、行动，完成真实应急响应的过程，以检验和提高相关人员的临阵组织指挥、队伍调动、应急处置和后勤保障等应急能力。

8.1.2.4 是否披露客户满意度/客户投诉数量相应情况

客户满意度，也称客户满意指数。它是对服务性行业的顾客满意度调查系统的简称，是一个相对的概念，是客户期望值与客户体验的匹配程度，是客户通过对一种产品可感知的效果与其期望值相比较后得出的指数。客户的投诉可为企业提供重要的线索，使企业可以及时了解和改进产品或服务的不足之处。客户投诉还蕴藏着巨大的商机，因为它可以帮助企业产生开发新产品、新服务的灵感，许多知名的大企业在开发产品方面都得益于客户的抱怨。

8.1.3 权重设置

在指标权重设置方面，交通运输、仓储和邮政业一级指标更注重于环境（E），适当赋予环境（E）更高权重，其次是社会（S）、治理（G）权重占比稍低。在二级指标中，赋予防治行为、员工权益较高权重，权重分配如图8.1所示。

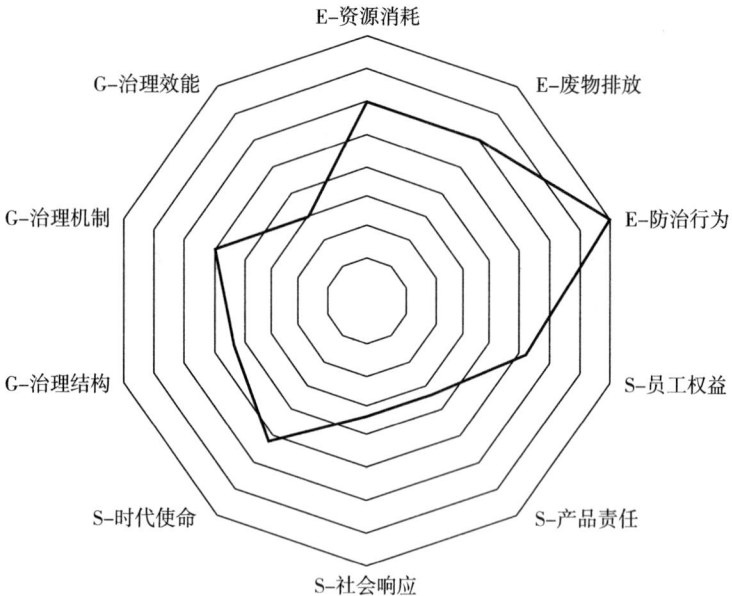

图8.1 交通运输、仓储和邮政业评价权重分配

8.2　ESG 得分描述性统计

表 8.2 展示了 2020 年交通运输、仓储和邮政业 ESG 总得分及环境（E）、社会（S）、治理（G）各分项得分的描述性统计结果。由表中列示的结果可知，本项研究共涵盖了 2020 年的 103 家交通运输、仓储和邮政业企业，在按照评分标准分别得到每家企业环境（E）、社会（S）及治理（G）各分项得分的基础上，根据各分项的权重汇总得到各企业的 ESG 总得分。

表 8.2　2020 年交通运输、仓储和邮政业 ESG 得分的描述性统计

变量	样本量（家）	均值（分）	标准差（分）	最小值（分）	中位数（分）	最大值（分）
环境（E）得分	103	5.82	14.32	0	0	62.79
社会（S）得分	103	47.56	15.44	15.43	49.02	80.69
治理（G）得分	103	45.26	7.31	23.33	45.02	59.39
ESG 总得分	103	30.29	10.08	14.71	27.63	58.23

由表 8.2 可知，本次研究的 103 家相关企业的环境（E）得分均值为 5.82 分，部分企业在环境方面有一定成绩，但大多数企业在环境下的 3 个二级指标（资源消耗、废物排放和防治行为）表现不佳。企业注重自身经营的同时，也需要秉持着可持续发展的理念。社会（S）得分均值为 47.56 分，行业内部差距相较于环境和治理来说更大，部分企业表现良好，但也有部分企业未能取得很好的成绩。作为社会经济生活的重要组成部分，企业对内对外都应该做好一定的保护，从而赢得内部员工的支持以及外部顾客的喜爱。治理（G）得分均值为 45.26 分，行业内部差距较

小，行业内部对于公司治理的认识较为统一，但与社会发展带来的治理要求相比有所不足。把握好公司治理是确保企业良性发展的重要手段，企业应该积极寻求先进经验并尝试运用于实践之中。

行业 ESG 总得分均值为 30.29 分，最大值接近 60 分。可见 ESG 理念在交通运输、仓储和邮政业中尚未十分普及，企业自身为了更好地发展，应积极使用先进理念来完善自身。

8.3 企业 ESG 理念践行情况

8.3.1 环境维度

交通运输、仓储和邮政业共 103 家上市公司的环境（E）得分均值为 5.82，与另外 2 个一级指标相比较低，表明行业对于环境方面的重视程度有所欠缺。标准差为 14.32 分，最小值与中位数均为 0，最大值为宁沪高速，得到 62.79 分。相当一部分公司得分不够理想，行业内部对于环境保护的重视程度不通过，认识水平不一致，大多数公司的环保意识有待提升。

8.3.1.1 资源消耗

资源消耗下设有 5 个指标，主要评价企业常用能源的消耗，如天然气消耗、燃油消耗等。该行业共 103 家上市公司，在该二级指标下披露数据的公司较少，ESG 得分最高的公司珠海港以及少数几家公司进行了该指标下所有三级指标数据的披露，且数据有效程度高。大多数公司未能披露有效数据信息，得分较低。

8.3.1.2 废物排放

环境（E）的第二个二级指标即废物排放占据了最大的权重，其下设5 个三级指标，主要涉及生产经营过程中造成废物的排放。该行业企业对于这一部分的数据进行了少量的有效数据信息披露，两极分化现象较为突出，最高分为80分，最低分为0分。交通运输、仓储和邮政业因使用较多的交通工具，其污染气体的排放较多。对于这部分的不利影响，行业各企业应积极推进 ESG 理念实践，不断创新技术，逐渐降低废物排放，进而提升企业可持续发展能力。

8.3.1.3　防治行为

在这一指标下，该行业共设有 7 个通用指标，如总能源消耗、耗电量、节省能源数量等，以及 2 个特色指标：是否有节能减排措施、是否披露碳排放减少量相应情况。中远海能取得了这个二级指标的最高分，为71.43 分。企业为了顺应当今社会发展潮流，对于节能减排以及减少碳排放就需要有所关注以及行动。部分企业对于通用指标和特色指标均进行了有效的数据披露，在实践中很好地践行了 ESG 理念。

8.3.2　社会维度

交通运输、仓储和邮政业企业社会（S）得分均值为 47.56 分，与该行业另外 2 个一级指标相比更高，反映出行业对于社会的关注程度更高。标准差为 15.44 分，最小值为 15.43 分，最大值为 80.69 分，极差较大，这说明行业内各公司对于社会的认识水平不一致，有较大的差异，中位数为 49.02 分，距离平均水平仍有不小差距。在这一指标中，除通用指标外，还有两个特色指标，分别属于员工权益和产品责任下的三级指标。

8.3.2.1　员工权益

在这一指标下，各上市公司对于"雇员总人数"等多项指标信息进行了比较完整的披露，而对于"人均培训投入"等指标缺乏有效的数据信息披露。这表明，部分企业对于必要的企业培训活动不够重视。员工在企业中得到的越多，其为企业创造的价值会显著增加。增加的特色指标"是否有安全培训/应急演练"也是为了更好地维护员工在企业生产经营过程中的安全，增强其防护意识。

8.3.2.2　产品责任

企业的主要目的就是盈利，而盈利的手段就是向社会出售相应产品以满足消费者的需求。在这之中主要涉及三方的关系：供应商、企业与顾客。产品责任这一指标主要记录企业对于消费者的权益保护和供应商的权益保护是否进行了有效的披露。在本次研究中的103家上市公司中，大多数企业对于相关数据进行了有效披露。产品是消费者了解企业的重要窗口，做好产品与服务对于企业长远发展的重要性不言而喻。增添的特色指标"是否披露客户满意度/客户投诉数量相应情况"更加契合行业特点，让投资者发展更有价值的企业。

8.3.2.3　社会响应

在这一指标下，主要设立了合规经营、是否披露社会责任制度建设及改善措施、诉讼次数、是否披露公共关系和社会公益事业等指标。在"是否披露公共关系和社会公益事业"这一指标中，133家上市公司有91家公布了相关数据信息，可见行业内部对于公共关系以及社会公益事业的重视程度较高，各公司都积极承担除经济责任以外的社会责任。企业遵纪守法合规经营，不侵占其他公司或者个人的利益，将会是一个吸引投资者的亮点。

8.3.2.4　时代使命

非管理层员工薪酬、实交所得税、社会捐赠额是这一指标的下设三级指标。这一指标主要是为了展示企业在国民分配中的作用。在初次分配中，非管理层员工占据的数量更大，但其获得的报酬往往较低，进而拉大贫富差距。在这103家上市公司中，大多数企业在初次分配中表现良好。社会的第二次分配依赖于企业缴纳的所得税，该行业大多数企业在这方面表现良好。社会的第三次分配需要企业的自觉。企业积极进行社会捐赠，不仅对于社会发展有益处，对其自身的纳税也有着积极的影响。但是在本次研究的103家交通运输、仓储和邮政业上市公司中仅有17家披露有效数据，各企业对于国民分配的认识水平有待提升。

8.3.3　治理维度

治理（G）下设 3 个二级指标：治理结构、治理机制、治理效能。交通运输、仓储和邮政业的治理（G）得分均值为 45.26 分，与另外 2 个一级指标相比处于中等水平，标准差为 7.31 分，最小值为 23.33 分，最大值为 59.39 分，中位数为 45.02 分。上港集团取得的成绩最好，为 59.39 分，行业内各个公司对于公司治理重要性的认识程度较为一致，但仍有一定的提升空间。在治理结构和治理机制方面，行业内各公司的成绩普遍偏低，而在治理效能方面，多数公司表现良好。

8.3.3.1　治理结构

二级指标治理结构下设三级指标若干，包括第一大股东持股比例、机构投资者持股比例、股权制衡、两权分离度、女性董事占比等 10 个指标。唐山港在这一指标下取得的成绩最好，为 50.62 分，其在大多数三级指标中披露的数据也较为有效。行业 ESG 得分最高者珠山港在多个方面表现优异。各公司对于对应指标的披露越全面、有效程度越高，其治理机构越完善，在当今社会竞争激烈的环境之下，获得的发展机会与来自投资者的关注就会更多。

8.3.3.2　治理机制

该指标下设 11 个三级指标，包括高管年薪、ROE、营业收入同比增长、管理费用率、大股东占款率、商誉/净资产等。最高分为 63.01 分，最低分为 13.25 分，这反映出行业内部各公司对于治理机制认识水平差异较大，ESG 理念的推行程度有所不同，有较大的提升空间。

8.3.3.3　治理效能

治理效能下设 4 个指标，包括社会责任报告是否参照 GRI、财报审计出具标准无保留意见、内控审计报告出具标准无保留意见、非经常性损益占比等。在该指标中，多家企业取得最高分 100 分，其他企业大多数的成绩在 60 分以上，整体合格率较高。在整个治理（G）评价中，各个公司在治理效能这一二级指标中表现相对较好。

8.4 企业财务分析

8.4.1 财务指标对比

表 8.3 展示了交通运输、仓储和邮政业平均总市值、盈利能力、运营效率、偿债能力四个方面的相关财务指标，并对该行业中 ESG 总得分排名前 50% 和排名后 50% 的企业进行对比。从表中可以看出，总得分排名前 50% 的企业平均总市值为 366 亿元，排名后 50% 的企业平均总市值为 135 亿元，一般来说，上市公司的市值越大，在资本市场的融资能力越强，受到投资者的青睐更多，企业价值就更大。

表 8.3 交通运输、仓储和邮政业上市公司财务指标对比

ESG 总得分排名	平均总市值（亿元）	盈利能力		运营效率		偿债能力	
		净资产收益率（%）	营业利润率（%）	总资产周转率（次）	应收账款周转率（次）	流动比率	资产负债率（%）
前 50%	**366**	-4.71	8.35	**0.59**	17.76	1.46	**46.06**
后 50%	135	**0.92**	**14.46**	0.44	**20.63**	**1.80**	40.99

在盈利能力方面，净资产收益率和营业利润率可以用来衡量企业的盈利能力，由表 8.3 可知，总得分排名前 50% 的企业净资产收益率低于排名后 50% 的企业。ESG 总得分排名前 50% 的企业营业利润率也较低于排名后 50% 的企业，目前来看，排名后 50% 的企业盈利能力稍强。关于运营效率，总得分排名前 50% 的总资产周转率和应收账款周转率分别是 0.59 次和 17.76 次，而得分后 50% 的总资产周转率和应收账款周转率分别是 0.44 次和 20.63 次，在总资产周转率方面总得分排名前 50% 的企业高于总得分排名

后 50% 的企业，但在应收账款周转率方面，总得分排名后 50% 的企业表现略优。总得分排名前 50% 企业的流动比率均值为 1.46，总得分排名后 50% 企业的流动比率均值为 1.80，排名后 50% 的企业资产的变现能力要强于排名前 50% 的企业，而资产负债率总得分排名前 50% 的企业略高于排名后 50% 的企业，说明两者相差不大，得分后 50% 企业的偿债能力稍强。

8.4.2　投资回报分析

图 8.2 展示了交通运输、仓储和邮政业 ESG 总得分排名前 50% 和后 50% 的企业在月个股回报率上的差异。图例中纵轴为对应日期的月个股回报率（考虑现金分红）；横轴为 2020 年 1 月至 2021 年 12 月的股票交易日，为了更清晰、直观地展示不同组别下月个股回报率的差异及变动趋势，选择了每个月的个股回报率数据，共 24 个时间点上的两组数值进行比较。

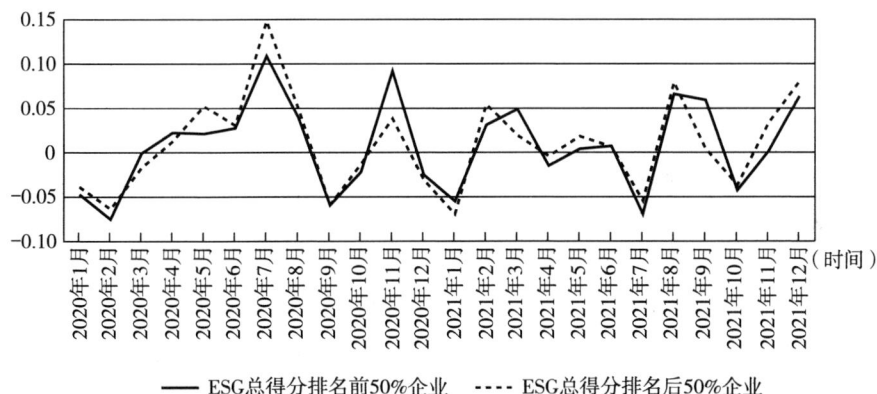

图 8.2　交通运输、仓储和邮政业 ESG 总得分排名前 50% 和后 50% 企业的月个股回报率对比

注：本书不应被接收者作为其投资决策的依据，不对任何人使用本书内容的行为或由此而引致的任何损失承担任何责任。

总体上看，两组数值变化趋势基本一致。在波动性上，ESG 总得分排名前 50% 的企业稍显稳定，排名后 50% 的企业波动性更大。这表明投资排名前 50% 的企业获得的收益更加稳定。

第9章　住宿和餐饮业上市公司 ESG 评价

9.1　评价指标体系

9.1.1　评价指标

住宿业指为旅行者提供短期留宿场所的行业，有些单位只提供住宿，也有些单位提供集住宿、饮食、商务、娱乐于一体的服务，不包括主要按月或按年长期出租房屋住所的活动。餐饮业指通过即时制作加工、商业销售和服务性劳动等，向消费者提供食品和消费场所及设施的服务。截至2020年，住宿和餐饮业共有八家上市公司。住宿和餐饮业 ESG 评价体系共计包含3个一级指标、10个二级指标、59个三级指标。一级指标包括环境（E）、社会（S）和治理（G）。环境（E）评价要素主要包含资源消耗、废物排放、防治行为；社会（S）评价要素主要包含员工权益、产品责任、社会响应、时代使命；治理（G）评价要素主要包含治理结构、治理机制、治理效能。具体指标如表9.1所示。

表 9.1　评价指标体系

一级指标	二级指标	三级指标
环境指标 （E）	资源消耗	总用水量、单位营收耗水量、天然气消耗、燃油消耗、煤炭使用量
	废物排放	总温室气体排放、氮氧化物排放、二氧化硫排放、悬浮粒子/颗粒物、废水/污水排放量
	防治行为	有害废弃物量、无害废弃物量、总能源消耗、人均能源消耗、耗电量、节水/省水数量、节省能源数量、**是否有光盘行动宣传**
社会指标 （S）	员工权益	女性员工比例、是否披露职工权益保护、雇员总人数、平均年薪、离退休人数比例、人均培训投入
	产品责任	是否披露客户及消费者权益保护、是否披露供应商权益保护
	社会响应	合规经营、是否披露社会责任制度建设及改善措施、诉讼次数、是否披露公共关系和社会公益事业、**是否有应急事件社会援助**
	时代使命	非管理层员工薪酬、实交所得税、社会捐赠额
治理指标 （G）	治理结构	第一大股东持股比例、机构投资者持股比例、股权制衡、两权分离度、高管持股比例、女性董事占比、董事会规模、董事会独立董事比例、董事长和 CEO 是否是同一人、监事人数
	治理机制	是否有股权激励计划、高管年薪、是否有现金分红、ROE、营业收入同比增长、管理费用率、大股东占款率、股息率、质押股票比例、商誉/净资产、关联交易
	治理效能	社会责任报告是否参照 GRI、财报审计出具标准无保留意见、内控审计报告出具标准无保留意见、非经常性损益占比

9.1.2　特色指标解读

9.1.2.1　是否有光盘行动宣传

"光盘行动"倡导厉行节约，反对铺张浪费，带动人们珍惜粮食。"光盘行动"得到从中央到民众的支持，一度成为年度十大新闻热词、网络热度词汇。"光盘行动"由一群热心公益的人士发起，宗旨是：餐厅不多点、食堂不多打、厨房不多做。养成生活中珍惜粮食、厉行节约、反对浪费的习惯，而不只是一场行动。不只是在餐厅吃饭进行打包，而是按需点菜，在食堂按需打饭，在家按需做饭。

2020 年 8 月 11 日，习近平总书记作出重要指示，强调要坚决制止餐饮浪费行为，切实培养节约习惯，在全社会营造"浪费可耻节约为荣"的氛围。2021 年 4 月 29 日，第十三届全国人民代表大会常务委员会第二十八次会议表决通过《中华人民共和国反食品浪费法》，自公布之日起施行。

9.1.2.2　是否有应急事件社会援助

"应急"的简明含义为应对突然发生的需要紧急处理的事件。其中包含两层含义：客观上，事件是突然发生的；主观上，需要紧急处理事件。与社会建设、经济发展一样，社会援助也是人民生产、生活当中的重要日常行为活动。当社会生产力得到发展，人们在生产劳动中所形成的相互间的融合关系应该得到加强。社会援助受欢迎程度也正是这一生产关系的体现。当社会援助这一活动的氛围在不断加强时，也更能推动生产力的发展。它同时对社会调整资源配置、实现社会公平正义、维护社会稳定有非常重要的积极作用。

2021 年 12 月，国务院拟提请全国人大常委会审议的《中华人民共和国突发事件应对管理法（草案）》对现行法的名称、体例结构及条文顺序进行了调整，新增"管理体制"一章，修订的主要内容包括：一是理顺突发事件应对管理工作领导和管理体制；二是畅通信息报送和发布渠道；三是完善应急保障制度；四是加强突发事件应对管理能力建设；五是充分发挥社会力量作用；六是保障社会各主体合法权益。以新冠肺炎疫情期间我国相当部分住宿和餐饮企业积极承担社会责任，得到了消费者的称赞为例，能够进行应急事件社会援助的企业，将会大大提升其社会认可度。

9.1.3　权重设置

在各指标权重设置方面，在住宿和餐饮业的 3 个一级指标权重设置中，赋予了环境（E）和社会（S）指标较高的权重占比，"治理（G）指标"权重略低，以此充分突出前两者对于该行业的重要性；在 10 个二级指标中，治理机制（G）、废物排放（E）、防治行为（E）、社会响应（S）4 个指标被赋予较高比重。具体权重分配如图 9.1 所示。

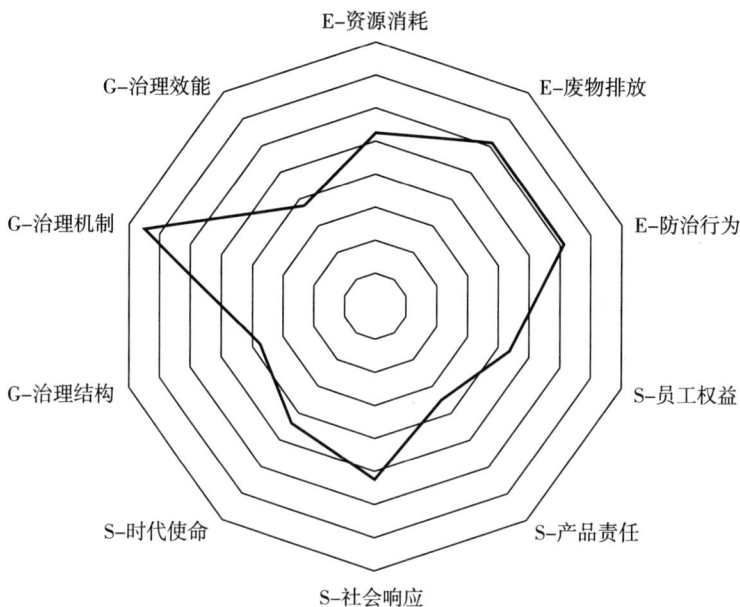

图 9.1　住宿和餐饮业评价权重分配

9.2　ESG 得分描述性统计

表 9.2 展示了 2020 年住宿和餐饮业 ESG 总得分及环境（E）、社会（S）、治理（G）各分项得分的描述性统计结果。由表中列示的结果可知，本项研究共涵盖了 2020 年的八家住宿和餐饮企业，在按照评分标准分别得到每家企业环境（E）、社会（S）及治理（G）各分项得分的基础上，根据各分项的权重汇总得到了各企业的 ESG 总得分。

表 9.2　2020 年住宿和餐饮业 ESG 得分的描述性统计

变量	样本量（家）	均值（分）	标准差（分）	最小值（分）	中位数（分）	最大值（分）
环境（E）得分	8	1.09	3.09	0	0	8.75
社会（S）得分	8	35.87	14.84	19.38	32.42	57.47

变量	样本量（家）	均值（分）	标准差（分）	最小值（分）	中位数（分）	最大值（分）
治理（G）得分	8	41.64	5.21	32.34	41.58	47.57
ESG 总得分	8	25.43	6.93	16.49	24.53	33.94

由表 9.2 可知，本次研究的八家住宿和餐饮业环境（E）得分仅为 1.09 分，分数极低。在资源消耗以及废物排放两个方面，本次研究的八家企业均未达到相应要求取得一定成绩；在防治行为方面，仅一家企业付出了一定的实践活动。在社会（S）得分中，八家企业差异较大，虽然绝大多数企业对于公共关系和社会公益事业进行了披露，但在员工权益等多方面各企业之间的行为存在一定的分歧。企业作为社会的主要构成者以及重要参与者，在不影响自身正常经营的基础上，对于应承担的社会责任应有充分的认识以及实际的行动付出，进而在内部员工和外部客户均取得好评。在治理（G）得分中，本次研究的企业成绩较为一致，但是亦低于 60 分。由此可见，对于 ESG 评级体系中的公司治理，各企业认识水平虽大致相同，但仍有一定的上升空间。为了更好地面对未来的市场竞争，各企业在这一方面理应给予更多关注。

行业 ESG 总得分均值为 25.43 分，处于较低水平。各企业对于 ESG 这一理念的认识与实践还有一定的不足，有关部门可以出台更多规范性文件以及奖励性的政策措施来促使企业进行改变。

9.3　企业 ESG 理念践行情况

9.3.1　环境维度

由表 9.2 可知，2020 年住宿和餐饮业企业环境（E）得分均值为

1.09 分，标准差为 3.09 分，最小值与中位数均为 0，最大值为 8.75 分。在二级指标资源消耗和废物排放中，行业各企业均无有效披露指标，在防治行为方面有两家企业披露了少部分指标。由此可见，行业内各企业环境保护水平差别微小，但表现均较差，未能很好地将 ESG 理念与企业生产经营过程有效结合。各企业环境（E）得分较低的原因一部分源自企业未能将有关环境保护的数据披露；另一部分则是由于在企业各自经营过程中，投入到践行 ESG 理念行为的资源不足。

9.3.1.1　资源消耗

该二级指标下设总用水量、单位营收耗水量、天然气消耗、燃油消耗、煤炭使用量等关乎企业经营的种种能源消耗指标。本次研究涉及的八家住宿和餐饮业上市公司在这个二级指标下的各三级指标均无有效披露数据，得分为 0。该行业各企业关于这一指标的得分状况由多种因素导致。行业 ESG 理念未能很好地深入各企业管理者的管理过程当中；在相关企业文件的编撰中，对于相应数据的收集整理上传工作做得不够细致。与此同时，由于行业特点，住宿和餐饮业对于部分资源如燃油、煤炭等的使用相较于其他行业来说数量少、频率低，在数据披露方面有着先天的劣势，这也是影响该行业各企业这一指标得分较低的重要原因之一。

9.3.1.2　废物排放

该二级指标下的各项三级指标，如温室气体、氮氧化物等均未获得本次研究的八家住宿和餐饮业上市公司的披露数据。企业 ESG 得分较低，显示出在这一科学理念的评价下，企业还有一部分工作没有做到位，各方面有一定的提升空间，可能会导致投资者对于该企业的信息获取不足而放弃投资行为。ESG 理念在一个行业中推行得越深入越广泛，整个行业就能更好地实现可持续发展，在这一行业下经营的各个公司才会有更好的发展舞台与更高的发展潜力。

9.3.1.3　防治行为

在这一指标下，本次研究的八家上市公司的锦江酒店、金陵饭店分别披露了是否有光盘行动宣传、节水/省水数量、节省能源数量这 3 个三级指标。另外六家上市公司与其他 5 个三级指标如总能源消耗和耗电量等均无有效披露数据。住宿和餐饮业各企业在日常经营过程中会产生部分废弃物，消耗相当一部分能源。在这些行为上，各上市公司为了赢得更多投资者的青睐，理应对这些行为进行数据上的统计，让信息更加透明。与此同时，企业也可以通过举办各种活动来促进节约意识的提升，对水资源等进行合理应用，让企业行为符合社会风尚，向投资者展示自身的特有面貌。锦江酒店与金陵饭店在这一方面发挥了一定的引领作用，对企业相关行为进行了披露，让大众了解到了更多信息。

9.3.2 社会维度

住宿和餐饮业社会（S）得分均值为 35.87 分，标准差为 14.84 分，极差较大，最小值为 19.38 分，最大值为 57.47 分，行业得分中位数为 32.42 分。下设二级指标员工权益、产品责任、社会响应和时代使命。在产品责任方面，有四家企业披露了大部分数据，得分较高。大部分三级指标都有有效披露的数据，如雇员总人数、平均年薪、非管理层员工薪酬等，但也有部分指标未能获得对应的数据，如女性员工比例、人均培训投入、合规经营等。

9.3.2.1 员工权益

员工是企业生存与发展的重要参与群体，确保其合法权益不受侵害是每个企业的应有之举。在这一指标下，各上市公司对于雇员总人数等 3 项指标信息进行了完整的披露，而对于如女性员工比例和人均培训投入等指标缺乏有效的数据信息披露。这表明，在企业中，仍存在对女性员工比例和企业培训行为的不重视现象。员工在企业中获得的待遇越高、培训流程越规范，其为企业创造的价值在一定程度上会越多。妥善处理员工权益问题，为公司发展增添内部动力，是 ESG 理念的不懈追求。

9.3.2.2 产品责任

在本次研究的八家住宿和餐饮业的上市公司中，全聚德、锦江酒店、金陵饭店在产品责任方面进行了有效披露；首旅酒店披露了其对于消费者的权益保护。这一行为值得另外四家上市公司学习。产品是消费者了解企业的重要窗口，做好产品对于企业长远发展的重要性不言而喻。供应商作为企业产品原料等来源，两者深入合作将会更好地促进企业发展。

9.3.2.3　社会响应

在这一指标下，主要设立了合规经营、是否披露社会责任制度建设及改善措施、诉讼次数、是否披露公共关系和社会公益事业和特色指标"是否有应急事件社会援助"等。在"是否披露公共关系和社会公益事业"这一指标中，有七家公司进行了相应的数据披露，表明行业对于公共关系以及社会公益事业的重视程度较高。企业在社会里，除了具有基本的经济责任，为社会创造财富之外，还有一定的法律责任以及道德责任。企业遵纪守法合规经营，不侵占其他公司或者个人的利益，将会是一个优秀的闪光点。在特色指标之中，锦江酒店、金陵酒店和同庆楼进行了数据披露，这彰显了其对于社会责任的积极承担，在发展自身的同时也不忘社会需要企业积极承担的社会责任。

9.3.2.4　时代使命

非管理层员工薪酬、实交所得税、社会捐赠额是这一指标下设的三级指标，该指标更加关注企业在国民分配中的作用。在初次分配中，非管理层员工占据的数量更大，但其获得的报酬往往较低，进而拉大贫富差距。首旅酒店和锦江酒店在这八家企业的初次分配中表现良好。社会的第二次分配依赖于企业缴纳的所得税。锦江酒店、金陵饭店和同庆楼三家企业相比于另外五家企业经营效率更高，实交所得税更多，该项指标得分最高。社会的第三次分配需要企业的自觉。企业积极进行社会捐赠，不仅对社会发展有益处，对其自身的纳税也有着积极的影响。但是本次研究的八家住宿和餐饮业上市公司均未披露有效数据。这表明各企业对于国民分配的认识水平有待提升。

9.3.3 治理维度

治理（G）下设3个二级指标：治理结构、治理机制、治理效能。住宿和餐饮业治理（G）得分均值为41.64分，在3个一级指标中居于最高水平，标准差为5.21分，最小值为32.34分，最大值为47.57分，中位数为41.58分。首旅酒店在这一指标中取得的成绩最好，为47.57分。另外七家上市公司成绩大多超过40分。这说明行业内各个公司对于公司治理重要性的认识程度较为一致，但仍有一定的提升空间。在治理结构和治理机制方面，行业内各公司的成绩普遍偏低，而在治理效能方面，大多数公司表现良好，所以各公司对于企业自身的结构以及机制发展要投入更多的资源。

9.3.3.1 治理结构

二级指标治理结构下设三级指标若干，包括第一大股东持股比例、股权制衡、两权分离度、机构投资者持股比例、女性董事占比等10个指标。同庆楼在这一指标下取得的成绩最好，达到45.25分，在大多数三级指标中披露的数据得分最高。全聚德公司在指标披露完整度上最高，达到了90%。行业ESG得分最高者锦江酒店在机构投资者持股比例方面表现相较于另外七家公司更好。各公司对于对应指标的披露越全面、有效程度越高，其治理机构越完善，在当今社会竞争激烈的环境下，发展前景更为广泛，得到的投资者关注更多，资金来源也会更加稳定。

9.3.3.2 治理机制

该指标下设11个三级指标，包括高管年薪、ROE、营业收入同比增长、管理费用率、大股东占款率、商誉/净资产等。锦江酒店得分为46.08分，仅低于在该指标取得最高分的首旅酒店（47.57分）。最低分数为16.50分，相差31.07分，反映出行业内部各公司对于治理机制认识水平有着一定的差异，各公司ESG理念的重视程度有所不同。

9.3.3.3 治理效能

治理效能下设4个指标，包括社会责任报告是否参照GRI、财报审计出具标准无保留意见、内控审计报告出具标准无保留意见、非经常性损益占比。在该指标中，锦江酒店取得最高分 75 分，另外七家上市公司有四家高于 60 分。在整个治理（G）评价中，各个公司在治理效能这一二级指标中表现最好。

9.4　企业财务分析

9.4.1　财务指标对比

表 9.3 展示了住宿和餐饮业平均总市值、盈利能力、运营效率、偿债能力四个方面的相关财务指标，并对该行业中 ESG 总得分排名前 50% 和排名后 50% 的企业进行对比。从表中可以看出，总得分排名前 50% 的企业平均总市值为 174.39 亿元，总得分排名后 50% 的企业平均总市值只有 27.33 亿元，总得分排名前 50% 和排名后 50% 企业总市值之间的差距较大。在盈利能力方面，净资产收益率和营业利润率可以用来衡量企业的盈利能力，由表可知，无论是净资产收益率还是营业利润率，总得分排名前 50% 的企业都高于排名后 50% 的企业。净资产收益率与营业利润率两者在这两组当中均为负，表明行业整体处于亏损状态，但排名前 50% 的企业受到的损失更小。关于运营效率，总得分排名前 50% 的总资产周转率和应收账款周转率分别是 0.34 次和 20.30 次，而排名后 50% 的总资产周转率和应收账款周转率分别是 0.15 次和 111.59 次，总资产周转率方面总得分排名前 50% 的企业高于总得分排名后 50% 的企业，但应收账款周转率方面总得分排名后 50% 的企业表现较优。总得分排名前 50% 企业的流动比率均值为 1.24，总得分排名后 50% 企业的流动比率均值为 1.31，排名后 50% 的企业资产的变现能力要强于排名前 50% 的企业，而资产负债率方面总得分排名前 50% 的企业略高于排名后 50% 的企业，说明两者相差不大，排名后 50% 企业的偿债能力稍强。

表9.3 住宿和餐饮业上市公司财务指标对比

ESG 总得分 排名	平均 总市值 （亿元）	盈利能力		运营效率		偿债能力	
		净资产 收益率 （%）	营业 利润率 （%）	总资产 周转率 （次）	应收账款 周转率 （次）	流动 比率	资产 负债率 （%）
前50%	**174.39**	**−5.32**	**−8.24**	**0.34**	20.30	1.24	**42.09**
后50%	27.33	−5.91	−40.42	0.15	**111.59**	**1.31**	41.63

9.4.2 投资回报分析

图9.2展示了住宿和餐饮业ESG总得分排名前50%和后50%的企业在月个股回报率上的差异。图例中纵轴为对应日期的月个股回报率（考虑现金分红）；横轴为2020年1月至2021年12月的股票交易日，为了更清晰直观地展示不同组别下月个股回报率的差异及变动趋势，选择了每个月的个股回报率数据，共24个时间点上的两组数值进行比较。

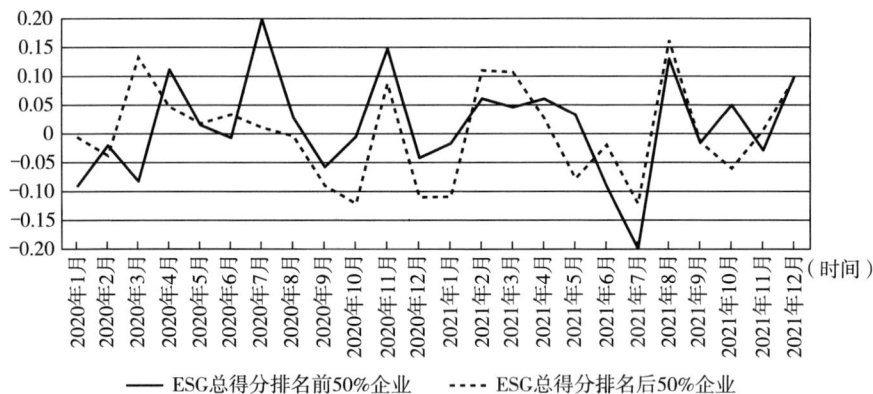

图9.2 住宿和餐饮业ESG总得分排名前50%和后50%企业的月个股回报率对比

注：本书不应被接收者作为其投资决策的依据，不对任何人使用本书内容的行为或由此而引致的任何损失承担任何责任。

　　由图 9.2 可知，ESG 总得分排名前 50% 与后 50% 的企业月个股回报率总体上变化一致，在 2020 年 7 月至 2021 年 1 月，得分排名前 50% 的企业月个股回报率明显优于后 50% 的企业。在 24 个时间节点上，得分排名前 50% 的企业月个股回报率超过一半的时间优于排名后 50% 的企业，在月个股回报率的表现更优。

第 10 章　信息传输、软件和信息技术服务业上市公司 ESG 评价

10.1　评价指标体系

10.1.1　评价指标

信息传输、软件和信息技术服务业是指利用计算机、通信网络等技术对信息进行生产、收集、处理、加工、存储、运输、检索和利用，并提供信息服务的业务活动。根据证监会分类并经过筛选得到 2020 年我国信息传输、软件和信息技术服务业上市公司共 344 家，本行业 ESG 评价体系共计包含 3 个一级指标、10 个二级指标、61 个三级指标（包括 4 个行业特色指标）。一级指标包括环境（E）、社会（S）和治理（G），其中环境（E）评价要素主要包含资源消耗、废物排放、防治行为；社会（S）评价要素主要包含员工权益、产品责任、社会响应、时代使命；治理（G）评价要素主要包含治理结构、治理机制、治理效能。具体指标如表 10.1 所示。

表 10.1　评价指标体系

一级指标	二级指标	三级指标
环境指标（E）	资源消耗	总用水量、单位营收耗水量、天然气消耗、燃油消耗、煤炭使用量
	废物排放	总温室气体排放、氮氧化物排放、二氧化硫排放、悬浮粒子/颗粒物、废水/污水排放量
	防治行为	有害废弃物量、无害废弃物量、总能源消耗、人均能源消耗、耗电量、节水/省水数量、节省能源数量
社会指标（S）	员工权益	女性员工比例、是否披露职工权益保护、雇员总人数、平均年薪、离退休人数比例、人均培训投入、**是否有职业病防护**
	产品责任	是否披露客户及消费者权益保护、是否披露供应商权益保护、**累计专利数量、当年专利数量**
	社会响应	合规经营、是否披露社会责任制度建设及改善措施、诉讼次数、是否披露公共关系和社会公益事业、**是否为国家重大活动和关键部门提供安全通信**
	时代使命	非管理层员工薪酬、实交所得税、社会捐赠额
治理指标（G）	治理结构	第一大股东持股比例、机构投资者持股比例、股权制衡、两权分离度、高管持股比例、女性董事占比、董事会规模、董事会独立董事比例、董事长和CEO是否是同一人、监事人数
	治理机制	是否有股权激励计划、高管年薪、是否有现金分红、ROE、营业收入同比增长、管理费用率、大股东占款率、股息率、质押股票比例、商誉/净资产、关联交易
	治理效能	社会责任报告是否参照GRI、财报审计出具标准无保留意见、内控审计报告出具标准无保留意见、非经常性损益占比

10.1.2　特色指标解读

10.1.2.1　是否有职业病防护

信息传输、软件和信息技术服务业往往伴随着高强度的工作，而压力大、用脑过度、饮食不正常及运动量偏低，都是引起职业病的重要诱因，所以员工有很大可能性患职业病，企业是否有职业病防护措施是对员工权益保护的重要体现。

10.1.2.2　累计/当年专利数量

科学技术是第一生产力，而专利数量是衡量一个公司是否具有强大科技研发实力的重要依据。信息传输、软件和信息技术服务企业作为高新技术产业，累计的专利数量能够体现出企业的技术积累，而当年专利数量则能反映企业持续研发的能力。因此专利数量是信息传输、软件和信息技术服务企业是否有可持续发展能力的重要衡量标准。

10.1.2.3　是否为国家重大活动和关键部门提供安全通信

《中华人民共和国网络安全法》第二章第十七条中提到：国家推进网络安全社会化服务体系建设，鼓励有关企业、机构开展网络安全认证、检测和风险评估等安全服务。为了落实国家建设网络安全社会化服务体系，信息技术服务行业有义务提供安全服务。信息技术企业不仅是向消费者出售安全服务，也应该主动为国家的重大活动、关键的政府部门提供相应的安全通信技术。国家的重大活动和关键部门的工作中可能涉及重要的信息，因此对重要信息的保护十分必要，为了国家的发展、关键部门的正常工作，企业有责任提供信息安全技术的支持。

10.1.3　权重设置

在设计各级指标权重时，应充分考虑该行业的业务内容和特点、经济发展的状况，对一、二级各项指标赋予不同的权重。在设计一级指标权重时，因该行业中的大多数企业未对环境直接造成重大影响，所以赋予环境（E）较小的权重，其次是社会（S）指标，最后是较高权重的治理（G）指标。二级指标同样考虑多方面因素，分配不同的权重。权重分配如图10.1所示。

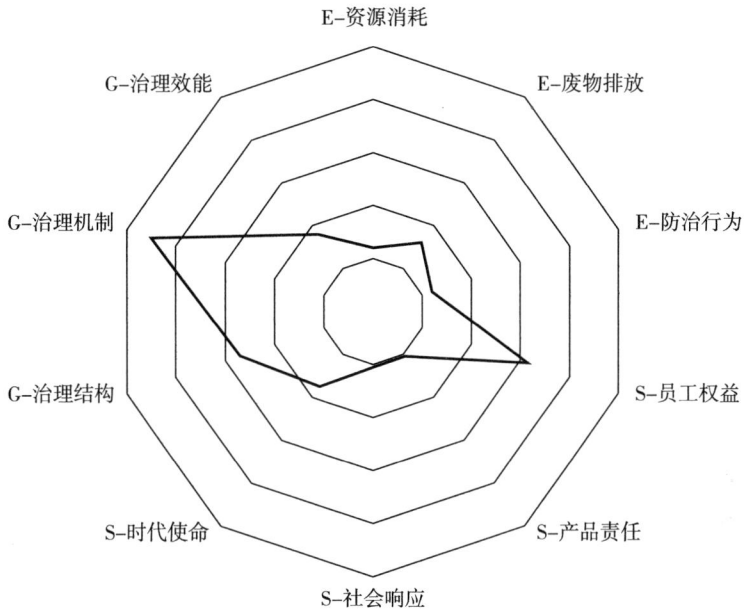

图 10.1　信息传输、软件和信息技术服务业行业评价权重分配

10.2　ESG 得分描述性统计

　　表 10.2 展示了 2020 年信息传输、软件和信息技术服务业 ESG 总得分及环境（E）、社会（S）、治理（G）各分项得分的描述性统计结果。本项研究共涵盖了 2020 年的 344 家信息传输、软件和信息技术服务企业，在按照评分标准分别得到每家企业环境（E）、社会（S）、治理（G）各分项得分的基础上，根据各分项的权重汇总得到了各企业的 ESG 总得分。由表 10.2 可得，344 家信息传输、软件和信息技术服务企业的 ESG 总得分均值为 30.54 分，整个行业 ESG 得分偏低，ESG 总得分的标准差为 6.64 分，最小值与最大值相差超过 40 分，两个极值数据差异过大，能够

由此得出在信息传输、软件和信息技术服务业内有些企业对 ESG 的重视程度较低，也间接反映出我国信息传输、软件和信息技术服务业内未能真正关注企业环境、社会、治理绩效。另外，环境（E）得分、社会（S）得分和治理（G）得分的均值分别为 0.45 分、32.54 分和 42.37 分，也均小于 50 分。其中环境得分均值较低，说明行业内企业的环境得分普遍较低，应倡导企业积极披露环境相关指标，提高重视程度。

表 10.2　2020 年信息传输、软件和信息技术服务业 ESG 得分的描述性统计

变量	样本量（家）	均值（分）	标准差（分）	最小值（分）	中位数（分）	最大值（分）
环境（E）得分	344	0.45	2.98	0	0	32.89
社会（S）得分	344	32.54	10.78	11.87	31.69	67.90
治理（G）得分	344	42.37	8.63	18.27	42.31	63.67
ESG 总得分	344	30.54	6.64	14.05	30.64	56.11

10.3　企业 ESG 理念践行情况

10.3.1　环境维度

环境（E）得分均值仅为 0.45 分，中位数为 0，而该一级指标得分不为 0 的企业只有 11 家。其他得分为 0 的企业没有有效披露环境信息，而披露环境信息的企业得分也整体偏低，中国联通得分最高，得分为 32.89 分。信息传输、软件和信息技术服务业整体缺乏对环境信息披露的意识。随着中国经济的发展与社会的进步，每个行业都应该重视对环境的保护，加强环境保护意识，积极披露相关信息，借助公众力量监督企业在经营的过程中对环境的保护，充分利用资源，减少废物排放。

10.3.1.1 资源消耗

该二级指标下共包括 5 个三级指标：总用水量、单位营收耗水量、天然气消耗、燃油消耗、煤炭使用量。在信息传输、软件和信息技术服务业中披露这 5 个指标的企业数量较少。姚记科技、完美世界、中国联通、国电南瑞、吉比特等企业披露了总用水量和单位营收耗水量；中国联通和国电南瑞等企业披露了天然气消耗；燃油消耗指标只有中国联通、广联达等企业披露；中国联通披露了煤炭消耗量。由此观之，信息传输、软件和信息技术服务业中绝大多数企业并没有重视资源消耗的意识，行业中只有中国联通做得较好，在资源消耗下的 5 个三级指标均有披露相关数据。行业内其他企业应向中国联通学习，重视资源消耗，合理利用各项资源。

10.3.1.2 废物排放

废物排放下的三级指标共有 5 个：总温室气体排放、氮氧化物排放、二氧化硫排放、悬浮粒子/颗粒物、废水/污水排放量。这 5 个指标的披露情况也不容乐观，总温室气体排放仅有焦点科技、恺英网络、广联达、吉比特、恒生电子、中国联通等企业披露，二氧化硫排放只有中国联通等企业披露，悬浮粒子/颗粒物只有三七互娱等企业有所披露，而氮氧化物排放、二氧化硫排放、废水/污水排放量披露情况较差。

10.3.1.3 防治行为

在防治行为下共有 7 个三级指标：有害废弃物量、无害废弃物量、总能源消耗、人均能源消耗、耗电量、节水/省水数量、节省能源数量。在信息传输、软件和信息技术服务业的 344 家企业中，只有个别企业披露了相关数据。只有国电南瑞等企业披露了有害废弃物量、无害废弃物量；耗电量则有恺英网络、姚记科技、完美世界、国电南瑞、吉比特、恒生电子等企业进行了披露。节省能源数量则只有千方科技和中国联通等企业披露。信息传输、软件和信息技术服务业整体对于防治行为的重视程度均处于较低水平。该行业企业不管是在技术开发时还是为顾客提供服务时，都必然使用计算机等电子设备，因此耗电量是衡量该行业企业是否有节约资源和防治意识的重要指标，但是行业内企业披露情况不甚理想，未来企业需积极披露相关指标，增加防治行为，提高环境保护意识。

10.3.2 社会维度

社会（S）的得分均值为 32.54 分，标准差为 10.78 分，最大值与最小值相差近 56 分，说明行业内各个企业对于社会责任的重视程度差异较大，但整体水平偏低。在社会（S）分设 4 个二级指标：员工权益、产品责任、社会响应、时代使命。在 344 家信息传输、软件和信息技术服务企业中仅有四家企业社会得分超过 60 分，其中得分最高的是广联达（67.90 分），企业在发展的过程中应该维护员工权益，承担产品责任，积极响应社会的需求，发挥时代的使命。

10.3.2.1 员工权益

在该二级指标下设立 7 个三级指标：女性员工比例、是否披露职工权益保护、雇员总人数、平均年薪、离退休人数比例、人均培训投入、是否有职业病防护。其中"是否有职业病防护"是信息传输、软件和信息技术服务业的特色指标，因考虑到该行业的员工在工作过程中由于长时间的久坐、面对电脑屏幕，存在引起职业病的风险，因此设置该项指标来考察企业对于员工健康情况的重视程度。在员工权益部分得分最高企业的是焦点科技，得分为 71.96 分：焦点科技的女性员工比例较高，员工男女比例比较均衡，行业中的部分企业没有披露女性员工比例，希望引起行业的关注；焦点科技的人均培训投入较高，比较重视对于员工的培训；焦点科技也具有员工职业病防护措施，为员工的健康提供保障，充分维护了员工的权益；焦点科技员工的工作满意度较高，员工愿意在焦电科技工作，这皆源于企业为员工提供了丰厚的待遇，保障了员工的权益。

10.3.2.2 产品责任

在产品责任部分共包括 4 个三级指标：是否披露客户及消费者权益保护、是否披露供应商权益保护、累计专利数量、当年专利数量。其中"累计专利数量"和"当年专利数量"为信息传输、软件和信息技术服务业的特色指标。近几年，因为受到国际关系的影响，我国信息技术行业出现了关键核心技术"卡脖子"的现象，所以我国企业应该注重关键核心技术的研发，避免"卡脖子"现象，不能将企业的命运掌握在别人手中。因此将累计专利数量和当年专利数量设为信息传输、软件和信息技术服务业的特色指标，促使该行业企业脚踏实地，加强技术研发，增强企业核心竞争力。专利数量表现较突出的有飞天诚信，该公司累计专利数量高达1381项，同时还有国电南瑞，其2020年当年的专利数量高达357项。

10.3.2.3　社会响应

社会响应下的三级指标共5项：合规经营、是否披露社会责任制度建设及改善措施、诉讼次数、是否披露公共关系和社会公益事业、是否为国家重大活动和关键部门提供安全通信。"是否为国家重大活动和关键部门提供安全通信"为该行业的特色指标，例如在召开"两会"、奥运会等国家重大活动期间，保障正常、安全通信是最基础也是最重要的工作，所以社会需要相关企业提供相应的支持。信息技术服务企业响应社会需求，为国家提供帮助也是企业承担社会责任的重要体现。在该行业的344家企业中，有中国联通、国电南瑞、深信服等23家企业为国家重大活动和关键部门提供过安全通信，其他企业也应积极帮助社会，充分体现企业的价值。

10.3.2.4　时代使命

该二级指标下共有3个三级指标：非管理层员工薪酬、实交所得税、社会捐赠额。行业中有10家企业时代使命得分为100分，说明行业中的部分企业已经有充分重视时代使命的意识，并做到提高非管理层员工薪酬，不偷税不漏税，同时为社会进行捐赠。但仍存在部分企业时代使命得分较低的情况，说明行业内仍有企业没有重视时代使命的意识，企业在发展的同时也应紧随时代脚步，跟着社会发展的节奏，与社会共同进步。

10.3.3　治理维度

治理（G）的得分均值为42.37分，是3个一级指标中得分均值最高的一项，说明信息传输、软件和信息技术服务业企业普遍更重视对公司的治理，企业对公司的治理可以更直观地在业绩上表现出来。在344家信息传输、软件和信息技术服务企业中治理（G）得分最高的是广联达，其得分是63.67分。在治理层面中共设有3个二级指标，分别是治理结构、治理机制、治理效能。虽然行业中企业在治理层面相较于环境和社会表现较好，但仍不容乐观，治理得分超过60分的企业只有广联达、焦点科技、富瀚微和吉比特四家，更有一大部分企业治理得分未超过50分，应引起重视。信息传输、软件和信息技术服务业在发展技术的同时也应做好公司内部的治理活动，调整治理结构、改善治理机制、提高治理效能。

10.3.3.1 治理结构

在治理结构中共包括10个三级指标：第一大股东持股比例、机构投资者持股比例、股权制衡、两权分离度、高管持股比例、女性董事占比、董事会规模、董事会独立董事比例、董事长和CEO是否是同一人、监事人数。该行业344家企业在治理结构方面整体表现一般，得分最高的江苏有线为58.90分，相当部分企业在治理结构上都存在较大改进空间，合理的治理结构可以使企业健康的成长，规避一些错误的决策，有效的制衡机制可以避免经营者出现权力过大，权大于责的不良现象。

10.3.3.2 治理机制

治理机制层面下有是否有股权激励计划、高管年薪、是否有现金分红、ROE、营业收入同比增长、管理费用率、大股东占款率、股息率、质押股票比例、商誉/净资产、关联交易这11个三级指标。从得分上看，60分以上的企业共有26家，其中得分最高的是焦电科技70.63分，但行业中的最低分只有13.30分，分差超过57分，说明行业内企业对于治理机制的重视程度参差不齐，存在较大差异。

10.3.3.3 治理效能

在该二级指标下设立4个三级指标：社会责任报告是否参照GRI、财报审计出具标准无保留意见、内控审计报告出具标准无保留意见、非经常性损益占比。通过观察信息传输、软件和信息技术服务业中企业的治理效能得分的结构不难发现，该行业的企业治理效能得分差异较大，小于40分的企业有61家，40~70分的企业有255家，大于70分的企业有28家。

此现象说明行业内已经达成了在经营过程中需要提高治理效能的基本共识，但是真正达成这个目标的企业并不是很多，仍有多数企业需要加大投入的力度，提高公司治理效能。

10.4　企业财务分析

10.4.1　财务指标对比

表 10.3 展示了信息传输、软件和信息技术服务业平均总市值、盈利能力、运营效率、偿债能力四个方面的相关财务指标，并对该行业中 ESG 总得分排名前 50% 和排名后 50% 的企业进行对比。从表中可以看出，总得分排名前 50% 的企业平均总市值为 173 亿元，总得分排名后 50% 的企业平均总市值只有 74 亿元，总得分排名前 50% 和排名后 50% 企业的总市值存在较大的差距。在盈利能力方面，通过净资产收益率和营业利润率来衡量企业的盈利能力，观察表中数据发现，无论是净资产收益率还是营业利润率，总得分排名前 50% 的企业均大于总得分排名后 50% 的企业，排名前 50% 企业的净资产收益率和营业利润率分别为 7.09 和 8.43%，排名后 50% 的企业净资产收益率和营业利润率分别为 -4.16% 和 -26.75%，说明排名后 50% 企业大多数处于亏损的状态。关于运营效率，总资产周转率方面，排名前 50% 企业为 0.58 次，排名后 50% 企业为 0.36 次，排名前 50% 企业的应收账款周转率是 6.19 次，而排名后 50% 企业的应收账款周转率是 5.29 次，说明 ESG 总得分排名前 50% 的企业收账速度较快，在运营效率方面要优于得分后 50% 的企业。排名前 50% 企业的流动比率均值为 2.78，排名后 50% 企业的流动比率均值为 4.60，排名后 50% 的企业资产的变现能力要强于排名前 50% 的企业。而资产负债率总得分排名前 50% 的企业要低于排名后 50% 的企业，说明排名前 50% 企业的偿债能力更强。

表 10.3　信息传输、软件和信息技术服务业上市公司财务指标对比

ESG 总得分 排名	平均 总市值 （亿元）	盈利能力		运营效率		偿债能力	
		净资产 收益率 （%）	营业 利润率 （%）	总资产 周转率 （次）	应收账款 周转率 （次）	流动 比率	资产 负债率 （%）
前 50%	**173**	**7.09**	**8.43**	**0.58**	**6.19**	2.78	35.39
后 50%	74	-4.16	-26.75	0.36	5.29	**4.60**	**36.20**

10.4.2　投资回报分析

图 10.2 展示了信息传输、软件和信息技术服务业 ESG 总得分排名前 50%与排名后 50%的企业在月个股回报率上的差异。图例中纵轴为对应日期的月个股回报率（考虑现金分红）；横轴为 2020 年 1 月至 2021 年 12 月的股票交易日，为了更清晰、直观地展示不同组别下月个股回报率的差异及变动趋势，选择了每个月的个股回报率数据，共 24 个时间点上的两组数值进行比较。

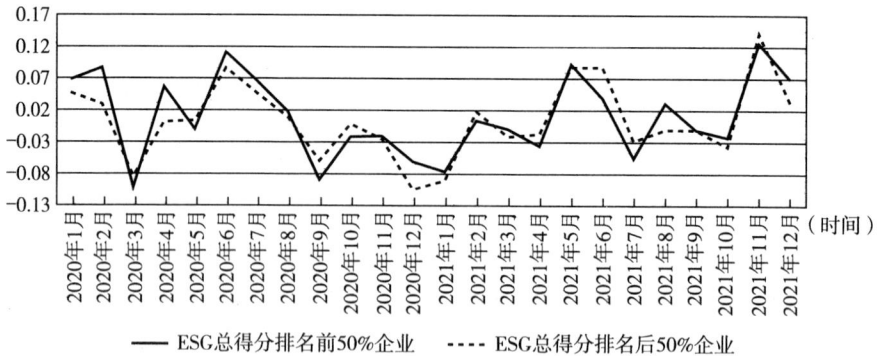

图 10.2　信息传输、软件和信息技术服务业 ESG 总得分排名

前 50%和后 50%企业的月个股回报率对比

注：本书不应被接收者作为其投资决策的依据，不对任何人使用本书内容的行为或由此而引致的任何损失承担任何责任。

由图 10.2 可知，在 2020 年上半年，整个市场较为活跃，得分排名前 50% 的企业在此期间虽有所起伏，但能为投资者带来更多的收益。在这 24 个时间节点上，总得分排名前 50% 的企业个股回报率表现略优于总得分排名后 50% 的企业，在面临市场的波动时，可以较快恢复，应对市场波动的能力较强，可为投资者带来更稳定的投资收益。

第11章 金融业上市公司 ESG 评价

11.1 评价指标体系

11.1.1 评价指标

促进经济社会发展全面绿色转型是新时期落实的新发展理念，中国金融业企业需要坚持生态优先、绿色发展，建设生态文明，积极推广 ESG 理念，并认可 ESG 评级对金融界投资者的重要指导作用。金融业上市公司 ESG 评价指标体系共计包含 3 个一级指标、10 个二级指标、64 个三级指标（包含 57 个通用指标和 7 个行业特色指标），具体指标如表 11.1 所示。

表 11.1 评价指标体系

一级指标	二级指标	三级指标
环境指标（E）	资源消耗	总用水量、单位营收耗水量、天然气消耗、燃油消耗、煤炭使用量
	废物排放	总温室气体排放、氮氧化物排放、二氧化硫排放、悬浮粒子/颗粒物、废水/污水排放量
	防治行为	有害废弃物量、无害废弃物量、总能源消耗、人均能源消耗、耗电量、节水/省水数量、节省能源数量、**绿色投融资占比**

续表

一级指标	二级指标	三级指标
社会指标（S）	员工权益	女性员工比例、是否披露职工权益保护、雇员总人数、平均年薪、离退休人数比例、人均培训投入
	产品责任	是否披露客户及消费者权益保护、是否披露供应商权益保护、**科技研发投入强度、累计专利数量、当年专利数量**
	社会响应	合规经营、是否披露社会责任制度建设及改善措施、诉讼次数、是否披露公共关系和社会公益事业、**普惠金融、是否披露投资者教育、是否有隐私泄露事件**
	时代使命	非管理层员工薪酬、实交所得税、社会捐赠额
治理指标（G）	治理结构	第一大股东持股比例、机构投资者持股比例、股权制衡、两权分离度、高管持股比例、女性董事占比、董事会规模、董事会独立董事比例、董事长和 CEO 是否是同一人、监事人数
	治理机制	是否有股权激励计划、高管年薪、是否有现金分红、ROE、营业收入同比增长、管理费用率、大股东占款率、股息率、质押股票比例、商誉/净资产、关联交易
	治理效能	社会责任报告是否参照 GRI、财报审计出具标准无保留意见、内控审计报告出具标准无保留意见、非经常性损益占比

11.1.2　特色指标解读

11.1.2.1　绿色投融资占比

气候变化是当前最重要、最紧迫的国际问题之一，我国正在国际和国内积极采取行动应对气候变化，并郑重承诺"双碳"目标。绿色金融各项标准的陆续出台，将促进和规范中国绿色金融的健康快速发展。在中国人民银行、财政部等七部委联合印发的《关于构建绿色金融体系的指导意见》这一顶层架构领导下，绿色金融的相关激励与约束政策不断完善。绿色投融资占比已成为衡量金融业企业发展水平的重要指标。

11.1.2.2　科技研发投入强度

中国人民银行印发的《金融科技（FinTech）发展规划（2019—2021年）》指出，持牌金融机构在依法合规前提下发展金融科技，有利于提升金融服务质量和效率，优化金融发展方式，筑牢金融安全防线，进一步增强金融核心竞争力。金融科技是技术驱动的金融创新，旨在运用现代科技成果改造或创新金融产品、经营模式、业务流程等，推动金融发展提质增效。在新一轮科技革命和产业变革的背景下，金融科技蓬勃发展，人工智能、大数据、云计算、物联网等信息技术与金融业务深度融合，为金融发展提供源源不断的创新活力。坚持创新驱动发展，加快金融科技战略部署与安全应用，已成为深化金融供给侧结构性改革、增强金融服务实体经济能力、打好防范化解金融风险攻坚战的内在需要和重要选择。科技研发投入强度是衡量金融业企业金融科技水平的重要指标。

11.1.2.3 普惠金融

2020 年是《推进普惠金融发展规划（2016—2020 年）》的收官之年，也是脱贫攻坚决胜之年，面临突如其来的新冠肺炎疫情，普惠金融政策持续"加码"。时任银保监会普惠金融部主任李均锋于 2020 年 8 月在国务院政策例行吹风会上介绍，政策性银行发挥资金充足的优势，与地方银行联合开展对小微企业的转贷业务；国有大型银行加快数字化转型，改进业务流程，广泛对接公共部门的涉企信息，开发大数据风控模型进行小微企业客户的准入和风控；中小银行利用贴近社区、贴近企业的优势，努力深耕细作，服务地方经济；互联网新型银行利用数字化信贷产品为成千上万户小微市场主体提供高频的流动资金。同时，保险业也需要利用信用保证保险的融资增信作用，通过"保险+贴息"方式，创新"银政保"协同模式，降低小微企业的融资门槛及融资成本。

普惠金融作为面向社会所有阶层提供金融服务的金融体系，在减少贫困、缩短贫富差距、延伸金融的广度和深度等方面发挥了重要的作用。是否有普惠金融相关业务，成为衡量金融业企业社会责任承担水平的重要指标。

11.1.2.4 是否披露投资者教育

近几年，各类金融风险事件频繁，如泛亚有色非法集资案、e 租宝骗局、中晋系集资诈骗案等涉及几百亿元资金。中国人民大学财政金融学院副院长赵锡军指出，金融风险事件不断爆发的同时，金融业的发展也面临控制资产质量的难度和挑战。整个金融行业风险不断上升，影响着社会的信用质量和信用评级。他表示，金融资产的迅速膨胀隐含着可能会出现的违约风险，越来越复杂的金融资产的结构带来了风险揭示方面的难度，也带来了投资者认识的困难。这使我们的风险不断地被掩盖起来，得不到有效的揭示和释放，一旦爆发就会形成比较大的事件，甚至可能会带来系统性的影响。[1]

同时，中国工商银行原行长杨凯生于 2020 年 12 月 20 日在"中国财富管理 50 人论坛年会"上表示，国务院金融稳定发展委员会召开第 26 次会议时提出要加强资本市场研究投资者保护问题，对造假、欺诈等行为要从重处理。面对这样的新形势，做好投资者的教育工作，其重要性越来越突出。

11.1.2.5 是否有隐私泄露事件

2020 年 5 月，中信银行在官方微博上发布致歉信，回应个人账户交易信息被调取一事。中信银行表示，该行员工未严格按规定办理，向上海笑果文化传媒有限公司提供了其员工的收款记录和个人交易明细。据悉，中信银行已按制度规定对相关员工予以处分，并对支行行长予以撤职。[2]这一事件说明，银行等机构对个人隐私信息的保护还存在漏洞。银行泄露个人信息的行为，不仅触犯了法律，甚至构成犯罪，面对客户个人信息泄露的情况，银行将承担的民事责任包括违约责任和侵权责任。金融机构应积极弥补制度缺陷，切实做好消费者个人隐私的保护工作。另外，在金融科技领域，金融数据是金融科技企业最核心的资产，数据的获取、融合、计算和分析，涵盖了用户的消费习惯、现金借款习惯、银行消费记录等众多方面，庞大而详细的数据对企业而言是一座金矿，对于"黑客"来说同样意味着巨大的价值。"黑客"会长期对金融科技公司进行渗透和数据扒取，一旦被"黑客"攻击，公司将泄露大量信息，包括用户的详细个

---

① 程竹：《专家：防范金融风险应加强监管和投资者教育》，中国证券报·中证网，https：//www.cs.com.cn/sylm/jsbd/201705/t20170512_ 5280353.html，2017 年 5 月 12 日。

② 《拿什么杜绝网络"泄密门"？》，中国经济网，https：//baijiahao.baidu.com/s？id＝1666181132820050353&wfr＝spider&for＝pc，2020 年 5 月 9 日。

人信息、账户信息和交易记录。是否有隐私泄露事件是衡量金融业企业ESG绩效的重要指标。

累计/当年专利数量指标解读请参照第10章相关内容。

11.1.3 权重设置

金融业上市公司权重设置方面，根据指标数据的重要性和可得性，首先采用专家打分和计量统计的方式，确定各二级指标在E、S、G 3个一级指标下的权重分配，考虑到防治行为和治理机制相关指标会对金融业上市公司产生深远影响，二级指标防治行为、治理机制所设置的权重较高。在3个一级指标权重设置中，给予"治理（G）指标"以较高的权重，均衡考虑社会（S）和环境（E）指标的权重，确保评价结果的客观性。具体的权重分配如图11.1所示。

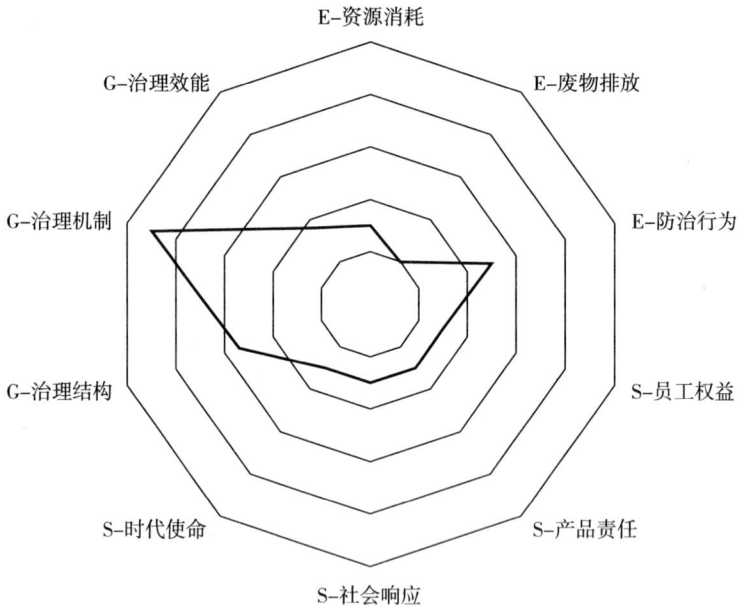

图11.1 金融业评价权重分配

11. 2　ESG 得分描述性统计

表 11. 2 展示了 2020 年金融业 ESG 总得分及环境（E）、社会（S）、治理（G）各分项得分的描述性统计结果。可以直观地看出，121 家金融企业的 ESG 总得分均值为 39. 1 分，中位数为 37. 1 分。总得分均值较低，侧面反映出我国金融业还未形成具有行业共识性的 ESG 披露标准。最大值得分为 56. 5 分，说明部分企业能够一定程度上践行 ESG 理念，在一定程度上重视自身的可持续发展。

表 11. 2　2020 年金融业 ESG 得分的描述性统计

变量	样本量（家）	均值（分）	标准差（分）	最小值（分）	中位数（分）	最大值（分）
环境（E）得分	121	9. 8	16. 4	0	1. 9	62. 1
社会（S）得分	121	58. 9	9. 7	28. 3	59. 5	76. 0
治理（G）得分	121	42. 3	5. 9	27. 1	42. 0	56. 2
ESG 总得分	121	39. 1	7. 6	20. 7	37. 1	56. 5

此外，环境（E）得分、社会（S）得分和治理（G）得分的均值分别为 9. 8 分、58. 9 分、42. 3 分，最大值为社会得分，说明社会责任部分的数据披露较为充分，其涉及方面主要为：员工权益、产品责任、社会响应、时代使命，但因未形成统一的 ESG 相关披露标准，导致环境及治理的相关披露内容不统一、指标不全面等问题。另外，金融业企业环境（E）得分的均值最小，但标准差较大，说明在环境相关指标数据披露方面存在较大的差异，应受到部分企业的格外关注。此外，环境（E）得分和社会（S）得分的最大值与最小值相差较大，得分相差分别为 60 分和 50 分左右，进一步说明行业内没有对 ESG 的评价体系进行统一，国家和行业还需进一

步加大力度推广 ESG 理念并尽快制定得到行业内共识的评价标准。

11.3 企业 ESG 理念践行情况

11.3.1 环境维度

在表 11.2 中的 121 家上市金融业公司中，通过计算 ESG 得分，环境（E）得分均值仅为 9.8 分，中位数为 1.9 分，说明半数以上的企业没有有效披露环境信息。金融业企业自身和政府相关部门在环境保护和治理方面的重视程度亟须加强。环境（E）得分的最小值和最大值相差 62.1 分，表明有一些金融业上市公司如中国太保，已经能够重视 ESG 的环境保护相关指标的得分。在 121 家上市金融业公司中，环境得分超过 50 分的只有 5 家企业，表明在不同金融业公司中对于环境保护投入和环境保护信息披露的重视程度差异较大，表现优异的企业数量有限。

建设生态文明是中华民族永续发展的千年大计，要坚持节约资源和保护环境的基本国策。发展环保产业是加强生态文明建设的高效手段，环保产业能促进绿色低碳发展，改善生态环境。2019 年 12 月，中国人民银行修订的《绿色贷款专项统计制度》显示，在生态环境大类下的主要产业投向中，余额最高的是生态功能区建设维护和运营，其次是国家生态安全屏障保护修复。金融业企业可以通过银团贷款、短期流动资金贷款、委托代建购买服务以及政府专项债等途径，支持生态功能区建设维护及运营和国家生态安全屏障的保护修复，以实现经济效益、社会效益、生态效益的有机统一。

11.3.1.1 资源消耗

在 121 家金融业上市公司中，通过 ESG 评级得出有 10 家金融业上市公司在资源消耗（包括总用水量、单位营收耗水量、天然气消耗、燃油消耗、煤炭使用量）的得分在 80 分或以上，将近 10% 的金融业上市公司关注资源消耗相关指标，并采取措施减少关于生产用水、天然气、燃油、煤炭的消耗，合理利用资源。

其中表现最为良好的是中国人寿，在资源消耗方面的得分为 90 分，是 121 家金融上市公司中得分最高的企业。从数据中可以看到，2020 年中国人寿对资源消耗的 5 项指标都进行了披露，并且单位营收耗水量、燃油消耗和煤炭使用量这 3 项主要能源消耗的数据均少于金融业的中位数，因此成为资源消耗方面得分最高的企业。

11.3.1.2　废物排放

总体来看，金融企业在废物排放方面的信息披露程度较低，仅有 29 家金融企业对废物排放相关指标进行了数据披露，这进一步表明金融企业在环境保护方面的工作还有较大提升空间。中国太保是废物排放信息披露工作落实得较好的金融企业，对总温室气体、氮氧化物、二氧化硫等废物气体的排放量都进行了披露，同时排放量相对其他金融企业来说较少，说明中国人保较为重视控制生产管理过程中的废物排放，积极履行自身的环境保护责任。

11.3.1.3　防治行为

防治行为方面（包括有害废弃物量、无害废弃物量、总能源消耗、人均能源消耗、耗电量、节水/省水数量、节省能源数量、绿色投融资占比）有 57 家金融业企业对相关数据进行了披露，整体披露水平更高。

浙商银行是 121 家企业中关于防治行为的 ESG 得分最高的上市公司。通过指标打分表中收集到的相关数据可以了解到，浙商银行对有害废弃物量、无害废弃物量、总能源消耗、人均能源消耗、耗电量、绿色投融资占比都进行了较为完整的披露，其中只有人均能源消耗的数据多于金融业整体人均能源消耗的均值，在企业披露的 2020 年社会责任报告中也可以看出浙商银行在资源节约等环境保护方面积极践行 ESG 理念，因此浙商银行是 121 家企业中关于防治行为的 ESG 得分最高的上市公司。

11.3.2　社会维度

观察 ESG 相关得分，可以看出社会（S）得分方面，金融业企业中位数最大，达到 59.5 分，金融业上市公司对社会（包括员工权益、产品责任、社会响应和时代使命）方面披露的数据较完整，且处于全体上市公司较高水平。在 121 家金融业上市公司中，有 59 家公司的社会（S）得分在 60 分以上，其中有 13 家在 70 分以上，得分最高的企业是中信建投，得分为 76.0 分。表明金融业中有较多企业注重对员工福利的投入和企业社会形象的建设，实现自身发展与促进经济社会效益的良性互动，不断践行以人民为中心的发展理念，主动减费让利，助力普惠金融。

11.3.2.1　员工权益

金融企业员工权益（包括女性员工比例、是否披露职工权益保护、雇员总人数、平均年薪、离退休人数比例、人均培训投入）方面的管理体系较为完善，相关工作也得到较好的落实，相关指标的披露程度较高。在 121 家金融业上市公司中有 55 家公司关于员工权益的得分超过 50 分，说明大部分金融业企业能够注重员工权益，但仍有部分企业不能够对员工权益加以保护与支持，因此还需对相关指标加以重视并改进。

浦发银行得分最高，达到 82 分。浦发银行积极披露 2020 年的社会责任报告，女性员工比例、是否披露职工权益保护、雇员总人数、平均年薪、离退休人数比例、人均培训投入这 6 个指标都得到了披露，并且除了雇员总人数和离退休人数比例之外，其他指标都获得了 100 分。浦发银行等部分金融企业积极重视和投入员工权益方面的工作，让企业未来发展得到员工的充分支持，有利于企业的长久发展。

11.3.2.2　产品责任

金融业企业在产品责任方面的得分集中在 20~40 分，有七家金融企业获得最高分 60 分，说明大部分企业应进一步完善对客户和供应商管理工作相关数据的披露，以利于加强社会各界的监督和自身产品水平的提高；同时金融企业也应加大自身研发投入，提高自身金融科技水平，以应对迎接数字化时代越来越激烈的市场竞争。

11.3.2.3　社会响应

在 121 家金融业上市公司中共有 15 家上市公司的社会响应（包括合规经营、是否披露社会责任制度建设及改善措施、诉讼次数、是否披露公共关系和社会公益事业、普惠金融）分数在 80 分以上，且中位数为 68.75 分，说明金融行业上市公司相关信息的披露规范工作取得一定成效，有相当数量的上市公司在合规经营以及承担社会责任方面表现优秀。

社会响应方面最高分为华林证券，获得 96 分，且有 20 家金融业上市公司在社会响应得分上超过 80 分，说明有相当部分金融企业十分注重自身社会责任的承担和社会形象的建设，坚持合法经营，积极披露相关信息数据。华林证券积极披露自身公司在合法经营和社会责任承担方面的工作数据和取得的成就，为企业未来 ESG 工作的开展、评价和发展提供了很好的摸索经验。金融业作为集中社会资金多、社会化程度高的特殊行业，有很强的外部效应，应当比一般企业承担更大的社会责任，在发展中兼顾社会属性，中国特色社会主义制度下的金融业更应该如此。

11.3.2.4　时代使命

每一家企业都应该充分认识到自身的时代使命并积极承担，面对突如其来的新冠肺炎疫情，外部经济环境变化不定，金融企业更加应该发挥自身行业的优势，为国家经济的发展贡献自身力量。有 68 家金融企业在 2020 年较好地完成了交付员工薪酬，并积极纳税，乐于开展社会捐赠等工作，在时代使命方面获得了 100 分，这说明有相当部分金融企业能够清晰地认识到自身的社会责任并积极通过各种有效渠道行动起来，为社会做出贡献。第一创业公司在 2020 年就积极进行扶贫建设，为贫困地区送去教育物资；积极主动制定企业防疫要求，员工配合防疫工作；发展绿色运营理念和落实绿色环保工作，积极为保护环境出力。

11.3.3　治理维度

金融业上市公司治理（G）得分均值为 42.3 分，最高得分为 56.2 分，只有12家金融业上市公司在公司治理方面的得分超过50分,治理方面表现优秀的企业数量有限,行业内能够起到引导作用的企业不多。金融业上市公司的治理得分中位数为42.0分,标准差为5.9分,大多数金融业企业得分在35~45分,表明金融业企业在未来需要进一步提高治理水平。

11.3.3.1 治理结构

治理结构重点分析和评价企业内部管理运营制度和相关设置的规范性。金融业上市公司治理结构得分集中在20~45分,其中披露度较低的指标是第一大股东持股比例和两权分离,表明我国金融行业还需要进一步加强披露公司治理结构数据,从而有利于加强相关部门和社会各界的监督,推动公司自身治理水平的提高。得分最高为华夏银行,为53.59分。华夏银行积极披露2020年社会责任报告,落实ESG工作成果数据的披露,不断完善发展"三会一层"的公司结构。

11.3.3.2 治理机制

关注公司治理机制可以评价一家企业管理运营效率。治理机制包括是否有股权激励计划、高管年薪、是否有现金分红、ROE、营业收入同比增长、管理费用率、大股东占款率、股息率、质押股票比例、商誉/净资产、关联交易11个三级指标,其中金融企业在股权激励计划、商誉/净资产和关联交易这3个指标上披露度较低,企业治理机制得分集中在10~40分。最高分为中油资本获得的62.14分,中油资本积极披露《2020年度环境、社会和公司治理(ESG)报告》,清晰有效地公开了公司2020年管理运营相关的成本支出和工作成果,坚持落实ESG工作。

11.3.3.3 治理效能

与治理结构和治理机制相比,金融业企业的治理效能在信息披露工作落实方面完成度较高,绝大多数公司都公开了相关指标数据,而且治理效能的评价得分也比较高——金融企业得分集中在60~90分,说明整体上2020年金融企业的公司治理效能取得了不错的成果。有11家企业在治理效能上获得100分,在新发展阶段,金融业应当主动发挥引导作用,运用市场机制和金融杠杆培育新动能,推动产业结构化升级。

11.4　企业财务分析

11.4.1　财务指标对比

表 11.3 分别从平均总市值、盈利能力、运营效率和偿债能力方面，对比了制造业上市公司 ESG 总得分排名前 50%和排名后 50%企业的表现。从表中可以看出，ESG 总得分排名前 50%企业的平均总市值达到 2737 亿元，而 ESG 总得分排名后 50%企业的平均总市值为 308 亿元，上市公司 ESG 总得分排名前 50%和排名后 50%企业在平均总市值方面的得分存在明显差距，超过 2000 亿元。

表 11.3　金融业上市公司财务指标对比

ESG 总得分 排名	平均 总市值 （亿元）	盈利能力		运营效率	偿债能力
		净资产 收益率 （%）	营业 利润率 （%）	总资产 周转率 （次）	资产 负债率 （%）
前 50%	**2737**	**8.49**	**77.00**	0.06	**83.12**
后 50%	308	−45.98	−94.69	**0.09**	67.27

由表 11.3 可以看出，在盈利能力方面，金融业上市公司 ESG 总得分排名前 50%的企业净资产收益率和营业利润率分别为 8.49%和 77.00%，而金融业上市公司 ESG 总得分排名后 50%的企业净资产收益率和营业利润率分别为−45.98%和−94.69%，与 ESG 总得分排名前 50%的企业相比有较大差距。在以总资产周转率为代表的运营效率方面，排名后 50%的企业表现更优。这可能是因为资金链较少，涉及资产较少。在资产负债率方面，ESG 总得分排名前 50%的上市公司比排名后 50%的上市公司要高出很多。

11.4.2　投资回报分析

图 11.2 展示了 ESG 总得分排名前 50%和排名后 50%的金融业上市公

司在月个股回报率上的差异。图例中纵轴为对应日期的月个股回报率（考虑现金分红）；横轴为 2020 年 1 月至 2021 年 12 月的股票交易日，为了更清晰、直观地展示不同组别下月个股回报率的差异及变动趋势，本章选择了每个月的个股回报率数据，共 24 个时间点上的两组数值进行比较。

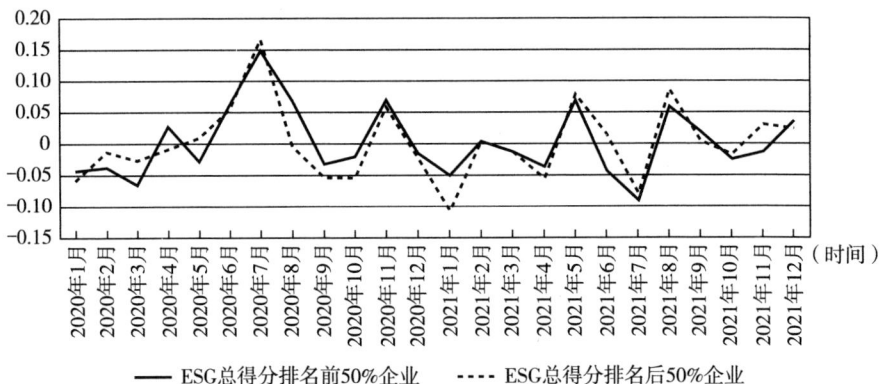

图 11.2　金融业 ESG 总得分排名前 50%和后 50%企业的
月个股回报率对比

注：本书不应被接收者作为其投资决策的依据，不对任何人使用本书内容的行为或由此而引致的任何损失承担任何责任。

由图 11.2 的结果可知，在绝大部分时间节点内，ESG 总得分排名前 50%金融业上市公司的月个股回报率均高于后 50%金融业上市公司的月个股回报率。观察可知，在金融业企业整体表现较好的月份，如 2020 年 7 月、11 月，2021 年 5 月、8 月，总得分排名前 50%和后 50%的企业表现差距不大，但在金融业企业整体市场表现较差的月份，如 2020 年 9 月、10 月，2021 年 1 月、4 月，总得分排名前 50%企业的月个股回报表现要明显优于总得分排名后 50%的企业。因此，当金融市场有较大波动时，ESG 总得分排名前 50%的企业受到的影响要比 ESG 总得分排名后 50%的企业受到的影响小，ESG 绩效更优的企业，能够更好地面对外部经济环境的变化，在资本市场面临较大风险时保持更大的竞争优势。

第12章 房地产业上市公司 ESG 评价

12.1 评价指标体系

12.1.1 评价指标

房地产业是以土地和建筑物为经营对象，从事房地产开发、建设、经营、管理以及维修、装饰和服务的集多种经济活动为一体的综合性产业。根据中国证监会《上市公司行业分类指引》，房地产业可进一步细分为"房地产开发与经营业""房地产管理业""房地产中介服务业"，其中"房地产中介服务业"又可分为"房地产经纪业""房地产评估业""房地产咨询业""其他房地产中介服务业"。

房地产业 ESG 评价体系共计包含 3 个一级指标、10 个二级指标、61 个三级指标（包括 4 个行业特色指标）。一级指标包括环境（E）、社会（S）和治理（G），力图兼顾经济、环境、社会和治理效益，促进企业和组织形成追求长期价值增长的理念。环境（E）评价要素主要包含资源消耗、废物排放、防治行为；社会（S）评价要素主要包含员工权益、产品责任、社会响应、时代使命；治理（G）评价要素主要包含治理结构、治理机制、治理效能。具体指标如表 12.1 所示。

表 12.1 评价指标体系

一级指标	二级指标	三级指标
环境指标（E）	资源消耗	总用水量、单位营收耗水量、天然气消耗、燃油消耗、煤炭使用量
	废物排放	总温室气体排放、氮氧化物排放、二氧化硫排放、悬浮粒子/颗粒物、废水/污水排放量
	防治行为	有害废弃物量、无害废弃物量、总能源消耗、人均能源消耗、耗电量、节水/省水数量、节省能源数量、**是否提供装配式建造、是否有绿色建筑**
社会指标（S）	员工权益	女性员工比例、是否披露职工权益保护、雇员总人数、平均年薪、离退休人数比例、人均培训投入、**是否披露安全生产内容**
	产品责任	是否披露客户及消费者权益保护、是否披露供应商权益保护
	社会响应	合规经营、是否披露社会责任制度建设及改善措施、诉讼次数、是否披露公共关系和社会公益事业、**是否有保障性安居工程建设**
	时代使命	非管理层员工薪酬、实交所得税、社会捐赠额
治理指标（G）	治理结构	第一大股东持股比例、机构投资者持股比例、股权制衡、两权分离度、高管持股比例、女性董事占比、董事会规模、董事会独立董事比例、董事长和 CEO 是否是同一人、监事人数
	治理机制	是否有股权激励计划、高管年薪、是否有现金分红、ROE、营业收入同比增长、管理费用率、大股东占款率、股息率、质押股票比例、商誉/净资产、关联交易
	治理效能	社会责任报告是否参照 GRI、财报审计出具标准无保留意见、内控审计报告出具标准无保留意见、非经常性损益占比

12.1.2 特色指标解读

12.1.2.1 是否提供装配式建造与绿色建筑面积

2020 年初，面对突如其来的新冠肺炎疫情，集结在武汉的中国建筑工人，分别仅用了 10 天、12 天就建起两座新的收治医院——火神山医院、雷神山医院。在这场与生死较量、与病毒赛跑的战役中，装配式建筑不仅"一战成名"，而且借助全国急剧增长的小汤山模式医院建设需求，迅速带动了这类新型建筑模式和材料的井喷。这类新的建筑方式具有绿色环保、节能减排、施工高效等诸多优势，早在 20 世纪 60 年代就已引起国内重视。是否提供装配式建造是评价房地产业上市公司绿色环保水平的重要指标。

　　根据 2017 年住房和城乡建设部印发的《建筑业发展"十三五"规划》的要求，到 2020 年，我国城镇新建民用建筑全部达到节能标准要求，城镇绿色建筑面积占新建建筑面积比例达到 50%、新开工全装修成品住宅面积达到 30%、绿色建材应用比例达到 40%、装配式建筑面积占新建建筑面积比例达到 15%。而根据广东的要求，广州、深圳装配式建筑面积同期要达到 30%左右。2017 年住建部还正式认定了北京、杭州等 30 个城市为第一批装配式建筑示范城市，万科、碧桂园等 195 家企业成为第一批装配式建筑产业基地。2022 年 1 月 19 日，住房和城乡建设部印发《"十四五"建筑业发展规划》，指出智能建造与新型建筑工业化协同发展的政策体系和产业体系基本建立，装配式建筑占新建建筑的比例达到 30%以上，打造一批建筑产业互联网平台，形成一批建筑机器人标志性产品，培育一批智能建造和装配式建筑产业基地。

12.1.2.2　是否披露安全生产内容

　　安全生产就是人民生命，重于泰山。2021 年 11 月 23 日，住房和城乡建设部工程质量安全监管司、标准定额司发布《关于征集提升建筑施工安全生产事故防治关键技术攻坚难题的通知》，指出为深入贯彻落实党中央国务院关于创新驱动发展战略，谋划和布局建筑施工安全生产领域科技研发方向，汇集社会资源力量参与安全生产科技攻关，提升建筑施工安全生产事故防治关键技术能力，有效遏制建筑施工安全生产事故，开展建筑施工安全生产事故防治关键技术攻坚难题征集工作。这意味着，是否披露安全生产内容是衡量企业安全生产能力的重要指标。

12.1.2.3　是否有保障性安居工程建设

　　安居工程建设是一项"德政工程"，既能缓解居民住房困难、住房条件差的问题，为中低收入群体解决住房问题，又能调控住房市场，调节收入分配。2021 年 7 月 2 日，《国务院办公厅关于加快发展保障性租赁住房的意见》（以下简称"22 号文"）发布，明确了以公租房、保障性租赁住房和共有产权住房为主体的住房保障体系架构，并对保障性租赁住房的基础制度和支持政策进行了规定。根据该文件，保障性租赁住房主要解决符合条件的新市民、青年人等群体的住房困难问题，以建筑面积不超过70平方米的小户型为主，租金低于同地段同品质市场租赁住房租金，相关项目可享受土地支持、中央补助资金、税费减免、金融信贷等支持型政策。"22号文"为保障性租赁住房首个顶层设计制度，为保障性租赁房发展奠定了良好的政策基础，该文件发布后已有多个省份积极出台"十四五"保障房建设规划，保障性租赁住房建设预计将进入加速发展期。

12.1.3 权重设置

针对房地产业上市公司，本书结合社会经济发展现状，根据指标数据的重要性和可得性，首先采用专家打分和计量统计的方式，确定各二级指标在环境（E）、社会（S）、治理（G）3个一级指标下的权重分配；3个一级指标权重设置中，在给予"社会（S）指标"以较高的权重的基础上，充分考虑房地产行业评价侧重点的不同，均衡环境（E）和治理（G）指标的权重设定来确保评价结果的客观性，权重分配如图12.1所示。

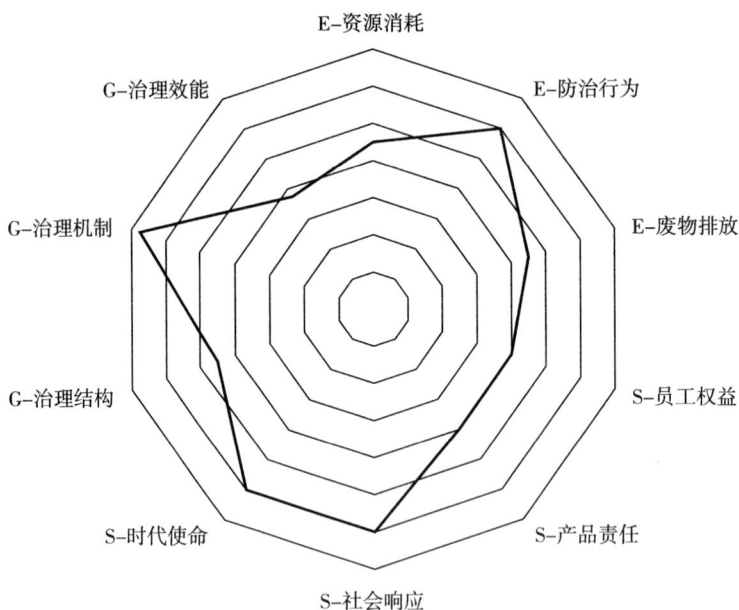

图12.1 房地产行业评价权重分配

12.2 ESG 得分描述性统计

表 12.2 展示了 2020 年房地产业 ESG 总得分及环境（E）、社会（S）、治理（G）各分项得分的描述性统计结果。可以看到，118 家房地产企业的 ESG 总得分均值为 34.28 分，ESG 总得分的标准差为 9.69 分，最小值与最大值相差超过 46 分，这表明行业内各企业对 ESG 的重视程度存在较大差异，侧面反映出我国房地产业仍未形成有行业共识性的 ESG 披露和评价标准，相关部门的引导也还有待加强。

表 12.2　2020 年房地产业 ESG 得分的描述性统计

变量	样本量（家）	均值（分）	标准差（分）	最小值（分）	中位数（分）	最大值（分）
环境（E）得分	118	5.05	9.83	0	0	55.39
社会（S）得分	118	47.94	16.69	21.19	45.81	82.48
治理（G）得分	118	45.30	7.15	30.58	44.81	62.25
ESG 总得分	118	34.28	9.69	19.28	32.17	66.19

另外，环境（E）得分均值为 5.05 分，社会（S）得分均值为 47.94 分，治理（G）得分的均值为 45.30 分，均处于较低水平。其中环境（E）得分的均值最小，究其原因，可能并不是由于房地产业在环境污染与治理层面上可披露的信息较少，事实上对房地产行业来讲，污染物排放量是十分重要的指标，如施工时机械与建筑材料运输所排放的各种废气污染物，而是因为房地产企业目前未具备自愿披露相关环境信息的意识，从而导致数据收集过程中很多企业的得分都为 0，环境（E）均值得分较低。另外，环境得分最高的企业也仅为 55.39 分，这表明目前房地产行业内各企业在披露 ESG 相关信息与贯彻 ESG 相关理念的力度等方面仍存在较大

的改善空间，更加凸显了房地产业需要加大对与 ESG 有关信息尤其是对环境信息披露关注的紧迫性，同时这也为国家和行业加快制定相关的 ESG 政策提供了事实依据。

12.3　企业 ESG 理念践行情况

12.3.1　环境维度

房地产业环境（E）得分均值仅为 5.05 分，中位数为 0，而该项得分不为 0 的企业平均得分也仅为 10.84 分，说明大部分企业未有效披露环境信息。环境（E）得分的最小值和最大值相差超过 55 分，环境得分超过 50 分的也只有 2 家企业，分别是北辰实业和万科 A。这再次说明房地产企业在环境保护的实践行动和信息披露上的重视程度有待加强。

12.3.1.1　资源消耗

该二级指标下设总用水量、单位营收耗水量、天然气消耗、燃油消耗、煤炭使用量 5 个三级指标。数据总体披露情况较差，118 家房地产企业中仅有 8 家企业披露了至少 1 个指标，分别是万科 A、阳光城、招商蛇口、迪马股份、陆家嘴、张江高科、新城控股、北辰实业，其中披露了 3 个（含）以上的企业有万科 A、北辰实业、新城控股。

12.3.1.2　废物排放

该二级指标下设 5 个三级指标：总温室气体排放、氮氧化物排放、二氧化硫排放、悬浮粒子/颗粒物、废水/污水排放量。总体上看 5 个指标披露情况较差，仅万科 A、招商蛇口、珠江股份、新城控股披露了"总温室气体排放"这 1 个指标，北辰实业披露了除"悬浮粒子/颗粒物"外的 4 个指标。

12.3.1.3　防治行为

该二级指标下设 7 个通用指标：有害废弃物量、无害废弃物量、总能源消耗、人均能源消耗、耗电量、节水/省水数量、节省能源数量，2 个行业特色指标：是否提供装配式建造、是否有绿色建筑。通用指标方面，披露水平较低，仅万科 A、荣安地产、中天金融、招商蛇口、迪马股份、陆家嘴、张江高科、北辰实业 8 家企业披露了至少 1 项指标。特色指标方面，约 47% 的企业有至少 1 项房地产特色防治行为。

12.3.2　社会维度

社会（S）得分方面，得分均值为 47.94 分，不同企业得分差异较大，标准差达到 16.69 分，最小值与最大值相差超过 60 分，说明各企业对承担社会责任的重视程度存在很大差异。房地产业 118 家企业 60 分以上有 32 家，80 分以上有 4 家，分别是保利发展、新城控股、万科 A、信达地产，相较于全行业得分情况，该行业在社会责任承担上的表现较好。

12.3.2.1　员工权益

该二级指标下设 6 个通用指标：女性员工比例、是否披露职工权益保护、雇员总人数、平均年薪、离退休人数比例、人均培训投入，1 个行业特色指标：是否披露安全生产内容，共 7 个三级指标。总体披露情况较好于环境指标，得分前三企业分别是信达地产、华侨城 A、迪马股份。

12.3.2.2　产品责任

该二级指标下设 2 个三级指标：是否披露客户及消费者权益保护、是否披露供应商权益保护。2 个指标的披露情况相似，即不同公司针对两个指标，均披露或均未披露，约 40% 的企业 2 个指标均未披露。

12.3.2.3　社会响应

该二级指标下设 4 个通用指标：合规经营、是否披露社会责任制度建设及改善措施、诉讼次数、是否披露公共关系和社会公益事业，1 个行业特色指标：是否有保障性安居工程建设。通用指标方面，约 80% 的企业未披露指标"合规经营"，约 15% 的企业未披露指标"诉讼次数"，其他指标披露情况良好。特色指标方面，约 10% 的企业有安居工程建设相关项目。

12.3.2.4 时代使命

该二级指标下设 3 个三级指标：非管理层员工薪酬、实交所得税、社会捐赠额。整体披露情况较好，所有企业均披露。有约 1/3 的企业在 2020 年向社会进行不同额度的捐赠，绝大多数企业能够主动承担社会责任。

12.3.3 治理维度

企业治理（G）得分均值为 45.30 分，最高得分为 62.25 分，在 118 家企业中仅张江高科 1 家企业治理得分在 60 分以上，大多数企业得分集中在 35～55 分，房地产业公司治理水平还有较大提升空间。

12.3.3.1 治理结构

该二级指标下设 10 个三级指标：第一大股东持股比例、机构投资者持股比例、股权制衡、两权分离度、高管持股比例、女性董事占比、董事会规模、董事会独立董事比例、董事长和 CEO 是否是同一人、监事人数。指标整体披露情况良好，但得分普遍并不高，治理结构得分最高分为 50.79 分，前两家分别是天房发展、深深房 A。

12.3.3.2 治理机制

该二级指标下设 11 个三级指标：是否有股权激励计划、高管年薪、是否有现金分红、ROE、营业收入同比增长、管理费用率、大股东占款率、股息率、质押股票比例、商誉/净资产、关联交易。除"是否有股权激励计划"以外的指标披露情况均较好。治理机制得分最高的前两家分别是南京高科、顺发恒业。

12.3.3.3 治理效能

该二级指标下设 4 个三级指标：社会责任报告是否参照 GRI、财报审计出具标准无保留意见、内控审计报告出具标准无保留意见、非经常性损益占比，整体披露情况良好，企业得分也较为相似，最分最高为张江高科。

12.4　企业财务分析

12.4.1　财务指标对比

表 12.3 分别从平均总市值、盈利能力、运营效率和偿债能力方面，对比了房地产业上市公司 ESG 总得分排名前 50%和排名后 50%企业的表现。从表中可以看出，ESG 总得分排名前 50%企业的平均总市值达到 255 亿元，要明显高于 ESG 总得分排名后 50%企业的平均总市值（76 亿元）。在盈利能力方面，总得分排名前 50%的企业在净资产收益率与营业利润率上的表现都明显更优。但在以总资产周转率和应收账款周转率为代表的运营效率方面，总得分排名后 50%的企业表现更优。总得分排名前 50%的企业流动比率均值为 1.75，排名后 50%企业的流动比率均值为 2.05。资产负债率方面，总得分排名前 50%企业较排名后 50%企业更高，因此综合来看，总得分排名前 50%的企业偿债能力较劣于排名后 50%的企业。

表 12.3　房地产业上市公司财务指标对比

ESG 总得分排名	平均总市值（亿元）	盈利能力		运营效率		偿债能力	
		净资产收益率（%）	营业利润率（%）	总资产周转率（次）	应收账款周转率（次）	流动比率	资产负债率（%）
前 50%	**255**	**8.75**	**19.29**	0.20	121.54	1.75	**70.15**
后 50%	76	-11.66	-51.58	**0.23**	**266.39**	**2.05**	60.26

12.4.2　投资回报分析

图 12.2 展示了 ESG 总得分排名前 50%和后 50%的企业在月个股回报

率上的差异。图例中纵轴为对应日期的月个股回报率（考虑现金分红）；横轴为 2020 年 1 月至 2021 年 12 月的股票交易日，为了更清晰、直观地展示不同组别下月个股回报率的差异及变动趋势，选择了每个月的个股回报率数据，共 24 个时间点上的两组数值进行比较。

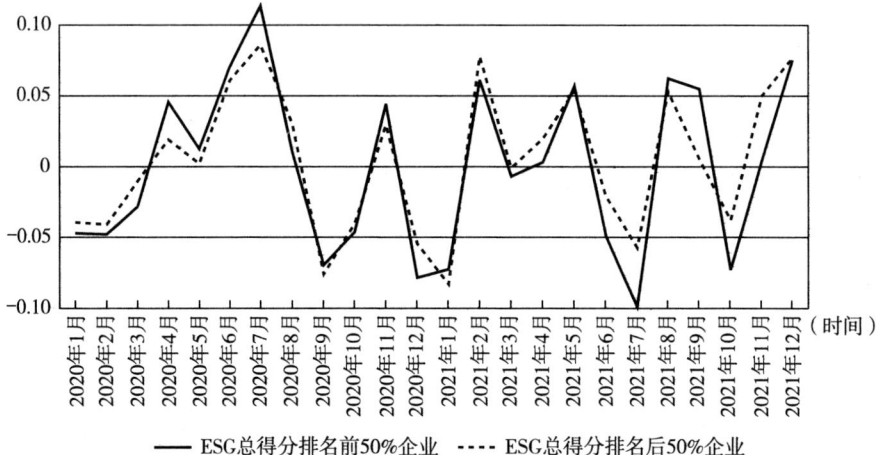

图 12.2　房地产业 ESG 总得分排名前 50%和

后 50%企业的月个股回报率对比

注：本书不应被接收者作为其投资决策的依据，不对任何人使用本书内容的行为或由此而引致的任何损失承担任何责任。

由图 12.2 结果可知，在 2020 年 1 月至 2021 年 12 月这段考察时间内，ESG 总得分排名前 50%和排名后 50%在股价表现上差异较小。在市场整体向上时，前者股价表现较优于后者，如 2020 年 4~7 月和 2021 年 8 月至 9 月等，前者反弹力度较高于后者；但在市场低迷向下时，前者表现出更大程度的回撤，尤其是在 2021 年 6~7 月及 10 月，原因可能是 2021年 6 月央行拟将开发商、房产中介等纳入反洗钱调查特定非金融机构，以及 7 月住房和城乡建设部等 8 部门发布的《关于持续整治规范房地产市场秩序》，由此带来的投资者信心受挫，使二级市场估值为近十年来最低，同时房地产行业受到"三道红线""双集中"等政策限制，企业加大杠杆做大规模难以为继，并且随着土地成本的攀升，房价难以同比上涨带来的利润率下降，这无疑对规模普遍更大的前 50% 企业影响更为深远，因而出现了市场低迷情况下前者的更大幅度下跌。

第13章 租赁和商务服务业上市公司 ESG 评价

13.1 评价指标体系

13.1.1 评价指标

租赁和商务服务业属于现代服务业，租赁业务包括融资性租赁和经营性租赁两种类型。商务服务业包括企业管理服务、法律服务、咨询与调查、广告业、职业中介服务等行业。根据证监会公布的行业分类，截止到2020年，我国租赁和商务服务业共有60家上市公司。本行业 ESG 评价体系共计包含3个一级指标、10个二级指标、57个三级指标。一级指标包括环境（E）、社会（S）和治理（G），其中环境（E）评价要素主要包含资源消耗、废物排放、防治行为；社会（S）评价要素主要包含员工权益、产品责任、社会响应、时代使命；治理（G）评价要素主要包含治理结构、治理机制、治理效能。具体指标如表13.1所示。

表 13.1　评价指标体系

一级指标	二级指标	三级指标
环境指标 （E）	资源消耗	总用水量、单位营收耗水量、天然气消耗、燃油消耗、煤炭使用量
	废物排放	总温室气体排放、氮氧化物排放、二氧化硫排放、悬浮粒子/颗粒物、废水/污水排放量
	防治行为	有害废弃物量、无害废弃物量、总能源消耗、人均能源消耗、耗电量、节水/省水数量、节省能源数量
社会指标 （S）	员工权益	女性员工比例、是否披露职工权益保护、雇员总人数、平均年薪、离退休人数比例、人均培训投入
	产品责任	是否披露客户及消费者权益保护、是否披露供应商权益保护
	社会响应	合规经营、是否披露社会责任制度建设及改善措施、诉讼次数、是否披露公共关系和社会公益事业
	时代使命	非管理层员工薪酬、实交所得税、社会捐赠额
治理指标 （G）	治理结构	第一大股东持股比例、机构投资者持股比例、股权制衡、两权分离度、高管持股比例、女性董事占比、董事会规模、董事会独立董事比例、董事长和 CEO 是否是同一人、监事人数
	治理机制	是否有股权激励计划、高管年薪、是否有现金分红、ROE、营业收入同比增长、管理费用率、大股东占款率、股息率、质押股票比例、商誉/净资产、关联交易
	治理效能	社会责任报告是否参照 GRI、财报审计出具标准无保留意见、内控审计报告出具标准无保留意见、非经常性损益占比

13.1.2　权重设置

在设计租赁和商业服务业各级指标权重时，考虑到该行业的特点，更合理地赋予权重。在设计一级指标的权重时，赋予社会（S）指标较大的权重，其次是环境（E）指标，再次是治理（G）。权重分配如图 13.1 所示。

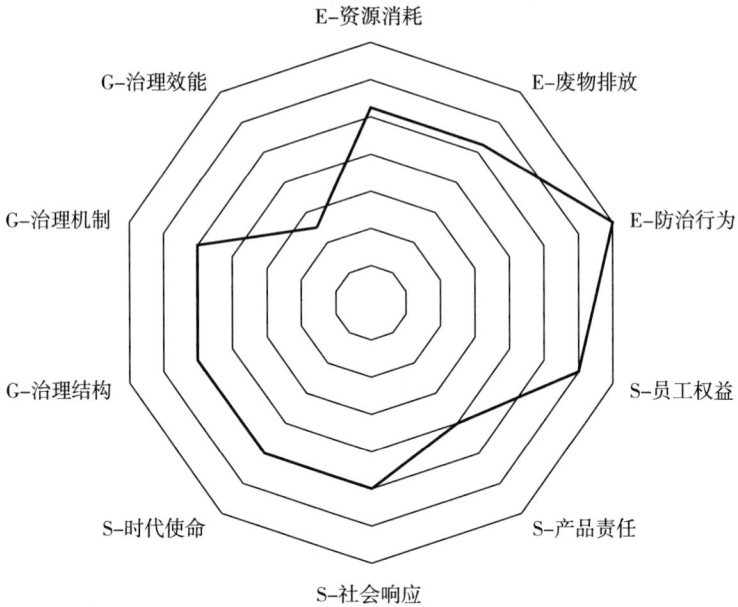

图 13.1　租赁和商务服务业评价权重分配

13.2　ESG 得分描述性统计

　　表 13.2 显示出 2020 年租赁和商务服务业的 60 家企业 ESG 总得分及环境（E）、社会（S）、治理（G）各分项得分的描述性统计结果。此次参与调研的有 60 家租赁和商务服务行业的上市公司，按照评分标准对各企业披露数据进行打分，得出每家公司的环境（E）、社会（S）和治理（G）各分项得分，后又根据设定的不同权重计算得出行业内企业的 ESG 总得分。由表 13.2 可知，本次调研的 60 家租赁和商务服务业企业的 ESG 总得分均值为 27.48 分，标准差为 7.28 分，最大值仅为 60.45 分，结果并不理想，说明我国租赁和商务服务业企业仍不能充分认识到 ESG 对企

业评价的重要性。同时，环境（E）、社会（S）和治理（G）的三个分项均值分别为 1.11 分、42.99 分和 39.59 分，得分均较低，其中环境的得分均值仅为 1.11 分，需要引起充分关注。行业内的企业，需要在披露报告中重视相关数据披露。

表 13.2　2020 年租赁和商务服务业 ESG 得分的描述性统计

变量	样本量（家）	均值（分）	标准差（分）	最小值（分）	中位数（分）	最大值（分）
环境（E）得分	60	1.11	7.63	0	0	58.71
社会（S）得分	60	42.99	13.92	17.34	44.77	75.17
治理（G）得分	60	39.59	7.21	21.00	38.79	58.26
ESG 总得分	60	27.48	7.28	16.08	27.05	60.45

13.3　企业 ESG 理念践行情况

13.3.1　环境维度

环境（E）得分均值仅为 1.11 分，中位数为 0，该行业超过半数企业没有披露环境信息，而披露环境信息的企业得分也整体偏低，得分最高的美凯龙也仅有 58.71 分，租赁和商务服务业整体缺乏对环境信息披露的意识，环境方面的信息披露情况较差。在环境（E）下共有 3 个二级指标，分别是资源消耗、废物排放、防治行为。在租赁和商务服务企业经营过程中，会对环境产生许多影响，所以注重环境保护应该在行业内达成共识。租赁和商务服务行业应该重视对环境的保护，加强环境保护意识，积极披露相关信息，相关部门也应加强监督企业在经营过程中对环境的影响，充分利用资源，减少废物排放，增强环境污染的防范意识。

13.3.1.1 资源消耗

该二级指标下共包括 5 个三级指标，分别是总用水量、单位营收耗水量、天然气消耗、燃油消耗、煤炭使用量。美凯龙披露了其中的天然气消耗和燃油消耗。相关部门应该加强监管力度，促使企业对其所产生的资源消耗进行统计，并在官方渠道进行披露，行业中每家企业都有节约资源使用，增加资源利用效率的责任。行业内企业与所有上市公司相比并没有处于资源消耗较低的水平，未来行业内各企业需在资源消耗方面完善指标披露情况，并尽量做到优秀的水平。

13.3.1.2 废物排放

废物排放下的三级指标共有 5 个，分别是总温室气体排放、氮氧化物排放、二氧化硫排放、悬浮粒子/颗粒物、废水/污水排放量。传化智联披露了氮氧化物排放，得分为 100 分，说明传化智联在控制氮氧化物排放方面做得较为优异。美凯龙披露了 5 个指标中的总温室气体排放、氮氧化物排放、二氧化硫排放和悬浮粒子/颗粒物，其中氮氧化物排放、二氧化硫排放和悬浮粒子/颗粒物的得分均为 100 分，总温室气体排放得分为 75 分，说明美凯龙在以后的经营中应尽量减少温室气体的排放，争取做到绿色经营。租赁和商务服务行业的企业废水/污水排放量披露情况较差，应引起行业的重视。在生产经营过程中必然会产生废水、污水，而废水、污水的肆意排放会对环境产生重大影响，因此租赁和商务服务行业企业应该在节约利用水资源的同时也要关注污水废水的排放。

13.3.1.3 防治行为

在防治行为下共有 7 个三级指标：有害废弃物量、无害废弃物量、总能源消耗、人均能源消耗、耗电量、节水/省水数量、节省能源数量。美凯龙的防治行为得分为 60.71 分，并披露了有害废弃物量、无害废弃物量、总能源消耗、人均能源消耗和耗电量，并且有害废弃物量和无害废弃物量得分均超过 75 分。该行业企业在生产经营过程中应加强环境保护意识，积极披露相关指标，增加防治行为，对于各种资源的节省做出具体举措，并为之付诸行动。

13.3.2　社会维度

社会（S）的得分均值为42.99分，是3个一级指标中得分均值最高的一项，而社会（S）也是租赁和商务服务业设置权重最大的一级指标，意味着租赁和商务服务业企业社会（S）方面的表现对企业ESG整体水平起着关键作用。租赁和商务服务业企业社会（S）得分的标准差为13.92分，最大值与最小值相差近60分，说明行业内各个企业对于社会责任的重视程度差异较大，但整体水平偏低。在社会责任部分分设4个二级指标，分别是员工权益、产品责任、社会响应、时代使命。在60家租赁和商务服务企业中有7家社会（S）得分超过60分，其中小商品城得分最高，是75.17分，说明该行业部分企业虽然对社会责任有所关注，但没有充分投入，企业在发展的过程中应该维护员工权益，对所生产的产品负责到底，积极响应社会的需求，并发挥时代赋予的使命。

13.3.2.1　员工权益

在该二级指标下设立6个三级指标：女性员工比例、是否披露职工权益保护、雇员总人数、平均年薪、离退休人数比例、人均培训投入。在员工权益部分得分最高企业的是渤海租赁，其得分为66.69分，渤海租赁的女性员工比例较高，同时也披露了职工权益保护，其员工年薪水平处于全租赁和商务服务行业中的头部水平。根据以上数据可以推断出，渤海租赁员工的工作满意度较高，员工的权益得到了很好的保障，因此渤海租赁的员工离职率处于较低水平，人员稳定性较好。

13.3.2.2　产品责任

在产品责任部分共包括了2个三级指标：是否披露客户及消费者权益保护、是否披露供应商权益保护。租赁和商务服务行业中有32家企业披露了客户及消费者权益保护的相关信息，有20家企业披露了供应商权益保护的相关信息。行业中的大部分企业都十分关注产品责任，对于租赁和商务服务行业而言，履行好产品责任可以提高企业的信誉水平，而信用对租赁行业来说是十分重要的，可以凭借良好的信用与顾客或供应商建立良好的合作关系，从而增加彼此在业务上的往来，为企业长远发展提供助力。

13.3.2.3 社会响应

社会响应下的三级指标共 4 项：合规经营、是否披露社会责任制度建设及改善措施、诉讼次数、是否披露公共关系和社会公益事业。在 60 家租赁和商务服务企业中表现最出色的海印股份，其社会响应得分为 100 分，其近一年中违规次数较少，在行业中属于顶尖水平，同时披露了社会责任制度建设及改善措施以及公共关系和社会公益事业，近一年中投诉次数更是为 0。其他企业需进一步提高自身社会响应水平，做到合规经营，减少诉讼次数，积极披露社会责任制度建设及改善措施以及公共关系和社会公益事业。

13.3.2.4 时代使命

该二级指标下共有 3 个三级指标：非管理层员工薪酬、实交所得税、社会捐赠额。行业中有 2 家企业时代使命得分为 100 分，分别是美凯龙和中国中免。还有 13 家企业时代使命得分高于 60 分，说明行业中的部分企业已经充分重视时代使命。随着社会的发展，企业的使命也会发生改变，企业在发展的同时也关注着时代的发展，着力发展当代社会赋予企业的使命。

13.3.3 治理维度

治理（G）的得分均值为 39.59 分，标准差为 7.21 分，最大值与最小值分别为 58.26 分和 21.00 分，说明租赁和商务服务业企业比较关注对公司的治理，但多数企业没有对公司的治理有过多的投入。在 60 家租赁和商务服务企业中治理（G）得分最高的是小商品城。在治理层面中共设有 3 个二级指标，分别是治理结构、治理机制、治理效能。虽然行业中企业在治理层面相较于环境表现较好，但仍不容乐观，更有相当一部分企业治理得分未超过 50 分，应引起行业重视。租赁和商务服务行业在生产经营的过程中也应做好公司内部的治理活动，改善治理机制、调整治理结构、提高治理效能。

13.3.3.1　治理结构

在治理结构中共包括 10 个三级指标：第一大股东持股比例、机构投资者持股比例、股权制衡、两权分离度、高管持股比例、女性董事占比、董事会规模、董事会独立董事比例、董事长和 CEO 是否是同一人、监事人数。该行业的 60 家企业在治理结构方面的表现较差，其中维业股份得分最高，达到 45.69 分，行业中的相当一部分企业在治理结构上都存在很多问题，没有充分认识到治理结构的重要性，合理的治理结构可以使企业规避一些错误的决策。

13.3.3.2　治理机制

治理机制层面下包括是否有股权激励计划、高管年薪、是否有现金分红、ROE、营业收入同比增长、管理费用率、大股东占款率、股息率、质押股票比例、商誉/净资产、关联交易共 11 个三级指标。从得分上看，小商品城和传化智联得分较高，分别为 62.46 分和 62.87 分，但行业中的最低分只有 7.39 分，最高分与最低分的分差超过 55 分，说明行业内企业对于治理机制的投入存在较大差异。三级指标中的股权激励计划可以在很大程度上对员工起到激励效果，增加员工的忠诚度，但是行业中 60 家企业只有 10 家设立了股权激励计划，希望更多的企业能够采取合理的措施激励员工。

13.3.3.3　治理效能

在该二级指标下设立 4 个三级指标：社会责任报告是否参照 GRI、财报审计出具标准无保留意见、内控审计报告出具标准无保留意见、非经常性损益占比。通过观察租赁和商务服务业中企业的治理效能得分的结构，发现该行业的企业治理效能得分差异较大，小于 40 分的企业有 5 家，40~70 分的企业共 46 家，大于 70 分的企业有 9 家，其中渤海租赁得到了 100 分。租赁和商务服务业企业的得分结构是处于中分段的企业较多，而低分段和高分段的企业并不多，此现象说明行业内多数企业已经注重治理效能的管理，但是真正做好的企业并不是很多，仍有多数企业需要加大重视程度，提高公司治理效能。

13.4 企业财务分析

13.4.1 财务指标对比

表 13.3 展示了租赁和商务服务业平均总市值、盈利能力、运营效率、偿债能力四个方面的相关财务指标，并对该行业中 ESG 总得分排名前 50% 和排名后 50% 的企业进行对比。从表中可以看出，总得分排名前 50% 的企业平均总市值为 321 亿元，排名后 50% 的企业平均总市值只有 45 亿元，总得分排名前 50% 和排名后 50% 企业的平均总市值存在较大的差距。在盈利能力方面，通过净资产收益率和营业利润率来衡量企业的盈利能力，总得分排名前 50% 企业的净资产收益率和营业利润率分别为 −7.12% 和 98.96%，排名后 50% 企业的净资产收益率和营业利润率分别为 −5.20% 和 −18.96%。关于运营效率，总得分排名前 50% 企业的总资产周转率和应收账款周转率分别是 0.80 次和 43.26 次，而排名后 50% 企业的总资产周转率和应收账款周转率分别为 0.68 次和 12.99 次，说明 ESG 总得分排名前 50% 的企业在运营效率方面要优于排名后 50% 的企业。总得分排名前 50% 企业的流动比率均值为 1.60，排名后 50% 企业的流动比率均值为 2.18，排名后 50% 的企业资产的变现能力要强于排名前 50% 的企业。而资产负债率得分排名前 50% 的企业要低于排名后 50% 的企业，说明排名前 50% 企业的偿债能力更强。

表 13.3　租赁和商务服务业上市公司财务指标对比

ESG 总得分 排名	平均 总市值 （亿元）	盈利能力		运营效率		偿债能力	
		净资产 收益率 （%）	营业 利润率 （%）	总资产 周转率 （次）	应收账款 周转率 （次）	流动 比率	资产 负债率 （%）
前 50%	**321**	−7.12	**98.96**	**0.80**	**43.26**	1.60	51.17
后 50%	45	**−5.20**	−18.96	0.68	12.99	**2.18**	**57.82**

13.4.2　投资回报分析

图 13.2 展示了租赁和商务服务业 ESG 总得分排名前 50% 和后 50% 的企业在月个股回报率上的差异。图例中纵轴为对应日期的月个股回报率（考虑现金分红）；横轴为 2020 年 1 月至 2021 年 12 月的股票交易日，为了更清晰、直观地展示不同组别下月个股回报率的差异及变动趋势，选择了每个月的个股回报率数据共 24 个时间点上的两组数值进行比较。

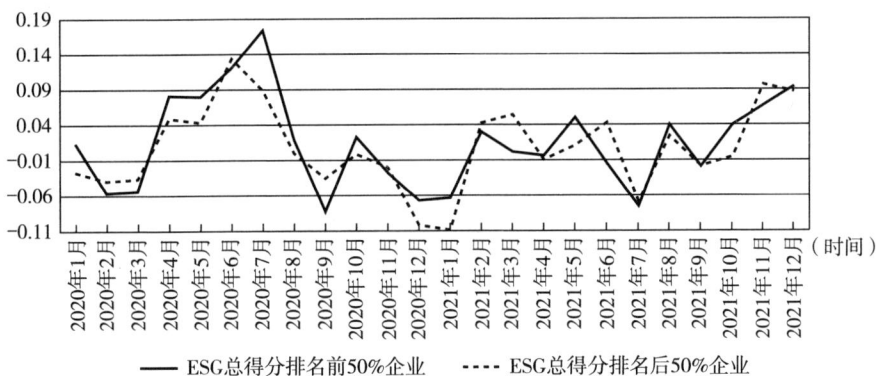

图 13.2　租赁和商务服务业 ESG 总得分排名前 50% 和
后 50% 企业的月个股回报率对比

注：本书不应被接收者作为其投资决策的依据，不对任何人使用本书内容的行为或由此而引致的任何损失承担任何责任。

由图 13.2 可知，在 2020 年 7 月至 2020 年 10 月，整个市场面临了较大波动，总得分排名前 50% 的企业在此期间虽有所波动，但可以在较短时间内有所恢复，能为投资者带来相对稳定的收益。在这 24 个时间节点上，总得分排名前 50% 的企业和总得分排名后 50% 的企业个股回报率整体趋势相似，但总得分排名前 50% 的企业表现要优于总得分排名后 50% 的企业，在整个市场有所波动时，总得分排名前 50% 企业的个股回报率曲线更加平稳。

第14章 科学研究和技术服务业上市公司ESG评价

14.1 评价指标体系

14.1.1 评价指标

科学研究和技术服务业指运用现代科技知识、现代技术和分析研究方法，以及经验、信息等要素向社会提供智力服务的新兴产业，服务主要包括科学研究、专业技术服务、技术推广、科技信息交流、科技培训、技术咨询、技术孵化、技术市场、知识产权服务、科技评估和科技鉴证等活动。根据中国证监会《上市公司行业分类指引》，该行业可划分为"研究和试验发展""专业技术服务业""科技推广和应用服务业"。

科学研究和技术服务业ESG评价体系共计包含3个一级指标、10个二级指标、62个三级指标（包括5个行业特色指标）。一级指标包括环境（E）、社会（S）和治理（G），环境（E）评价要素主要包含资源消耗、废物排放、防治行为；社会（S）评价要素主要包含员工权益、产品责任、社会响应、时代使命；治理（G）评价要素主要包含治理结构、治理机制、治理效能。具体指标如表 14.1 所示。

表 14.1　评价指标体系

一级指标	二级指标	三级指标
环境指标（E）	资源消耗	总用水量、单位营收耗水量、天然气消耗、燃油消耗、煤炭使用量
	废物排放	总温室气体排放、氮氧化物排放、二氧化硫排放、悬浮粒子/颗粒物、废水/污水排放量
	防治行为	有害废弃物量、无害废弃物量、总能源消耗、人均能源消耗、耗电量、节水/省水数量、节省能源数量、**是否有安全生产内容说明**
社会指标（S）	员工权益	女性员工比例、是否披露职工权益保护、雇员总人数、平均年薪、离退休人数比例、人均培训投入
	产品责任	是否披露客户及消费者权益保护、是否披露供应商权益保护、**是否有支援相关人才储备方案、累计专利数量、当年专利数量、研发投入金额**
	社会响应	合规经营、是否披露社会责任制度建设及改善措施、诉讼次数、是否披露公共关系和社会公益事业
	时代使命	非管理层员工薪酬、实交所得税、社会捐赠额
治理指标（G）	治理结构	第一大股东持股比例、机构投资者持股比例、股权制衡、两权分离度、高管持股比例、女性董事占比、董事会规模、董事会独立董事比例、董事长和 CEO 是否是同一人、监事人数
	治理机制	是否有股权激励计划、高管年薪、是否有现金分红、ROE、营业收入同比增长、管理费用率、大股东占款率、股息率、质押股票比例、商誉/净资产、关联交易
	治理效能	社会责任报告是否参照 GRI、财报审计出具标准无保留意见、内控审计报告出具标准无保留意见、非经常性损益占比

14.1.2　特色指标解读

14.1.2.1　是否有安全生产内容说明

2010 年 4 月 15 日，国家安全生产监督管理总局发布了《企业安全生产标准化基本规范》安全生产行业标准，自 2010 年 6 月 1 日起实施。开展安全生产标准化工作是企业建立安全生产长效机制、实现安全生产状况稳定向好的重要保障。安全生产标准化工作旨在企业对自身的生产经营活动制定具体的规范和标准，从制度、规章、标准、操作、检查等各方面，使企业的全部生产经营活动实现规范化、标准化，提高企业的安全素质，最终能够达到强化源头管理的目的。同时，开展安全生产标准化工作是防范事故发生和免受责任追究的有效办法。由于标准化工作把企业的"人、机、环境"安全三要素的每个要素都作了规范，对企业生产经营的全员、全过程、全方位都有明确的制度约束。企业的方方面面都有章可循、有标准对比，就必然有效减少甚至杜绝事故尤其是重特大事故的发生。

14.1.2.2 是否有支援相关人才储备方案

时任国务院总理李克强于 2014 年 8 月 19 日主持召开国务院常务会议，部署加快发展科技服务业、为创新驱动提供支撑。会议强调，要加强人才引进和培养，强化国际交流合作。让科技服务为促进科技成果转移转化、提升企业创新能力和竞争力提供支撑。发展科技服务，重中之重是人才的素质与能力。加强人才培养，为科技发展做好人才储备和素质训练。因此，要优化科技人才结构，配置青年科技人才成为科研主力军，扩大科技人才队伍规模。具有相关人才培养储备方案的上市公司发展前景远大。

14.1.2.3 研发投入金额

2022 年 1 月 13 日，科技部办公厅公布《关于营造更好环境支持科技型中小企业研发的通知》，到"十四五"期末，形成支持科技型中小企业研发的制度体系，营造全社会支持中小企业研发的环境氛围，科技型中小企业数量新增 20 万家。增强科技型中小企业研发能力，实现"四科"标准科技型中小企业新增 5 万家。文件中所说的"四科"标准科技型中小企业，即每个科技企业要拥有关键核心技术的科技产品、科技人员占比大于 60%、以高价值知识产权为代表的科技成果超过 5 项、研发投入强度高于 6%。研发投入金额是影响企业长远发展的重要指标。

累计/当年专利数量指标解读请参照第 10 章相关内容。

14.1.3 权重设置

针对科学研究和技术服务业上市公司，本章结合社会经济发展现状，根据指标数据的重要性和可得性，首先采用专家打分和计量统计的方式，确定各二级指标在 E、S、G 3 个一级指标下的权重分配；在 3 个一级指标权重设置中，在给予"治理（G）指标"以较高权重的基础上，充分考虑不同行业评价侧重点的不同，均衡环境（E）和社会（S）指标的权重设定确保评价结果的客观性。权重分配如图 14.1 所示。

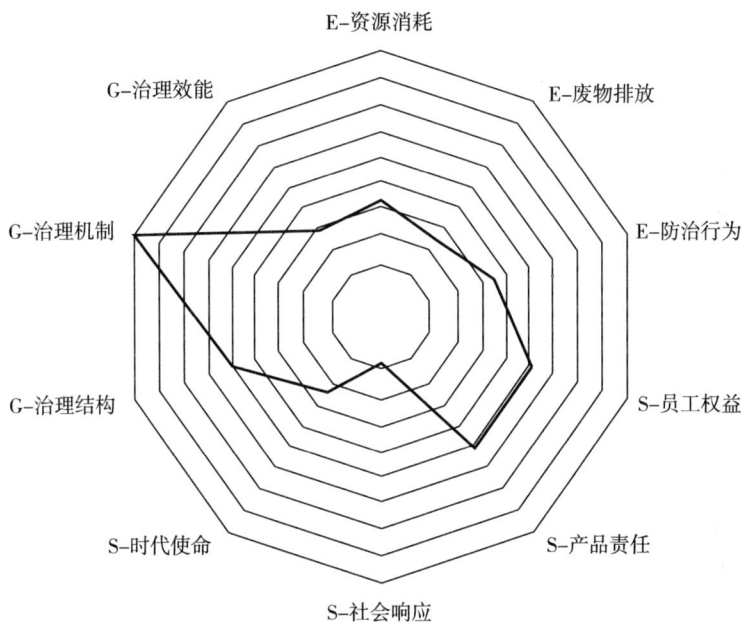

图 14.1　科学研究和技术服务业评价权重分配

14.2　ESG 得分描述性统计

表 14.2 展示了 2020 年科学研究和技术服务业 ESG 总得分及环境（E）、社会（S）、治理（G）各分项得分的描述性统计结果。由表中列示

的结果可得，59 家科学研究和技术服务业企业的 ESG 总得分均值为
32.52 分，水平较低，最高分为 54.06 分。ESG 总得分的标准差为 6.57
分，最小值与最大值相差近 33 分，说明行业内各企业对 ESG 的重视程度
差异较大，侧面反映出我国科学研究和技术服务行业未形成具有行业共识
性的 ESG 披露标准，因此相关部门的引导也还有待加强。

表 14.2　2020 年科学研究和技术服务业 ESG 得分的描述性统计

变量	样本量（家）	均值（分）	标准差（分）	最小值（分）	中位数（分）	最大值（分）
环境（E）得分	59	3.75	8.37	0	0	36.56
社会（S）得分	59	44.15	11.58	20.13	43.41	72.81
治理（G）得分	59	40.33	6.35	25.72	41.32	55.47
ESG 总得分	59	32.52	6.57	21.30	31.48	54.06

另外，环境（E）得分均值仅为 3.75，社会（S）得分均值为 44.15
分，治理（G）均值为 40.33 分，均属于较低水平。其中尤其是环境
（E）得分的均值最小，仅为个位数，背后的原因一方面是科学研究和技
术服务类行业在环境污染与治理层面上可披露的信息相对较少，另一方
面，更重要的原因是科学研究和技术服务类企业自身目前未具备自愿主动
披露相关环境信息的意识，从而导致数据收集过程中很多企业的得分都为
0，最终环境（E）均值得分较低。整体来讲，该行业各企业在披露 ESG
相关信息与贯彻 ESG 相关理念的力度等方面存在较大的改善空间，也更
加凸显了国家加快制定相关 ESG 政策的必要性。

14.3　企业 ESG 理念践行情况

14.3.1　环境维度

环境（E）得分均值仅为 3.75 分，中位数为 0，而该项得分不为 0 的

企业平均得分也仅为 9.22 分,且环境得分最高也仅为 36.56 分。说明大多数的企业对环境信息披露还不够重视,环境保护的力度还有较大的提升空间,有关部门的引导和监督还有待加强。环境保护总得分前三位分别是药明康德、康龙化成、泰格医药。

14.3.1.1　资源消耗

该二级指标下设 5 个三级指标:总用水量、单位营收耗水量、天然气消耗、燃油消耗、煤炭使用量。数据总体披露情况较差,仅有泰格医药、康龙化成、昭衍新药、药明康德四家企业在一定程度上披露了指标。

14.3.1.2　废物排放

该二级指标下设 5 个三级指标:总温室气体排放、氮氧化物排放、二氧化硫排放、悬浮粒子/颗粒物、废水/污水排放量。总体上看 5 个通用指标披露情况很差,仅泰格医药、康龙化成、昭衍新药、药明康德等企业对相关指标进行了披露。

14.3.1.3　防治行为

该二级指标下设 7 个通用指标:有害废弃物量、无害废弃物量、总能源消耗、人均能源消耗、耗电量、节水/省水数量、节省能源数量,1 个行业特色指标:是否有安全生产内容说明,共 8 个三级指标。通用指标方面,披露情况同样较差,仅泰格医药、康龙化成、昭衍新药、药明康德等企业对部分指标进行了披露,再一次说明了科学研究和技术服务业大部分企业仍缺乏环境保护意识与相应的信息披露意识。

14.3.2　社会维度

社会(S)得分方面,得分均值为 44.15 分,标准差为 11.58 分,最小值与最大值相差约 52 分,行业内各企业对承担社会责任的重视程度的差异仍然较大。科学研究和技术服务业 59 家企业 60 分以上仅六家。社会得分前三位分别是泰格医药、华测检测、华大基因。

14.3.2.1　员工权益

该二级指标下设 6 个三级指标:女性员工比例、是否披露职工权益保护、雇员总人数、平均年薪、离退休人数比例、人均培训投入。其中"离退休人数比例"有近一半企业未披露；华测检测、泰格医药、康龙化成、华设集团等企业披露了部分指标。"平均年薪"披露情况较好，最高前两名分别是地铁设计、华大基因。

14.3.2.2 产品责任

该二级指标下设 2 个通用指标：是否披露客户及消费者权益保护、是否披露供应商权益保护，4 个行业特色指标：是否有支援相关人才储备方案、累计专利数量、当年专利数量、研发投入金额，共 6 个三级指标。通用指标方面，约 54% 的企业披露了前者，约 34% 的企业披露了后者。特色指标方面披露情况除"专利数量"外均良好。产品责任得分前三名分别是：华大基因、苏交科，两者并列第一，华测检测列第三位。

14.3.2.3 社会响应

该二级指标下设 4 个三级指标：合规经营、是否披露社会责任制度建设及改善措施、诉讼次数、是否披露公共关系和社会公益事业。仅八家企业披露指标"合规经营"，超过一半的企业未披露指标"诉讼次数"。

14.3.2.4 时代使命

该二级指标下设 3 个三级指标：非管理层员工薪酬、实交所得税、社会捐赠额。整体披露情况较好，所有企业均披露。有接近 1/4 的企业在 2020 年向社会捐赠，积极履行时代使命。

14.3.3 治理维度

企业治理（G）得分均值为 40.33 分，最高得分是药明康德，为 55.47 分，大多数企业得分集中在 30~50 分，科学研究和技术服务业公司治理水平还有较大的提升空间。

14.3.3.1 治理结构

该二级指标下设 10 个三级指标：第一大股东持股比例、机构投资者持股比例、股权制衡、两权分离度、高管持股比例、女性董事占比、董事会规模、董事会独立董事比例、董事长和 CEO 是否是同一人、监事人数。

指标整体披露情况良好，治理结构得分最高的前两家分别是中国汽研、泰格医药。

14.3.3.2　治理机制

该二级指标下设 11 个三级指标：是否有股权激励计划、高管年薪、是否有现金分红、ROE、营业收入同比增长、管理费用率、大股东占款率、股息率、质押股票比例、商誉/净资产、关联交易。除"是否有股权激励计划"以外的指标披露情况均较好。治理机制得分最高的前两家企业分别是中设股份、药明康德。

14.3.3.3　治理效能

该二级指标下设 4 个三级指标：社会责任报告是否参照 GRI、财报审计出具标准无保留意见、内控审计报告出具标准无保留意见、非经常性损益占比。整体披露情况良好，企业得分也较为相似，差异较小。

14.4　企业财务分析

14.4.1　财务指标对比

表 14.3 分别从平均总市值、盈利能力、运营效率和偿债能力方面，对比了科学研究和技术服务业上市公司 ESG 总得分排名前 50%和排名后 50%企业的表现。从表中可以看出，ESG 总得分排名前 50%企业的平均总市值达到 273 亿元，要明显高于 ESG 总得分排名后 50%企业的平均总市值（49.9 亿元）。在盈利能力方面，总得分排名前 50%企业在净资产收益率与营业利润率上的表现都更优。在以总资产周转率和应收账款周转率为代表的运营效率方面，仍然是得分排名前 50%的企业表现更优。总得分排名前 50%的企业流动比率均值为 2.92，总得分排名后 50%企业的流动比率均值为 3.28。在资产负债率方面，排名前 50%企业较排名后 50%企

业略高。综合来看，总得分排名前 50% 的企业的偿债能力略劣于排名后50%，但整体负债水平并不高。

表 14.3　科学研究和技术服务业上市公司财务指标对比

ESG 总得分排名	平均总市值（亿元）	盈利能力		运营效率		偿债能力	
		净资产收益率（%）	营业利润率（%）	总资产周转率（次）	应收账款周转率（次）	流动比率	资产负债率（%）
前 50%	**273**	**11.44**	**15.79**	**0.47**	**5.82**	2.92	**38.06**
后 50%	49.9	4.76	−10.45	0.36	5.23	**3.28**	35.31

14.4.2　投资回报分析

图 14.2 展示了 ESG 总得分排名前 50% 和后 50% 的企业在月个股回报率上的差异。图例中纵轴为对应日期的月个股回报率（考虑现金分红），横轴为 2020 年 1 月至 2021 年 12 月的股票交易日，为了更清晰、直观地展示不同组别下月个股回报率的差异及变动趋势，选择了每个月的个股回报率数据，共 24 个时间点上的两组数值进行比较。

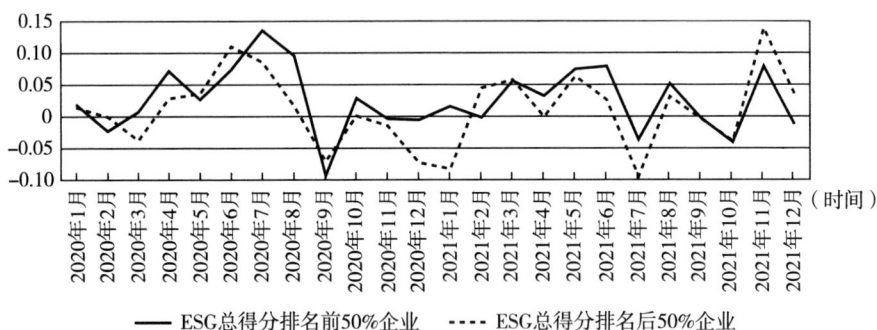

图 14.2　科学研究和技术服务业 ESG 总得分排名前 50%

和后 50% 企业的月个股回报率对比

注：本书不应被接收者作为其投资决策的依据，不对任何人使用本书内容的行为或由此而引致的任何损失承担任何责任。

　　由图 14.2 的结果可知，2020 年 1 月至 2021 年 12 月这段考察时间内，科学研究和技术服务业二级市场整体表现较好，波动也较高。其中 ESG 得分前 50% 回报率表现普遍优于后 50%。在 2020 年 3~8 月市场整体活跃时，前者能够带来更大的收益；在 2020 年 9 月至 2021 年 10 月市场较为低迷时，前者明显能避免更大的损失，在后者下跌损失时前者仍能保持一定的盈利回报。这说明科技服务业 ESG 表现优异的企业，能够在整体市场出现较大损失风险时仍获得市场参与人员的认可，投资者对其普遍更有信心，不易出现较大跌幅；同时在市场活跃时，获得更多的投资者喜爱，回报率普遍优于后者。

第15章 水利、环境和公共设施 管理业上市公司 ESG 评价

15.1 评价指标体系

15.1.1 评价指标

水利、环境和公共设施管理业包含水利管理业、生态保护和环境治理业、公共设施管理业和土地管理业。水利、环境和公共设施管理业的评价体系共包括环境（E）、社会（S）、治理（G）3 个一级指标，3 个一级指标下设二级指标共计 10 个二级指标，其中，二级指标防治行为下设有"是否存在生物多样性保护投入" 1 个特色三级指标；二级指标产品责任下设有"是否排查治理隐患" 1 个特色三级指标。具体指标如表 15.1 所示。

15.1.2 特色指标解读

15.1.2.1 是否存在生物多样性保护投入

中国于 1992 年签署了《生物多样性公约》，这使中国企业也在不断关注生物多样性情况，着手投入生物多样性的保护工作中。因此，设立

表 15.1　评价指标体系

一级指标	二级指标	三级指标
环境指标 （E）	资源消耗	总用水量、单位营收耗水量、天然气消耗、燃油消耗、煤炭使用量
	废物排放	总温室气体排放、氮氧化物排放、二氧化硫排放、悬浮粒子/颗粒物、废水/污水排放量
	防治行为	有害废弃物量、无害废弃物量、总能源消耗、人均能源消耗、耗电量、节水/省水数量、节省能源数量、**是否存在生物多样性保护投入**
社会指标 （S）	员工权益	女性员工比例、是否披露职工权益保护、雇员总人数、平均年薪、离退休人数比例、人均培训投入
	产品责任	是否披露客户及消费者权益保护、是否披露供应商权益保护、**是否排查治理隐患**
	社会响应	合规经营、是否披露社会责任制度建设及改善措施、诉讼次数、是否披露公共关系和社会公益事业
	时代使命	非管理层员工薪酬、实交所得税、社会捐赠额
治理指标 （G）	治理结构	第一大股东持股比例、机构投资者持股比例、股权制衡、两权分离度、高管持股比例、女性董事占比、董事会规模、董事会独立董事比例、董事长和 CEO 是否是同一人、监事人数
	治理机制	是否有股权激励计划、高管年薪、是否有现金分红、ROE、营业收入同比增长、管理费用率、大股东占款率、股息率、质押股票比例、商誉/净资产、关联交易
	治理效能	社会责任报告是否参照 GRI、财报审计出具标准无保留意见、内控审计报告出具标准无保留意见、非经常性损益占比

"是否存在生物多样性保护投入"特色指标，可以更好地评估企业是否做到了兼顾发展与生物多样性保护，进而衡量企业的可持续发展水平。

15.1.2.2　是否排查治理隐患

当前所处的时代是一个信息、经济与科技都在高速发展的时代，这使企业管理的外部环境与内部环境都在快速发生变化中，因此，在公司治理过程中，会产生因环境的改变而出现的治理隐患，如果不能及时将这些治理隐患排查出来，它们的存在对企业的发展有潜在威胁。企业在运行过程中，会出现治理隐患，它们的存在对企业的发展有潜在威胁，将"是否排查治理隐患"作为衡量企业在治理过程中能否快速发现问题、预防危险发生的指标，可以更好地衡量企业的治理水平。

15.1.3 权重设置

权重设置方面，根据水利、环境和公共设施管理业的行业特色，将环境（E）、社会（S）、治理（G）3 个一级指标赋予了不同的权重。其中，赋予社会（S）一级指标最高权重，其次是治理（G）和环境（E）。一级指标社会（S）下的社会响应二级指标和时代使命二级指标，一级指标治理（G）下的治理机制赋予了更高的权重，确保评价结果的客观性，更清晰地评价水利、环境和公共设施管理业各企业的 ESG 理念的践行情况，具体权重分配如图 15.1 所示。

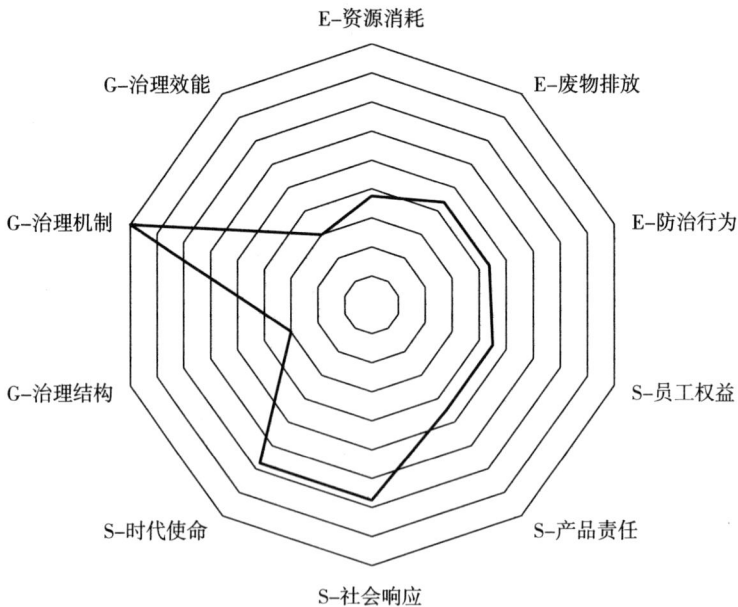

图 15.1　水利、环境和公共设施管理业评价权重分配

15.2　ESG 得分描述性统计

表 15.2 展示了根据证监会分类和筛选得到的 74 家企业 ESG 总得分及环境（E）、社会（S）、治理（G）各分项得分的描述性统计结果。可以看到，水利、环境和公共设施管理业 74 家企业的 ESG 总得分均值仅为 26.01 分，属于较低水平，这从侧面反映出本行业企业尚未对 ESG 引起足够的重视，需要进一步加强自身信息披露工作。此外，ESG 总得分的标准差为 5.58 分，最小值为 14.78 分，与 37.85 分的最大得分相差将近一倍，这说明在水利、环境和公共设施管理业中，不同企业践行 ESG 理念和自身信息披露情况仍存在较大差异，整体亟待加强。

表 15.2　水利、环境和公共设施管理业 ESG 得分描述性统计

变量	样本量（家）	均值（分）	标准差（分）	最小值（分）	中位数（分）	最大值（分）
环境（E）得分	74	3.93	6.11	0	4.38	29.38
社会（S）得分	74	43.86	10.48	19.35	42.35	71.65
治理（G）得分	74	29.12	7.21	9.20	29.42	49.16
ESG 总得分	74	26.01	5.58	14.78	25.72	37.85

纵向比较环境（E）、社会（S）和治理（G）的得分，均值方面，3 个一级指标得分均值分别为 3.93 分、43.86 分和 29.12 分，可以看出，本行业企业在环境方面的披露情况与社会责任和公司治理有着较大差距，各企业应当着重关注环境方面的信息披露，意识到 ESG 对企业可持续发展起到的重要作用。在一级指标的得分方面，社会得分最大值为高能环境，得分达到 71.65 分，同时也是 3 个一级指标的最高分，说明本行业中有部分企业可以积极承担社会责任并做好信息披露工作；治理得分最大值

为兴源环境，得分达到 49.16 分，环境得分最大值为三特索道（29.38 分），表明在治理和环境方面还没有能够起到引领作用的企业，各企业还需进一步加强在这两方面的信息披露，为公司发展提供正向推动作用。

总体而言，水利、环境和公共设施管理业各企业 ESG 得分整体属于较低水平，特别是一级指标中的环境指标得分，各企业有着很大的改善空间，希望各企业可以给予 ESG 足够的重视，意识到 ESG 对于公司发展的重要性，积极披露信息，使企业能够长远发展。

15.3 企业 ESG 理念践行情况

15.3.1 环境维度

环境（E）得分均值为 3.93 分，中位数为 4.38 分，而最高分得分为 29.38 分，与最低得分 0 分相差 29.38 分，整体属于较低水平，同时最高分与最低分存在的较大分差从侧面说明本行业中不同企业在环境方面的披露情况有较大差距。水利、环境和公共设施管理业中大部分企业的生产经营活动都与生态环境有着紧密的联系，本行业企业更需要加强对环境方面信息的披露，积极做好环境信息披露，加强环境保护意识，推动环境保护工作，使企业在发展的同时减轻对环境的破坏，兼顾经济发展与环境保护。如此，企业与全社会才能更好地推动可持续发展，更彻底地践行 ESG 理念。

15.3.1.1 资源消耗

资源消耗包含了总用水量、单位营收耗水量、天然气消耗、燃油消耗、煤炭使用量 5 个三级指标。三级指标披露的整体情况不容乐观：仅有三特索道、中环环保、伟明环保等企业对 5 个指标中的部分指标有所披露。资源消耗与公司的生产活动息息相关，是评价企业能否高效利用自然资源的重要标准，同时也是衡量企业是否做到绿色环保的重要评判依据。各企业应以三特索道为参考，积极披露三级指标信息，为自然资源的高效利用贡献自己的力量。

15.3.1.2　废物排放

废物排放指标下同样包含 5 个三级指标，与资源消耗指标的披露情况相比，废物排放方面有更多的企业共八家披露了相关信息，其中，绿色动力披露情况最好，披露了 80% 的指标，这表明在废物排放方面，本行业中存在着积极披露信息的标杆企业，其他企业应向绿色动力看齐，尽可能多地披露废物排放方面的相关信息。废物排放是衡量企业生产经营活动后的废弃物排放到自然中的水平，进而评估企业在践行低碳绿色环保理念上的程度，从而提供相关部门信息，更好地制定相关政策实现环境保护。

15.3.1.3　防治行为

防治行为指标下包含了共 8 项三级指标，其中包含了 1 个特色三级指标"是否存在生物多样性投入"。统计数据显示，7 项通用三级指标的披露情况不容乐观，74 家企业中仅有 4 家企业分别披露了 7 项指标中的其中 1 项指标，其余企业均未披露相关信息。相较而言，特色指标的披露情况较好，共有 39 家企业披露了相关信息，披露企业超过了全行业企业数量的一半，说明在生物多样性保护方面，企业投入了足够的重视程度，积极披露了相关信息。为了可以更好地进行环境保护，各企业在通用指标的披露中仍需给予更多的重视程度，同时相关部门与社会各界也应加强监督，为企业施行生态保护提供前进推力。

15.3.2　社会维度

社会（S）得分方面，不同企业之间得分差异较环境（E）和治理（G）波动较大，标准差达到 10.48 分，最小值得分 19.35 分和最大值得分 71.65 分相差 52.30 分，从侧面表现出各企业对承担社会责任的重视程度存在较大的差异。水利、环境和公共设施管理业共有 6 家企业得分在

60 分或以上，其中，高能环境得分最高，达到 71.65 分；但是，仍有 3 家企业得分小于 30 分，中持股份得分最低，仅有 19.35 分，说明在员工福利的投入和企业形象的建设方面，仍有不少企业还未给予足够的重视，不同企业仍存在较大的差异。企业实现长远可持续发展需要加强对相关信息的披露，在创造利润的同时关注员工利益和承担相应的社会责任。

15.3.2.1　员工权益

员工权益的信息披露情况相对较好，所有企业都披露了全部或部分指标信息，其中，雇员总人数信息披露最好，所有企业都进行了披露；女性员工比例信息披露情况较差，仅有三特索道、上海环境、绿色动力和伟明环保等企业披露了相关信息，这说明对于女性员工权益的相关信息披露方面，各企业仍需加强关注，积极统计并对相关信息进行披露。企业在进行日常生产经营活动的同时，还应该关注员工的身体健康，保护员工的权益。

15.3.2.2　产品责任

产品责任包含了"是否披露客户及消费者权益保护"和"是否披露供应商权益保护"2 个通用指标，与"是否排查治理隐患"1 个特色指标。披露情况方面，指标的整体披露情况较好，均有一半或以上数量的企业对相关信息做出了披露，其中有 19 家企业 3 个指标的相关信息均有披露，说明水利、环境和公共设施管理业有较多企业能够给予产品责任足够的重视，这对于树立公司形象、提升产品质量有着重要的意义。然而，仍有 17 家企业在 3 个三级指标下没有披露任何相关信息，表明在本行业中，不同企业对待产品责任方面的态度存在较大差异，仍有较多企业需要提高对产品责任方面的重视程度，积极披露相关信息，做好信息披露工作。

15.3.2.3　社会响应

不同企业社会响应得分差异较大，有 11 家企业得分在 60 分或以上包括最高得分——高能环境，达到了 93.75 分的优秀水平，但是仍有 22 家企业得分在 30 分或以下。说明在本行业中，存在着能够积极披露社会响应相关信息的标杆企业。本行业社会响应平均得分为 44.93 分，属于较低水平，大部分企业还未意识到社会响应的重要性，缺乏相关信息的披露，相关部门仍需进一步规范和引导上市公司对社会响应指标的披露，提高上市公司的发展质量。

15.3.2.4　时代使命

非管理层员工薪酬和实交所得税披露情况较好，有超过 90% 的企业披露了相关信息，仅有 6 家企业的信息尚未披露。有 13 家企业披露了社会捐赠额指标，说明本行业在承担时代使命上有部分企业能够积极承担责任并能够详细披露相关信息。有 3 家公司得分在 80 分或以上，达到了较好水平，其中瀚蓝环境达到了 100 分的满分水平。说明在水利、环境和公共设施管理业存在少部分企业能够积极承担时代使命，在公司的发展中勇于承担责任并做好了信息披露工作，其他企业应以瀚蓝环境为时代使命信息披露方面的行业标杆，努力做好信息披露工作。

15.3.3　治理维度

水利、环境和公共设施管理业治理（G）得分均值为 29.12 分，最高得分是兴源环境，得分为 49.16 分，最低得分是雪松发展，仅为 9.20 分。在本行业共计 74 家企业中，有 72 家企业得分在 40 分或以下，占本行业所有企业数量的 97.3%，属于较低水平，绝大多数企业还未在公司治理方面给予足够的重视，企业治理水平有待进一步提升。上市公司信息披露质量与公司可持续发展能力和整体发展水平有着紧密联系，各企业应加强信息披露工作，积极披露相关信息，及时发现公司治理方面存在的问题，为公司的进一步发展起到推动作用。

15.3.3.1　治理结构

治理结构下的三级评分指标数量共有 10 项，整体来看除了"第一大股东持股比例"和"股权制衡" 2 个指标的披露情况欠佳外，其余 8 项指标的披露情况较好。从治理结构的得分方面来看，本行业 74 家企业平均得分为 35.77 分，属于较低水平，最高得分节能铁汉也仅有 48.23 分，说明在治理结构方面，本行业各企业虽然信息披露情况较好，但信息披露所反映出来的问题较多，在治理结构方面存在着较大的改善空间。各企业应当保持当前的信息披露水平，在相关信息的积极披露的前提下努力提高自身数据水平，加强在治理结构方面的研究，及时发现存在的问题并加以解决，从而提升整体的治理结构水平。

15.3.3.2　治理机制

治理机制下的三级评分指标数量共有 11 项，但是整体的信息披露水平与治理结构相比较差。"是否有股权激励计划""ROE""营业收入同比增长""管理费用率"等指标，仅有不足本行业企业总数 6% 的企业披露了其中 1 项指标的相关数据，说明本行业相当部分企业对以上指标的重视程度严重不足。关于治理机制的得分情况，大部分企业得分集中在 20 分或以下，说明在治理机制方面，本行业企业尚未意识到治理机制各评分指标对于改善公司组织架构、降低管理成本、增强核心竞争力等积极作用，各企业应当加强对信息披露不足指标的信息披露，同时增强自身治理机制能力、努力提高自身治理机制水平，进而更好地带动企业发展。

15.3.3.3　治理效能

治理效能下 4 个指标的整体披露情况较好，有超过本行业企业总数 85% 的企业披露了所有相关信息，整体得分水平也较高，本行业得分平均分为 54.81 分，共有 29 家企业的分数在 60 分或以上，有 5 家企业得分在 90 分或以上，丽江股份得分达到 100 分。本行业绝大多数企业都较为重视企业自身的治理效能水平并积极披露相关信息，不同企业间仍然存在着较大的差异。治理效能对于企业的发展有着重要的意义，向标杆企业看齐积极披露相关信息可以很好地提升企业自身治理效能，进一步提高企业的发展水平。

15.4　企业财务分析

15.4.1　财务指标对比

表 15.3 分别从平均总市值、盈利能力、运营效率和偿债能力方面，对

比了水利、环境和公共设施管理业 ESG 总得分排名前 50%企业和排名后 50%企业的表现。从表中可以明显看出，总得分排名前 50%企业的平均总市值为 86 亿元，为排名后 50%企业（37 亿元）的两倍多。在代表盈利能力的净资产收益率和营业利润率方面，总得分排名前 50%企业表现均优于排名后 50%企业，说明总得分排名前 50%企业的盈利能力更强，投入相同资金能够产生更高的回报。运营效率方面，总得分排名前 50%企业的总资产周转率和应收账款周转率均为排名后 50%企业的一倍左右，表明排名前 50%的企业在运营效率方面表现更优。总得分排名前 50%企业的流动比率均值为 1.72，低于排名后 50%企业的 2.26，但是这不能完全说明排名前 50%企业的偿债能力更差，流动比率有环境、存货等众多影响因素。在资产负债率方面，总得分排名前 50%企业为 51.0，略高于排名后 50%企业的 45.0，说明排名前 50%企业更偏向于举债发展，扩大生产规模，在未来有好的发展可能性。

表 15.3　水利、环境和公共设施管理业 ESG 总得分排名前 50%企业和后 50%企业财务指标对比

ESG 总得分排名	平均总市值（亿元）	盈利能力		运营效率		偿债能力	
		净资产收益率（%）	营业利润率（%）	总资产周转率（次）	应收账款周转率（次）	流动比率	资产负债率（%）
前 50%	**86**	**6.9**	**7.1**	**0.32**	**13.43**	1.72	**51.0**
后 50%	37	2.2	−3.4	0.21	9.76	**2.26**	45.0

15.4.2　投资回报分析

图 15.2 展示了水利、环境和公共设施管理业 ESG 总得分排名前 50%和后 50%的企业在月个股回报率上的差异。图例中纵轴为对应日期的月个股回报率（考虑现金分红）；横轴为 2020 年 1 月至 2021 年 12 月股票交

易日，为了更清晰、直观地展示不同组别下月个股回报率的差异及变动趋势，选择了每个月的个股回报率数据，共24个时间点上的两组数值进行比较。

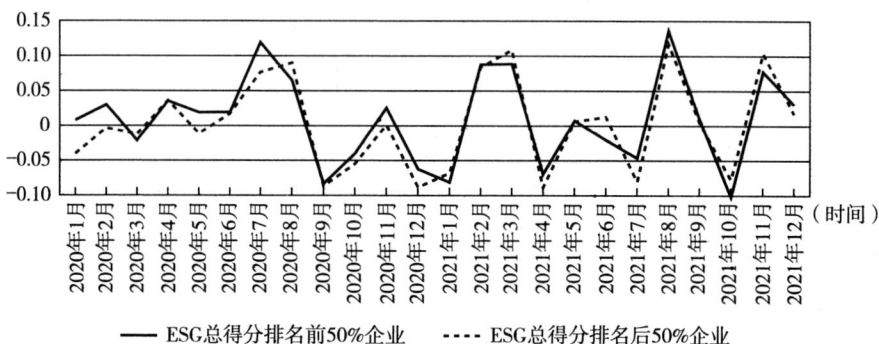

图15.2 水利、环境和公共设施管理业ESG总得分排名前50%和后50%企业的月个股回报率对比

注：本书不应被接收者作为其投资决策的依据，不对任何人使用本书内容的行为或由此而引致的任何损失承担任何责任。

由图15.2的结果可知，2020年1月至2021年1月，总得分排名前50%企业的整体表现较好于排名后50%企业，在此期间投入相同的资金，排名前50%的企业可以取得更高的回报。2021年1月后，排名前50%企业与排名后50%企业的月个股回报率相近，水利、环境和公共设施管理业整体表现情况波动较大。

第16章 教育业上市
公司 ESG 评价

16.1 评价指标体系

16.1.1 评价指标

根据证监会分类和筛选,截至 2021 年,共有学大教育、中公教育、美吉姆等 10 家企业属于教育业,这些企业提供学前教育、初等教育、高等教育、职业教育等多种服务。教育业的评价体系共包括 3 个一级指标、10 个二级指标、59 个三级指标。相较于通用指标体系,教育业的评价指标体系在社会(S)一级指标下的产品责任二级指标中,增加了 2 个特色三级指标:线上培训营收占比、教育产品种类数量。具体指标如表 16.1 所示。

表16.1 评价指标体系

一级指标	二级指标	三级指标
环境指标（E）	资源消耗	总用水量、单位营收耗水量、天然气消耗、燃油消耗、煤炭使用量
	废物排放	总温室气体排放、氮氧化物排放、二氧化硫排放、悬浮粒子/颗粒物、废水/污水排放量
	防治行为	有害废弃物量、无害废弃物量、总能源消耗、人均能源消耗、耗电量、节水/省水数量、节省能源数量
社会指标（S）	员工权益	女性员工比例、是否披露职工权益保护、雇员总人数、平均年薪、离退休人数比例、人均培训投入
	产品责任	是否披露客户及消费者权益保护、是否披露供应商权益保护、**线上培训营收占比、教育产品种类数量**
	社会响应	合规经营、是否披露社会责任制度建设及改善措施、诉讼次数、是否披露公共关系和社会公益事业
	时代使命	非管理层员工薪酬、实交所得税、社会捐赠额
治理指标（G）	治理结构	第一大股东持股比例、机构投资者持股比例、股权制衡、两权分离度、高管持股比例、女性董事占比、董事会规模、董事会独立董事比例、董事长和CEO是否是同一人、监事人数
	治理机制	是否有股权激励计划、高管年薪、是否有现金分红、ROE、营业收入同比增长、管理费用率、大股东占款率、股息率、质押股票比例、商誉/净资产、关联交易
	治理效能	社会责任报告是否参照GRI、财报审计出具标准无保留意见、内控审计报告出具标准无保留意见、非经常性损益占比

16.1.2 特色指标解读

16.1.2.1 线上培训营收占比

受新冠肺炎疫情影响，培训机构面临营收减少、家长及学生退课退费比例增大等经营困难。根据教育行业数据，2020年新冠肺炎疫情期间，大部分线下培训机构针对经营困难采取的策略为增资和裁员，两者分别占比39.6%和39.2%；采取撤点策略的培训机构占比达到21.6%；所有权出现转让的培训机构占比达到17.9%；上调学费的培训机构占比为 12.5%。

另外，随着互联网技术的发展，教育培训行业开始探索线上学习的方式，催生了在线教育的发展。在资本的推动下，新东方、学而思等头部机构从线下转战线上，其他培训机构也纷纷转型拓展线上业务。2020 年新冠肺炎疫情暴发，线下教育受到严重的冲击，因疫情原因，多地曾暂停教育机构的线下教学活动。除了教育培训行业，我国基础教育以及各高校也相继进行线上课程的学习。线上教育平台的不断完善，得益于我国经济与科技的高速发展和脱贫攻坚战的决胜，互联网信息通道实现广泛建立，智能设备得以广泛普及，在线教育的优势进一步凸显。

综上，线上营收占比可以很好地衡量教育业企业在面临新冠肺炎疫情等不确定性事件时，尽快恢复经营、实现稳步发展、持续提供服务的能力。

16.1.2.2　教育产品种类数量

当前科技水平与经济水平都处于高速发展阶段，实现国家的高质量发展，亟须各类高水平高素质的人才。因此，教育业企业应积极采用科学、规范、高效的运作方式，向社会提供足够数量、较高质量的各类教育产品。教育产品种类数量可以作为衡量教育企业产品发展多元化的一个指标。

16.1.3　权重设置

在权重设置方面，根据教育业的行业特色，将 3 个一级指标环境（E）、社会（S）、治理（G）中的社会（S）指标赋予了更高的权重，同时均衡考虑环境（E）和治理（G）。二级指标中，根据三级指标数量及其对教育业的重要程度，社会下的时代使命、治理下的治理机制被赋予了较高的权重。权重分配如图 16.1 所示。

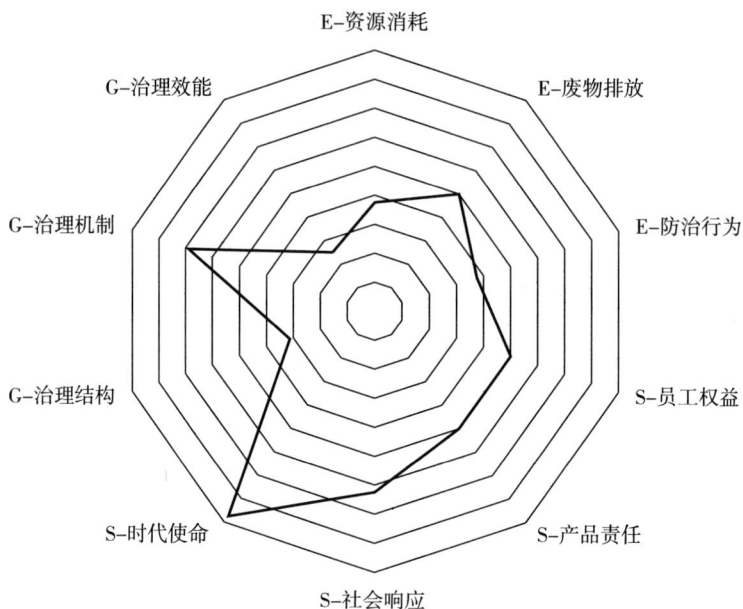

图 16.1　教育业评价权重分配

16.2　ESG 得分描述性统计

　　表 16.2 展示了根据证监会分类和筛选得到的 10 家教育业企业 ESG 总得分，以及环境（E）、社会（S）、治理（G）各分项得分的描述性统计结果。可以看到，10 家企业的 ESG 总得分均值仅为 29.25 分，属于较低水平，这在一定程度上反映了中国大部分教育业企业尚未重视践行 ESG 理念，有待真正意识到 ESG 对企业长远发展的重要性，同时也仍需进一步做好企业自身的信息披露工作。此外，ESG 总得分的标准差为 6.36 分，最小值为 17.98 分，与最大得分 39.64 分相差较大，表明在 ESG 理念的重视程度和践行力度方面，教育业各企业差异较大。

表 16.2　教育业 ESG 得分描述性统计

变量	样本量（家）	均值（分）	标准差（分）	最小值（分）	中位数（分）	最大值（分）
环境（E）得分	10	0	0	0	0	0
社会（S）得分	10	43.72	12.36	20.36	43.71	60.91
治理（G）得分	10	29.57	4.71	21.80	29.30	36.81
ESG 总得分	10	29.25	6.36	17.98	29.56	39.64

　　纵向比较环境（E）、社会（S）和治理（G）的得分，均值方面，3个一级指标得分均值分别为 0 分、43.72 分和 29.57 分。可以看出，教育业企业在环境保护方面的信息披露程度较低，社会相关信息披露情况较好，治理的得分也处于较低水平。其中，环境（E）得分均为 0 分，暴露出教育业企业对于环境保护相关信息的披露程度亟须提高；社会（S）得分的最大值达到 60.91 分，说明在教育业企业中，有部分企业能够较高程度地承担社会责任，履行企业社会使命；治理（G）得分的最大值为 36.81 分，属于较低水平，说明教育业企业的公司治理水平有待提高。

16.3　企业 ESG 理念践行情况

16.3.1　环境维度

　　环境（E）整体得分均值为 0，中位数为 0。这说明教育业企业均没有有效披露环境保护相关信息。

　　资源消耗包含总用水量、单位营收耗水量、天然气消耗、燃油消耗、煤炭使用量 5 个三级指标。教育业企业主要为提供教育类服务，属于第三产业，与指标体系中自然资源和废物排放关联不大，从数据中也可以很明显地发现教育业企业均未披露相关信息，因此在资源消耗和废物排放方面，教育业企业的作用几乎可以忽略不计。

防治行为包括有害废弃物量、无害废弃物量、总能源消耗、人均能源消耗、耗电量、节水/省水数量、节省能源数量等指标。耗电量、废物排放量、能源消耗等相关指标，是为数不多能够反映教育业企业环境保护水平的指标，因此，教育业企业急需提高对于以上指标的披露水平。

废弃纸张的回收、可降解教学材料的应用等，都是与教育业企业息息相关的环保措施。随着社会的发展与科技的进步，相当部分传统的纸质资料、实体教学工具将逐渐被电子资料所替代，这是教育业企业实现低碳绿色环保的重要手段，已有部分企业对于自身无纸化教学进行了披露和介绍。因此，教育业企业可以从多角度践行环境保护理念，相关部门也需继续引导中国教育业企业重视环境保护，进一步提高各类资源的利用率，减少能源消耗，为提高 ESG 环境绩效做出具有本行业特征的努力。

16.3.2 社会维度

社会（S）得分方面，不同企业得分差异最大，标准差达到 12.36分，最小值与最大值相差 40.55 分，说明教育业各企业对承担社会责任的重视程度存在较大差异。仅有一家企业即中公教育的社会（S）得分超过了 60 分，相当一部分企业对员工福利投入和企业社会责任承担的重视程度有提高空间。

16.3.2.1 员工权益

员工权益的信息披露程度较高，6 个三级指标的披露程度存在一定差异：得分最低的是女性员工比例和人均培训投入——10 家企业均没有相关数据的披露；得分最高的是雇员总人数和平均年薪——通过计算可以得到全部 10 家企业的数据，表明教育业各企业对雇员总人数和平均年薪信息披露的重视。得分方面，最高得分为凯文教育 46.70 分，综观该企业的披露情况可以发现，员工权益下的 6 个三级指标中，凯文教育共披露了 4个指标的信息，其中是否披露职工权益保护和离退休人数比例 2 项指标取得了满分。2021 年 7 月 24 日，中共中央办公厅、国务院办公厅印发《关于进一步减轻义务教育阶段学生作业负担和校外培训负担的意见》，相当部分教育业企业在"双减"政策和疫情的影响下采取了裁员的措施，雇员总人数和平均年薪在此背景下显得尤其重要。同时，相关部门和社会各界应加强对企业的监督，引导企业进一步加强对员工权益的重视，尤其是在员工培训和解决女性员工等方面。

16.3.2.2　产品责任

教育业企业为社会提供教育产品和教育服务，这些产品与服务对社会与国家发展都起着至关重要的作用，特别是面向义务教育阶段、高中教育阶段和高等教育阶段的受众，产品和服务的质量关系着受众的未来发展和社会、国家与世界未来的发展。

产品责任包含 2 个通用指标：是否披露客户及消费者权益保护、是否披露供应商权益保护，2 个特色指标：线上培训营收占比、教育产品种类数量。从得分来看，有四家企业没有披露这 2 个通用指标的数据，三家企业只披露其中 1 个指标数据，三家企业披露了 2 个指标数据。在特色指标披露方面，仅一家企业披露了 2 个三级特色指标的数据，七家企业只披露其中 1 个指标数据，两家企业没有披露这 2 个特色指标数据，相当一部分企业需要加强相关信息的披露。从得分来看，中公教育取得了行业最高分100 分满分，通过查看中公教育的披露情况可以发现，中公教育在 4 项三级指标中达到了全部披露且全部满分的水平。

16.3.2.3　社会响应

教育业 10 家企业社会响应方面得分的平均分仅为 43.75 分，处于较低水平，其中仅有一家企业昂立教育得分达到 75 分的最高分，其余九家企业均低于 60 分，最低得分仅有 18.75 分。可以看出教育业各企业间在社会响应表现方面存在较大差异，绝大部分企业仍缺乏对社会响应的重视，相关部门仍需进一步规范和引导上市公司对社会响应指标的披露。

此项指标中仅有昂立教育一家企业得分超过 60 分，从数据方面可知，昂立教育披露了全部指标 75% 的信息数据，同时，该企业的产品数量众多，受众极广，在疫情的冲击下，受到的影响较小，该企业积极披露公司合规经营、诚信经营等信息，通过自身努力为行业树立 ESG 理念践行标杆。

16.3.2.4 时代使命

时代使命下 3 个三级指标中的 2 个三级指标信息披露度较好，10 家企业中有美吉姆和东方时尚两家企业披露了 3 个三级指标的全部信息，其余八家企业全部披露了 2 个指标相关数据信息，表明教育业企业大多可以很好地意识到自身的时代使命责任。

从得分情况来看，有四家企业得分在 60 分或以上，其中东方时尚一家企业得分在 80 分以上，为行业最高分，但仍有六家企业得分不足 60 分，最低得分 33.33 分与最高分 80.56 分相差 47.23 分，属于较大分差。东方时尚公司作为教育业的龙头企业，其着力于发挥龙头企业优势，披露信息完善，取得 80.56 分的最高分，为教育业的信息披露树立了榜样。

16.3.3 治理维度

治理（G）得分均值为 29.57 分，最高得分为中公教育 36.81 分，治理方面教育业整体表现有待提升。大多数企业得分集中在 30~36 分，处于较低水平，企业未来需进一步提高公司治理水平。

16.3.3.1 治理结构

治理结构的评分指标较多，大部分企业得分较低——有六家企业得分集中在 30~40 分，"第一大股东持股比例""高管持股比例" 2 个指标的数据披露度较低，有较多企业需要进一步提高相关信息的披露程度。仅有一家企业得分在 40 分以上，达到 40.55 分。整体来看，教育行业各企业在治理结构方面的披露处于较低水平，在未来仍需提高对治理结构相关信息的重视程度，逐渐提高信息披露水平。

16.3.3.2 治理机制

与治理结构相比，治理机制的得分也处于较低水平，教育业 10 家企业中的最高得分仅有 24.50 分，其中 "是否有股权激励计划""ROE" 等4 个三级指标信息披露缺失均为 0 分。现代企业理论和国内外企业的实践表明，股权激励对于改善公司组织架构、降低管理成本、提升管理效率、增强公司凝聚力和核心竞争力都有积极作用。教育业作为第三产业，应当努力提高自身治理水平，完善自身治理机制，积极披露相关数据，进一步提高企业质量。

16.3.3.3　治理效能

治理效能的 4 个指标信息披露程度较高，绝大部分企业都进行了披露，整体得分集中在 40~50 分，相较于治理结构和治理机制方面有所提高，行业内最高得分为中公教育 75 分，不同公司在治理效能方面有一定差异。

随着公司治理理论的发展和现代企业的积极实践，教育业各企业都能在一定程度上重视提高公司治理效能，这使治理效能得分整体水平处于中等。

16.4　企业财务分析

16.4.1　财务指标对比

表 16.3 分别从平均总市值、盈利能力、运营效率和偿债能力方面，对比了教育业上市公司 ESG 总得分排名前 50% 和排名后 50% 企业的表现。从表中可以看出，ESG 总得分排名前 50% 企业的平均总市值达到 485 亿元，要明显高于排名后 50% 企业的平均总市值（27 亿元）。在盈利能力方面，总得分排名前 50% 企业在净资产收益率表现更优，但营业利润率不及排名后 50% 企业，通过对排名前 50% 企业的数据进行分析后发现，排名前 50% 企业营业利润率的均值比排名后 50% 企业低的原因是因为美吉姆作为总得分排名前 50% 企业营业利润率较低，如果将美吉姆的营业利润率作为特例排除后，那么排名前 50% 企业的营业利润率的均值升为

6%，可以发现这将大幅超过排名后50%的企业。

表16.3　教育业上市公司财务指标对比

| ESG 总得分排名 | 平均总市值（亿元） | 盈利能力 | | 运营效率 | | 偿债能力 | |
		净资产收益率（%）	营业利润率（%）	总资产周转率（次）	应收账款周转率（次）	流动比率	资产负债率（%）
前50%	**485**	**5.4**	-24.2	**0.51**	**219.06**	0.62	**66.7**
后50%	27	-10.6	**-7.0**	0.27	19.17	**4.25**	46.7

以总资产周转率和应收账款周转率为代表的运营效率方面，得分前50%的企业表现更优。ESG总得分排名前50%的企业流动比率均值为0.62，排名后50%企业的流动比率均值为4.25，通过对比企业间的数据发现，中国高科作为排名后50%的企业其流动比率均值较高，这大幅拉高了排名后50%企业的整体水平，因此，虽然排名前50%企业的流动比率均值较低，但不能完全说明其偿债能力更差，存货、待摊费用以及疫情因素等均会影响到流动比率。平均资产负债率方面，总得分排名前50%企业较排名后50%企业更高，考虑到疫情等因素对教育业的冲击，排名前50%企业受众更广，受到的冲击会更大一些，因此平均资产负债率更高。

16.4.2　投资回报分析

图16.2展示了教育业ESG总得分排名前50%和后50%的企业在月个股回报率上的差异。图例中纵轴为对应日期的月个股回报率（考虑现金分红）；横轴为2020年1月至2021年12月股票交易日，为了更清晰、直观地展示不同组别下月个股回报率的差异及变动趋势，选择了每个月的个股回报率数据，共24个时间点上的两组数值进行比较。

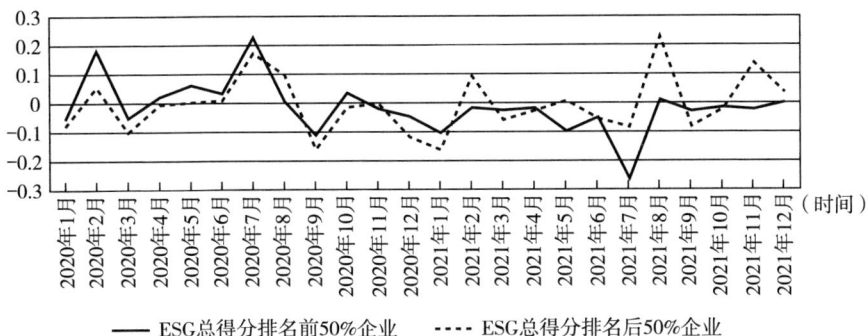

图 16.2　教育业 ESG 总得分排名前 50%和后
50%企业的月个股回报率对比

注：本书不应被接收者作为其投资决策的依据，不对任何人使用本书内容的行为或由此而引致的任何损失承担任何责任。

由图 16.2 的结果可知，在 2020 年绝大部分时间内，排名前 50%企业的月个股回报率均高于排名后 50%企业。2021 年 7 月出台的《关于进一步减轻义务教育阶段学生作业负担和校外培训负担的意见》得到了各地政府和企业的重视，对于教育业排名前 50%企业影响很大，2021 年 7 月至 2021 年 12 月，排名前 50%企业受到了严重的冲击，排名后 50%企业展现出了很大的优势，可见在疫情等因素的冲击下，ESG 总得分排名前50%的企业受到了严重的冲击，这使整体市场表现不佳，基本上处于月个股回报率均为负值的情况。

第 17 章　卫生和社会工作业
上市公司 ESG 评价

17.1　评价指标体系

17.1.1　评价指标

卫生和社会工作作为一个行业大类，包括各种医院、卫生服务中心、卫生院、卫生室和社会工作的干休所、养老院、敬老院等，本行业相关企业有助于开展社区服务，完善社会功能，提高社会福利水平。在我国，社会工作不仅包括社会福利、社会保险和社会服务，还包括移风易俗等社会改造方面的工作，是一个全方面服务社会的工作。截至目前，卫生和社会工作业共有 13 家上市公司。

本行业 ESG 评价体系共计包含 3 个一级指标、10 个二级指标、59 个三级指标。一级指标包括环境（E）、社会（S）和治理（G），希望以此吸引企业投入更多资源到相应方面，实现可持续发展。环境（E）评价要素主要包含资源消耗、废物排放、防治行为；社会（S）评价要素主要包含员工权益、产品责任、社会响应、时代使命；治理（G）评价要素主要包含治理结构、治理机制、治理效能。具体指标如表 17.1 所示。

表 17.1 评价指标体系

一级指标	二级指标	三级指标
环境指标（E）	资源消耗	总用水量、单位营收耗水量、天然气消耗、燃油消耗、煤炭使用量
	废物排放	总温室气体排放、氮氧化物排放、二氧化硫排放、悬浮粒子/颗粒物、废水/污水排放量
	防治行为	有害废弃物量、无害废弃物量、总能源消耗、人均能源消耗、耗电量、节水/省水数量、节省能源数量
社会指标（S）	员工权益	女性员工比例、是否披露职工权益保护、雇员总人数、平均年薪、离退休人数比例、人均培训投入
	产品责任	是否披露客户及消费者权益保护、是否披露供应商权益保护、**是否披露门诊量/手术量/顾客人数、是否有医疗安全事件**
	社会响应	合规经营、是否披露社会责任制度建设及改善措施、诉讼次数、是否披露公共关系和社会公益事业
	时代使命	非管理层员工薪酬、实交所得税、社会捐赠额
治理指标（G）	治理结构	第一大股东持股比例、机构投资者持股比例、股权制衡、两权分离度、高管持股比例、女性董事占比、董事会规模、董事会独立董事比例、董事长和 CEO 是否是同一人、监事人数
	治理机制	是否有股权激励计划、高管年薪、是否有现金分红、ROE、营业收入同比增长、管理费用率、大股东占款率、股息率、质押股票比例、商誉/净资产、关联交易
	治理效能	社会责任报告是否参照 GRI、财报审计出具标准无保留意见、内控审计报告出具标准无保留意见、非经常性损益占比

17.1.2 特色指标解读

17.1.2.1 是否披露门诊量/手术量/顾客人数

2020 年中国医院门急诊量排行榜显示，上榜百强医院的门诊量总和达到 3.51 亿人次，占全国 34354 家医院 2019 年总门诊量的 10%。总体来看，大型综合医院的"虹吸效应"依旧明显，这在一定程度上加重了大型综合医院的负担。但对比近五年数据，全国医院门诊总量呈现增长放缓的迹象。

从全国医院门诊量排行榜地区分布来看，共计有 13 家上榜医院属于北京地区，有九家医院属于上海地区，同样有九家医院属于广东地区，山东和江苏地区各有六家医院入选。但是榜单前十位中没有一家医院来自北上广地区，这说明经济发展状况与医院手术量没有必然联系。

17.1.2.2　是否有医疗安全事件

医疗事故是指医疗机构及其医务人员在医疗活动中，违反医疗卫生管理法律、行政法规、部门规章和诊疗护理规范、常规，过失造成患者人身损害的事故。医疗事故根据对患者人身造成的损害程度分为四级：一级医疗事故：造成患者死亡、重度残疾的；二级医疗事故：造成患者中度残疾、器官组织损伤导致严重功能障碍的；三级医疗事故：造成患者轻度残疾、器官组织损伤导致一般功能障碍的；四级医疗事故：造成患者明显人身损害的其他后果的。

患者安全问题已经成为世界各国医疗质量管理主要关注的焦点，我国卫生行政部门普遍关注医疗质量安全管理工作。国家卫生健康委于 2020 年发布的《三级医院评审标准（2020 年版）》及 2021 年发布的《2021 年国家医疗质量安全改进目标》，将医疗质量安全不良事件放在重要位置，并明确提出持续改进要求。

17.1.3　权重设置

在权重设置方面，针对卫生和社会工作业对于社会大众的重要性，其在社会（S）方面更容易受到群众的关注，因此在一级指标环境（E）、社会（S）和治理（G）中，赋予了社会（S）较高权重，治理（G）和环境（E）位于其次；在二级指标中，社会响应（S）、时代使命（S）、治理机制（G）占据较高比重。权重分配如图 17.1 所示。

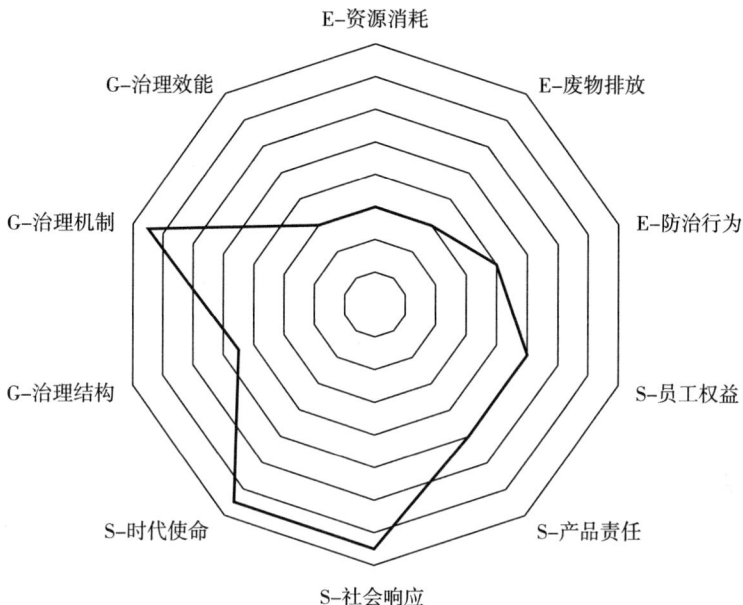

图 17.1　卫生和社会工作业评价权重分配

17.2　ESG 得分描述性统计

表 17.2 展示了 2020 年卫生和社会工作业 ESG 总得分及环境（E）、社会（S）、治理（G）各分项得分的描述性统计结果。由表中列示的结果可知，本项研究共涵盖了 2020 年的 13 家卫生和社会工作企业，在按照评分标准分别得到每家企业环境（E）、社会（S）及治理（G）各分项得分的基础上，根据各分项的权重汇总得到了各企业的 ESG 总得分。

表 17.2　2020 年卫生和社会工作业 ESG 得分的描述性统计

变量	样本量（家）	均值（分）	标准差（分）	最小值（分）	中位数（分）	最大值（分）
环境（E）得分	13	5.48	11.40	0	0	35.21
社会（S）得分	13	48.50	17.28	19.33	49.36	80.21

变量	样本量（家）	均值（分）	标准差（分）	最小值（分）	中位数（分）	最大值（分）
治理（G）得分	13	30.02	9.49	14.36	29.47	44.46
ESG总得分	13	34.35	10.91	16.12	32.56	55.41

由表 17.2 可知，本次研究的 13 家相关企业在环境（E）得分中，均值为 5.48 分，处于较低水平，绝大多数企业在资源消耗、废物排放和防治行为三方面得分较低。社会（S）得分均值为 48.50 分，相对较高，但是企业差异较大，部分企业得分高于 60 分，部分则远低于 60 分；行业内各企业对于社会方面的重视程度认识并不一致，提升空间较大的企业应积极学习先进的社会机制管理经验。在治理（G）得分中，均值为 30.02 分，行业内部差异较小，各企业都认识到公司治理的重要性，但仍缺乏相应的科学手段对其进行规范，效果有待改进。

行业 ESG 总得分均值为 34.35 分，得分较低且内部得分差异略大，企业自身要从各个方面去不断提升，政府及相关部门也需出台相应措施来推进行业正向发展。

17.3　企业 ESG 理念践行情况

17.3.1　环境维度

由 2020 年卫生和社会工作业 ESG 得分的描述性统计表可知，该行业 13 家上市公司环境（E）得分均值为 5.48 分，在 3 个一级指标中处于最低水平。行业内整体对于环境的关注水平还有待提升。标准差为 11.40 分，最小值与中位数为 0，最大值为 35.21 分，由金域医学取得，行业内部各公司对于环境的认识有着较大差异。企业在生产经营过程中，要更多地参考 ESG 理念，实现可持续性发展，做到节约资源与保护环境和经济开发并行。

17.3.1.1　资源消耗

资源消耗下设 5 个三级指标，主要关于行业常用能源的消耗，如天然气消耗和燃油消耗等。大多数企业未能披露相关数据信息，得分较低。行业 ESG 得分最高公司爱尔眼科与金域医学披露了部分数据，金域医学公司取得该部分最高分 55 分。由于行业特性，部分资源消耗较少或者没有消耗以至于未能进行披露，这使该行业各公司在进行 ESG 评价时带有一定的劣势。ESG 理念在该行业的推行还有待进一步努力。

17.3.1.2　废物排放

废物排放下设 5 个一级指标，包括总温室气体排放、氮氧化物排放、二氧化硫排放、悬浮粒子/颗粒物、废水/污水排放量。通策医疗在这一部分表现最佳，该行业多为服务企业，相关废物的排放未能受到较多的重视，其数据收集整理工作没有很好地开展，进而影响了其 ESG 评价得分。在生产实践中，对于废物的排放应符合相关标准，尽最大程度减少对周边环境的损害。

17.3.1.3　防治行为

这一指标下设 7 个三级指标，包括有害废弃物量、无害废弃物量、总能源消耗、人均能耗、耗电量、节水/省水数量、节省能源数量。金域医学公司取得该部分最高分 35.21 分。在指标披露程度方面，仅金域医学和通策医疗两家公司披露了部分数据，两家公司在整个行业 ESG 得分排行榜中位列前三。公司将 ESG 理念与自身经营深度结合必将促进企业的发展，赢得更多的顾客注意，得到更多的投资机会。

17.3.2　社会维度

行业内各公司向公众提供的产品多为服务，其对于社会具有十分重要的作用，因此社会（S）权重占比较高。该部分均值为 48.50 分，与该行业另外 2 个一级指标相比更高，反映出行业对于社会指标的关注程度较高。标准差为 17.28 分，最小值为 19.33 分，最大值为 80.21 分，极差较大，这说明行业内各公司对于社会的认识水平不一致，有着较大的差异。中位数为49.36分，距离平均水平还有着一定的差距。在这一指标中，除通用指标外，还有2个特色指标，均位于产品责任，这也十分契合该行业的特点，促使企业将更多资源投放于这一方面。

17.3.2.1 员工权益

员工在企业的发展过程中扮演着重要角色，企业在做好对顾客或消费者的权益保护之外，也要注意对内的员工权益保护。在这一指标下，各上市公司对于"雇员总人数"等多项指标信息进行了比较完整的披露，而对于"人均培训投入"等指标缺乏有效的数据信息披露。这表明，在企业中，仍存在对开展必要的企业培训行为的不重视现象。员工在企业中得到的越多，其为企业的价值会显著增加。员工权益的保护不断推进与完善，十分符合ESG理念的相关追求。

17.3.2.2 产品责任

企业的主要目的就是盈利，而盈利的手段就是向社会出售相应产品以满足消费者的需求。在这之中主要涉及三方的关系：供应商、企业与顾客。而在卫生与社会工作行业更为特殊，其提供的产品多为无形服务。产品责任这一指标主要记录企业对顾客的权益保护和供应商的权益保护是否进行了有效的披露。在本次研究的13家卫生和社会工作的上市公司中，大多数企业对于相应数据进行了有效披露。产品是消费者了解企业的重要窗口，做好产品与服务对于企业长远发展的重要性不言而喻。增添的两个特色指标"是否披露门诊量/手术量/顾客人数"和"是否有医疗安全事件"更加契合行业特点，反映人们的关注重点，体现ESG评价体系的优越性。

17.3.2.3 社会响应

在这一指标下，主要设立了合规经营、是否披露社会责任制度建设及改善措施、诉讼次数、是否披露公共关系和社会公益事业指标。在"是否披露公共关系和社会公益事业"这一指标中，13家上市公司有11家公布了相关数据信息，表明行业对于公共关系以及社会公益事业的重视程度较高。企业在社会里，除了具有基本的经济责任，为社会创造财富之外，还有着一定的法律责任以及道德责任。企业遵纪守法合规经营，不侵占其他公司或者个人的利益，将会是一个很好的吸引消费者的亮点。

17.3.2.4　时代使命

"非管理层员工薪酬""实交所得税""社会捐赠额"是这一指标的下设三级指标。这一指标主要呼吁企业重视自身在分配中的作用。在初次分配中，非管理层员工占据的数量更大，但其获得的报酬往往较低，进而拉大贫富差距。在这 13 家上市公司中，大多数企业的初次分配表现良好。社会的第二次分配依赖于企业缴纳的所得税。爱尔眼科等五家企业相较于另外八家企业，经营效率更高，实交所得税更多，该项指标得分最高。社会的第三次分配需要企业的自觉。企业积极进行社会捐赠，不仅对于社会发展有着益处，对其自身的纳税也有着积极的影响。但是在本次研究的 13 家卫生和社会工作行业上市公司仅有爱尔眼科等企业披露了有效数据。

17.3.3　治理维度

治理（G）下设 3 个二级指标：治理结构、治理机制、治理效能。卫生和社会工作业治理（G）得分均值为 30.02 分，处于较低水平，标准差为 9.49 分，最小值为 14.36 分，最大值为 44.46 分，中位数为 29.47 分，有较大提升空间。金域医学在这一大指标中取得的成绩最好，为 44.46 分。其他上市公司成绩大多数也在 20~40 分。这说明行业内各个公司对于治理重要性的认识程度较为一致，但仍有一定的提升空间。在治理结构和治理机制方面，行业内各公司的成绩普遍偏低，而在治理效能方面，大多数公司表现良好，各公司对于企业自身的结构以及机制发展需投入更多的时间与精力。

17.3.3.1　治理结构

二级指标治理结构下设 10 个三级指标，包括第一大股东持股比例、股权制衡、两权分离度、机构投资者持股比例、女性董事占比等。通策医疗在这一指标下取得的成绩最好，得分达到 40.28 分，在大多数三级指标中披露的数据也较为有效。行业 ESG 得分最高者爱尔眼科在多个方面表现优异。各公司对于对应指标的披露越全面、有效程度越高，其治理机构越完善，在当今社会竞争激烈的环境之下，获得的发展机会与来自投资者的关注就会更多，企业财务运作会更为顺畅。

17.3.3.2　治理机制

该指标下设 11 个三级指标，包括高管年薪、ROE、营业收入同比增长、管理费用率、大股东占款率、商誉/净资产等。金域医学得分最高，达到 35.59 分，最低分数为 3.94 分，这反映出行业内部各公司对于治理机制认识水平有着一定的差异，ESG 理念的推行程度有所不同，有着较大的提升空间。

17.3.3.3　治理效能

治理效能下设 4 个指标，包括财报审计出具标准无保留意见、内控审计报告出具标准无保留意见、社会责任报告是否参照 GRI、非经常性损益占比。在该指标中，爱尔眼科取得最高分 100 分，另外 12 家上市公司有四家高于 60 分。在整个治理（G）评价中，各个公司在治理效能这个二级指标中表现相对较好。

17.4　企业财务分析

17.4.1　财务指标对比

表 17.3 展示了卫生和社会工作业平均总市值、盈利能力、运营效率、偿债能力四个方面的相关财务指标，并对该行业中 ESG 总得分排名前 50% 和排名后 50% 的企业进行对比。从表中可以看出，总得分排名前 50% 企业的平均总市值为 734 亿元，排名后 50% 的企业平均总市值只有 114 亿元，总得分排名前 50% 和排名后 50% 企业总市值之间的差距较大。一般

来说，上市公司的市值越大，在资本市场的融资能力越强，受到投资者的青睐更多，企业价值就更大。

表 17.3 卫生和社会工作业上市公司财务指标对比

ESG 总得分排名	平均总市值（亿元）	盈利能力		运营效率		偿债能力	
		净资产收益率（%）	营业利润率（%）	总资产周转率（次）	应收账款周转率（次）	流动比率	资产负债率（%）
前 50%	**734**	**25.75**	**21.90**	**0.88**	**12.57**	1.63	37.26
后 50%	114	−7.80	−3.50	0.42	5.57	**2.24**	**52.37**

在盈利能力方面，净资产收益率和营业利润率可以用来衡量企业的盈利能力，由表可知，总得分排名前 50% 的企业净资产收益率高于总得分排名后 50% 的企业。同时总得分排名前 50% 的企业营业利润率亦高于排名后 50% 的企业，总体上看，排名前 50% 的企业盈利能力更强。关于运营效率，总得分排名前 50% 的总资产周转率和应收账款周转率分别是 0.88 次和 12.57 次，而总得分排名后 50% 的总资产周转率和应收账款周转率分别是 0.42 次和 5.57 次，2 个指标得分排名前 50% 的企业均高于排名后 50% 的企业。

总得分排名前 50% 企业的流动比率均值为 1.63，排名后 50% 企业的流动比率均值为 2.24，排名后 50% 的企业资产的变现能力要强于排名前 50% 的企业，而资产负债率排名前 50% 的企业低于排名后 50% 的企业，说明排名前 50% 企业的偿债能力稍强。

17.4.2 投资回报分析

图 17.2 展示了卫生和社会工作业 ESG 总得分排名前 50% 和后 50% 的企业在月个股回报率上的差异。图例中纵轴为对应日期的月个股回报率（考虑现金分红）；横轴为 2020 年 1 月至 2021 年 12 月的股票交易日，为

了更清晰直观地展示不同组别下月个股回报率的差异及变动趋势，选择了每个月的个股回报率数据，共 24 个时间点上的两组数值进行比较。

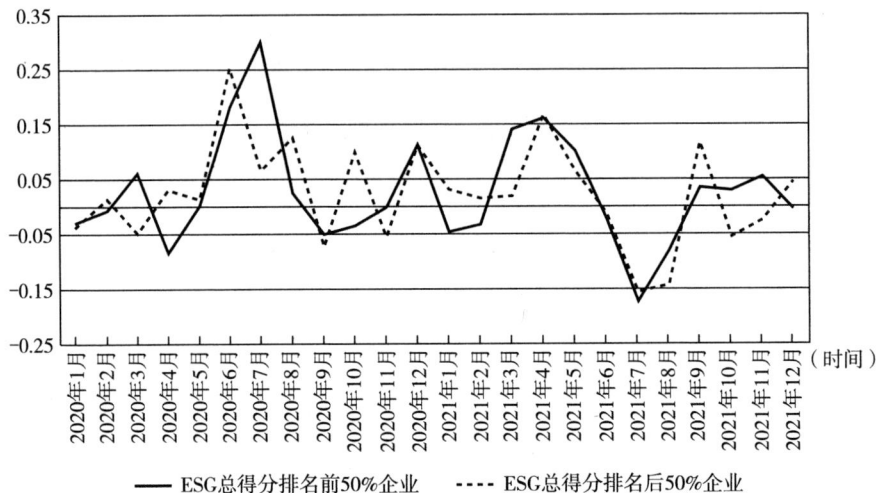

图 17.2 卫生和社会工作业 ESG 总得分排名前 50%和后 50%企业的月个股回报率对比

注：本书不应被接收者作为其投资决策的依据，不对任何人使用本书内容的行为或由此而引致的任何损失承担任何责任。

由图 17.2 可知，ESG 总得分排名前 50%和排名后 50%企业的月个股回报率总体上变化一致。在 24 个时间节点上，总得分排名前 50%的企业月个股回报率超过一半的时间优于总得分排名后 50%的企业，尤其在 2020 年第四季度，总得分排名前 50%企业的月个股回报率要明显优于总得分排名后 50%的企业。投资总得分排名前 50%的企业总体上获得的收益大概率高于投资排名后 50%的企业。

第18章　文化、体育和娱乐业
上市公司 ESG 评价

18.1　评价指标体系

18.1.1　评价指标

　　文化、体育和娱乐业是指经营文化、体育以及娱乐项目活动的业务。其中文化业包括表演、播映、经营游览场所和各种展览、培训活动，举办文学、艺术、科技讲座、讲演、报告会，开展图书馆的图书和资料的借阅业务等。而体育业是指生产体育物质产品和精神产品，提供体育服务的各行业的总和。娱乐业则是指为娱乐活动提供场所和服务的行业，包括经营歌厅、舞厅、音乐茶座、台球、高尔夫球、保龄球场、网吧等娱乐场所，以及娱乐场所为顾客进行娱乐活动提供服务的业务。根据证监会公布的行业分类，截止到2020年，文化、体育和娱乐业在我国共有58家上市公司。

　　本行业 ESG 评价体系共计包含3个一级指标、10个二级指标、59个三级指标（包括2个行业特色指标）。一级指标包括环境（E）、社会

（S）和治理（G），环境（E）评价要素主要包含资源消耗、废物排放、防治行为；社会（S）评价要素主要包含员工权益、产品责任、社会响应、时代使命；治理（G）评价要素主要包含治理结构、治理机制、治理效能。具体指标如表 18.1 所示。

表 18.1　评价指标体系

一级指标	二级指标	三级指标
环境指标（E）	资源消耗	总用水量、单位营收耗水量、天然气消耗、燃油消耗、煤炭使用量
	废物排放	总温室气体排放、氮氧化物排放、二氧化硫排放、悬浮粒子/颗粒物、废水/污水排放量
	防治行为	有害废弃物量、无害废弃物量、总能源消耗、人均能源消耗、耗电量、节水/省水数量、节省能源数量、**是否有环保等公益宣传**
社会指标（S）	员工权益	女性员工比例、是否披露职工权益保护、雇员总人数、平均年薪、离退休人数比例、人均培训投入
	产品责任	是否披露客户及消费者权益保护、是否披露供应商权益保护、**公司及旗下员工或艺人是否出现负面事件**
	社会响应	合规经营、是否披露社会责任制度建设及改善措施、诉讼次数、是否披露公共关系和社会公益事业
	时代使命	非管理层员工薪酬、实交所得税、社会捐赠额
治理指标（G）	治理结构	第一大股东持股比例、机构投资者持股比例、股权制衡、两权分离度、高管持股比例、女性董事占比、董事会规模、董事会独立董事比例、董事长和 CEO 是否是同一人、监事人数
	治理机制	是否有股权激励计划、高管年薪、是否有现金分红、ROE、营业收入同比增长、管理费用率、大股东占款率、股息率、质押股票比例、商誉/净资产、关联交易
	治理效能	社会责任报告是否参照 GRI、财报审计出具标准无保留意见、内控审计报告出具标准无保留意见、非经常性损益占比

18.1.2　特色指标解读

18.1.2.1　是否有环保等公益宣传

党的十七大第一次明确提出了建设生态文明的概念，党的十八大站在中国特色社会主义全面发展和中华民族永续发展的高度，将生态文明建设纳入了社会主义现代化建设的总体布局，并指出当前我国建设生态文明的重点任务是优化国土空间开发格局、全面促进资源节约、加大自然生态系统和环境保护力度，以及加强生态文明制度建设。

　　处于文化、体育和娱乐行业的企业具有高曝光、公众前高活跃度的行业特性，更应借助平台优势，积极响应政策号召，投身环保公益事业，以身作则进行宣传和呼吁。进行环保等公益宣传不只是企业树立自身品牌，提高商誉，刷新社会好感度的途径；更是企业宣扬绿色可持续发展理念，与大众进行良性互动、营造良好的社会新风的行为，是企业承担社会责任的积极体现。

18.1.2.2　公司及旗下员工或艺人是否出现负面事件

　　2021 年 12 月 14 日，习近平总书记在中国文联十一大、中国作协十大开幕式上的讲话中特别指出：“文化兴则国家兴，文化强则民族强。”“时代为我国文艺繁荣发展提供了前所未有的广阔舞台。推动社会主义文艺繁荣发展、建设社会主义文化强国，广大文艺工作者义不容辞、重任在肩、大有作为。”在讲话中他对广大文艺工作者提出了五点希望，其中的一点希望就是“希望广大文艺工作者坚持弘扬正道，在追求德艺双馨中成就人生价值”。

　　2021 年以来娱乐文化行业出现了许多负面新闻，涉及犯事的从业者不仅触碰法律道德底线，而且由于他们本身自带的流量和社会关注热度，事件持续发酵，给社会也造成了很广泛的不良影响。身处在文化、体育和娱乐业的工作者们应深刻意识到：个人自身修养不只是个人私事，艺人、运动员抑或是企业中员工的行为举动的性质可能会影响到行业风气，整个文化、体育领域乃至社会氛围的状态。企业应考虑到自身对于行业、社会的影响力，自觉遵守道德规范、行业准则，管理教育艺人、员工，营造良好的社会风气，为中华民族的伟大复兴做贡献。

18.1.3 权重设置

基于文化、体育和娱乐业的行业特性，行业内企业对于社会的影响和作用较大，而涉及对环境影响的因素较少，考虑到这一点，在指标权重的设定时，赋予"社会（S）指标"以较高的权重，其次是治理（G）指标，最后是环境（E）指标。权重分配如图 18.1 所示。

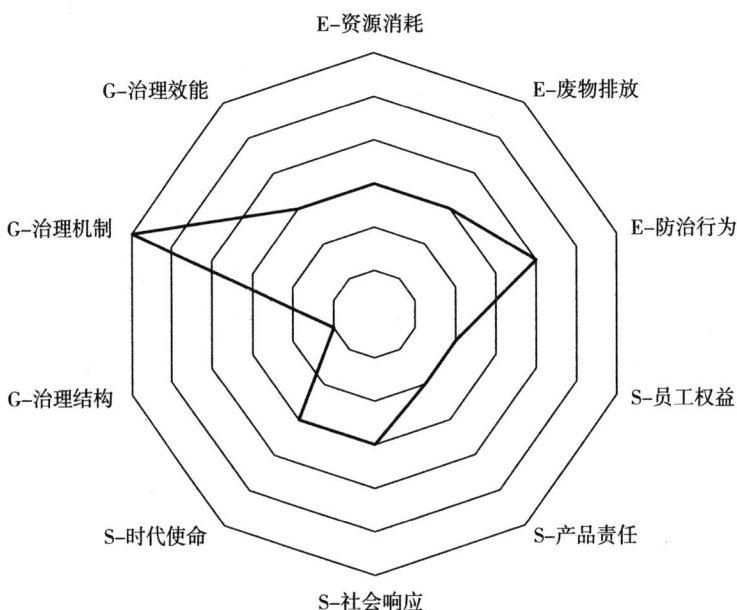

图 18.1 文化、体育和娱乐业评价权重分配

18.2 ESG 得分描述性统计

表 18.2 展示了 2020 年文化、体育和娱乐业 ESG 总得分及环境（E）、社会（S）、治理（G）各分项得分的描述性统计结果。由表列示的结果

可知，59 家文化、体育和娱乐业企业的 ESG 总得分均值仅为 31.84 分，从数据分析中可以判断：该行业对于 ESG 的重视程度还需加强，相关部门还需对文化、体育和娱乐业践行 ESG 理念进行引导和监管。ESG 总得分的标准差为 6.24 分，最大值与最小值有 29.82 分的差值，可以看出行业内各企业对 ESG 的重视程度存在差异，一定程度上也反映出我国文化、体育和娱乐业对 ESG 的认识尚未达成共识。

表 18.2　2020 年文化、体育和娱乐业 ESG 得分的描述性统计

变量	样本量（家）	均值（分）	标准差（分）	最小值（分）	中位数（分）	最大值（分）
环境（E）得分	59	2.46	2.50	0	0	5.00
社会（S）得分	59	42.63	11.80	19.67	40.67	73.06
治理（G）得分	59	34.75	8.13	4.88	35.68	53.77
ESG 总得分	59	31.84	6.24	18.13	31.98	47.95

环境（E）得分、社会（S）得分和治理（G）得分的均值分别为 2.46 分、42.63 分和 34.75 分。环境（S）得分的均值虽为 2.46 分，但不能完全证明该行业企业对于环境保护方面的疏忽，因为文化、体育和娱乐业本身行业就很少甚涉及有关排放、污染相关的问题，所以企业并没有统计和披露相关指标。

此外，我国文化、体育和娱乐业总得分最高的企业为 47.95 分，而得分最低的企业仅有 18.13 分。即使是 ESG 总得分最高的企业的成绩也并不容乐观。分开来看，我国文化、体育和娱乐业在社会方面最高的企业为 73.06 分，而得分最低的企业仅有 19.67 分；治理方面最高的企业为 53.77 分，而最低的得分为 4.88 分。本行业各公司之间对于社会、治理方面的得分差异较大，部分企业已经逐渐重视、并切实采取行动践行 ESG 理念，但仍有企业没有付出努力，缺少对 ESG 理念及可持续发展的正确认识。

文化、体育和娱乐业的ESG得分普遍较低，关于披露ESG相关信息的披露以及贯彻理念，企业还有较大提升空间，这不光需要企业自身深刻领悟践行ESG理念的重要性，同时也更需要相关部门和行业协会加快制定相关政策、推行行业披露标准，正确引导行业，帮助企业树立和践行ESG理念。

18.3　企业ESG理念践行情况

18.3.1　环境维度

环境（E）得分均值仅有2.46分，中位数为0，最大值也仅为5.00分，文化、体育和娱乐业的上市公司在披露环境信息的表现情况不容乐观，但这种情况也与文化、体育和娱乐业的行业特性相关，该行业属于第三行业，涉及能源消耗、废物排放等环保的方面极少。

18.3.1.1　资源消耗

资源消耗这一指标下包含总用水量、单位营收耗水量、天然气消耗、燃油消耗、煤炭使用量共5项三级指标，在文化、体育和娱乐业中无任意一家上市公司对上述项目信息有所披露。

18.3.1.2　废物排放

废物排放指标包括总温室气体排放、氮氧化物排放、二氧化硫排放、悬浮粒子/颗粒物、废水/污水排放量5个三级指标，文化、体育和娱乐业的59家上市公司没有披露相关信息。

18.3.1.3　防治行为

防治行为指标包括有害废弃物、无害废弃物、总能源消耗、人均能耗、耗电量、节水/省水数量和节省能源数量7个通用三级指标，除此之外，文化、体育和娱乐业设立了"是否有环保等公益宣传"作为行业特色三级指标来评价企业行为。相比通用指标，特色指标对行业的针对性更强，披露情况也比通用指标更好。

与"资源消耗"指标相同，"防治行为"中的通用指标也无任意一家上市公司对其进行披露，但是多数公司能对特色指标进行披露且获得满分，也就是满足"进行环保公益宣传"的条件。文化、体育和娱乐业具有极高的曝光度，应该加以利用，主动承担社会责任，积极进行环保公益宣传，树立企业正面形象，起到标杆作用，树立时代新风。

18.3.2 社会维度

文化、体育和娱乐业社会（S）得分的均值为42.63分，得分最大值为73.06分，通过这一组数据可以看出文化、体育和娱乐业整个行业普遍缺乏对社会责任的承担，并且没有对相当部分信息进行有效披露。

18.3.2.1 员工权益

员工权益指标包括平均年薪、人均培训投入、离退休人数比例、雇员总人数、是否披露职工权益保护和女性员工比例共6个三级指标。文化、体育和娱乐业在员工权益此项得分的均值为30.46分，华数传媒获得最高分63.01分，也是该行业59家上市公司唯一得分在60分以上的公司，较低的得分均值说明了文化、体育和娱乐业对于员工权益保障方面的疏忽。

数据资料显示，文化、体育和娱乐业59家上市公司均披露了相关员工权益的指标信息，但对于不同指标的披露情况有所不同。近年来，文化、体育和娱乐业内频频出现艺人失德、团队偷逃巨额税款等骇人听闻的负面新闻，行业内各公司都应引以为戒，在保证员工福利、保护员工权益时注意对其进行教育与培训，这不光是帮助员工在工作中成长与发展，更是对企业自身的长远发展负责。

18.3.2.2 产品责任

产品责任指标包含"是否披露客户及消费者权益保护""是否披露供应商权益保护"2个通用指标和"公司及旗下员工或艺人是否出现负面事件"1个行业特色三级指标。文化、体育和娱乐业在产品责任的得分均值为 60.45 分，行业在产品责任上的整体表现良好，59 家上市公司中有 17 家公司在这项指标中都获得了满分，不仅全面地披露了客户消费者和供应商这两方的权益保护信息，而且还能够严格管理公司旗下的员工和艺人，避免对社会的不良影响。

18.3.2.3　社会响应

社会响应指标下包括合规经营、是否披露社会责任制度建设及改善措施、诉讼次数、是否披露公共关系和社会公益事业共 4 个三级指标。文化、体育和娱乐业在社会响应的得分均值为 35.5 分，59 家上市公司中只有三家得分在 60 分以上，这组数据说明文化、体育和娱乐业目前整体在社会响应方面的表现欠佳，缺少表现优异的公司，还有很大的进步空间。

18.3.2.4　时代使命

时代使命指标下包括非管理层员工薪酬、实交所得税、社会捐赠额共 3 个三级指标。文化、体育和娱乐业在时代使命这一指标的得分均值为 46 分，59 家上市公司中有 10 家公司得分在 60 分以上，其中有 6 家公司得分在 75 分以上。从整体来看，该行业时代使命指标的得分较低，但有一部分公司的表现较为良好，落后的企业应及时反思，主动承担时代使命，为社会带来正面积极的影响。

18.3.3　治理维度

企业公司治理（G）得分均值为 34.75 分，最高得分为 53.77 分，不足 60 分，且只有 1 家公司在公司治理的得分大于 50 分，可见该行业在公司治理方面需要进步的空间巨大。

18.3.3.1　治理结构

文化、体育和娱乐业在治理结构方面的得分普遍较低，59 家上市公司平均得分为 36.45 分，最高分不足 50 分，这组数据说明了该行业整体对于公司内部管理控制度方面亟待完善，信息披露工作需进一步加强，以便于社会各界的监督。

18.3.3.2　治理机制

文化、体育和娱乐业在治理机制上的得分均值为 23.93 分，59 家上市公司的最高分是 40.71 分，行业整体表现较差，在治理机制上还需进一步学习和完善，做好相关信息披露工作。

18.3.3.3　治理效能

文化、体育和娱乐业在治理效能指标的得分均值为 55.82 分，在 59家上市公司中有 11 家公司的得分在 75 分或以上，虽然从整体上来看该行业在治理效能方面信息披露程度较低，但其中并不乏表现良好的企业引领，落后的企业还需继续努力。上海电影在治理效能指标上获得满分，该公司积极披露相关数据并在每一项三级指标均获得了满分。

18.4　企业财务分析

18.4.1　财务指标对比

表 18.3 分别从平均总市值、盈利能力、运营效率和偿债能力方面，对比了文化、体育和娱乐业上市公司 ESG 总得分排名前 50%和排名后50%企业的表现。从表中可以看出，ESG 总得分排名前 50%企业的平均总市值达到 135 亿元，远高于 ESG 总得分排名后 50%企业的平均总市值（75 亿元）。对比该行业总得分排名前后 50%公司的财务指标可以发现，以净资产收益率和营业利润率为代表的盈利能力，以及以总资产周转率和应收账款周转率为代表的运营效率方面，总得分排名前 50%的企业表现更优；在偿债能力方面，总得分排名前 50%的企业流动比率均值为 2.68，排名后 50%的企业流动比率均值为 3.03，虽然排名前 50%企业的流动比率均值较低，但不能完全说明其偿债能力更差，存货、待摊费用等均会影响到流动比率。平均资产负债率方面，两者差别不大。

表 18.3　文化、体育和娱乐业上市公司财务指标对比

ESG总得分排名	平均总市值（亿元）	盈利能力		运营效率		偿债能力	
		净资产收益率（%）	营业利润率（%）	总资产周转率（次）	应收账款周转率（次）	流动比率	资产负债率（%）
前50%	**135**	**−0.9**	**−6.3**	**0.41**	7.5	2.68	34.1
后50%	75	−12.7	−66.8	0.28	**10.0**	**3.03**	**39.0**

18.4.2　投资回报分析

图 18.2 展示了文化、体育和娱乐业 ESG 总得分排名前 50%和后 50%的企业在月个股回报率上的差异。图例中纵轴为对应日期的月个股回报率（考虑现金分红）；横轴为 2020 年 1 月至 2021 年 12 月的股票交易日，为了更清晰、直观地展示不同组别下月个股回报率的差异及变动趋势，选择了每个月的个股回报率数据，共 24 个时间点上的两组数值进行比较。

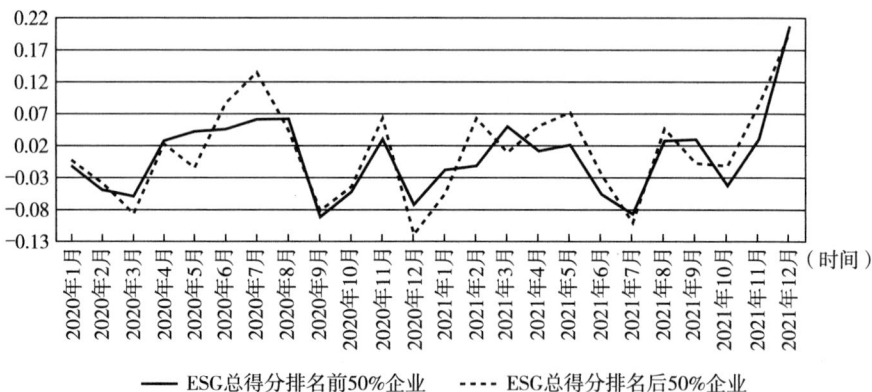

图 18.2　文化、体育和娱乐业 ESG 总得分排名前 50%和
后 50%企业的月个股回报率对比

注：本书不应被接收者作为其投资决策的依据，不对任何人使用本书内容的行为或由此而引致的任何损失承担任何责任。

　　如图 18.2 所示，文化、体育和娱乐业中 ESG 总得分排名前 50% 的企业在月个股回报率上的波动幅度要小于总得分排名后 50% 的企业，一定程度上可以反映出 ESG 总得分排名前 50% 的企业在面对外界环境变化时表现较好。由于文体娱乐业疏于管理，行业乱象频出，自 2021 年 6 月开始，由中华人民共和国国家互联网信息办公室部署开展了"清朗"系列专项活动，对行业起到了规范引导作用，可以看出该行业月个股回报率表现在 2021 年下半年整体向好。

第19章 医药制造业上市公司ESG评价

19.1 评价指标体系

19.1.1 评价指标

医药制造业是高技术密集型产业，具有高投入、高产出、高风险、高技术等特点。我国是全球最大的新型医药市场，近年来随着经济发展，人们越来越重视自身健康，国家加大对医疗卫生的支出也直接推动了我国医药制造企业的发展，医药行业的未来发展潜力巨大。医药制造业评价体系共包含3个一级指标、10个二级指标、61个三级指标。具体指标如表19.1所示。

表19.1 评价指标体系

一级指标	二级指标	三级指标
环境指标（E）	资源消耗	总用水量、单位营收耗水量、天然气消耗、燃油消耗、煤炭使用量
	废物排放	总温室气体排放、氮氧化物排放、二氧化硫排放、悬浮粒子/颗粒物、废水/污水排放量
	防治行为	有害废弃物量、无害废弃物量、总能源消耗、人均能源消耗、耗电量、节水/省水数量、节省能源数量

一级指标	二级指标	三级指标
社会指标（S）	员工权益	女性员工比例、是否披露职工权益保护、雇员总人数、平均年薪、离退休人数比例、人均培训投入
	产品责任	是否披露客户及消费者权益保护、是否披露供应商权益保护、**专利数量、研发投入强度、是否有中药制品**
	社会响应	合规经营、是否披露社会责任制度建设及改善措施、诉讼次数、是否披露公共关系和社会公益事业、**是否有营销负面事件**
	时代使命	非管理层员工薪酬、实交所得税、社会捐赠额
治理指标（G）	治理结构	第一大股东持股比例、机构投资者持股比例、股权制衡、两权分离度、高管持股比例、女性董事占比、董事会规模、董事会独立董事比例、董事长和CEO是否是同一人、监事人数
	治理机制	是否有股权激励计划、高管年薪、是否有现金分红、ROE、营业收入同比增长、管理费用率、大股东占款率、股息率、质押股票比例、商誉/净资产、关联交易
	治理效能	社会责任报告是否参照GRI、财报审计出具标准无保留意见、内控审计报告出具标准无保留意见、非经常性损益占比

19.1.2 特色指标解读

19.1.2.1 专利数量

我国近代专利权的出现最早可追溯至清朝光绪年间，它的产生发展经历了长期曲折的过程，也促进了现代专利权制度的建立、改进和完善，1984年我国首次颁布《中华人民共和国专利法》，并分别于1992年、2000年、2008年、2020年进行了四次修正。2008年6月5日，国务院颁布实施《国家知识产权战略纲要》，将知识产权工作上升到国家战略层面进行统筹部署和整体推进，为知识产权事业发展指出了明确方向。2021年2月1日出版的第3期《求是》杂志发表了中共中央总书记、国家主席、中央军委主席习近平的重要文章《全面加强知识产权保护工作 激发创新活力推动构建新发展格局》，指出必须从国家战略高度和进入新发展阶段要求出发，全面加强知识产权保护工作，促进建设现代化经济体系，激发全社会创新活力，推动构建新发展格局。作为科技创新的重要成果表现形式，专利是衡量国家或地区技术创新与进步的重要指标，通过专利分析可以反映和评价一个国家或地区的研发实力、创新能力和核心竞争力等。

19.1.2.2 研发投入强度

高强度的研发需要有稳定且强大的资金支持，当医药制造业发展态势良好时，企业能够从中获得经济效益，会更加积极并且有能力进行研发投入。1995~2016年，我国医药制造业R&D经费内部支出从4.28亿元增长到488.47亿元。但是我国医药制造业的研发资金投入水平仍然与国外有较大差距。据欧盟委员会发布的"2016年全球企业研发投入排行榜"数据统计，医药企业研发费用投入最多的前五家药企分别为诺华、罗氏、强生、辉瑞和默沙东公司，其中排名第五的默沙东公司研发费用折合人民币约为503.55亿元，比2016年我国医药制造业R&D经费内部支出的总额还多。因此，研发投入强度的高低，能够一定程度上反映医药制造业企业的发展水平。

19.1.2.3 是否有中药制品

随着人民生活水平的不断提高，保健意识也逐渐增强。近几年来，中药的使用范围已经由传统的治疗向日常保健领域拓展，含有中药成分的新制品不断涌现，并深受人们的欢迎。是否有中药制品是衡量企业满足市场需求能力的重要指标。

19.1.2.4 是否有营销负面事件

近几年疫苗安全事件频频发生，2016年"山东疫苗事件"尚未从人们的记忆中消除，2018年7月15日国家药品监督管理局发布通告指出，长春长生生物科技有限公司冻干人用狂犬病疫苗生产存在记录造假等行为，通告一经发出，迅速引起社会各界的高度关注。习近平总书记、时任总理李克强先后对吉林长春长生生物疫苗案件作出重要指示批示，要求必须对相关责任方严肃追责，坚决守住疫苗安全底线，要始终把人民群众的身体健康放在首位，切实保障群众切身利益。2018年11月16日，深交所启动了对长生生物重大违法强制退市机制。2019 年 1 月 14 日，深交所根据相关规定决定对长生生物股票实施重大违法强制退市。疫苗安全问题的背后不仅是行业监管规则体系的不完善，更是相关企业社会责任意识的严重缺失，以及对企业自身的长远发展缺乏考虑，进而心存侥幸，铤而走险。是否有营销负面事件是衡量医药制造业企业承担社会责任水平的重要指标。

19.1.3　权重设置

医药制造业是资本密集型产业，具有产品研发周期长、资金投入大、失败风险高等特点，公司的治理效率对企业产品制造以及未来发展具有举足轻重的影响，所以在指标权重设置方面本研究报告更加注重医药制造企业的公司治理，在给予"治理（G）指标"以较高权重的基础上，考虑不同行业评价侧重点的不同，均衡环境（E）和社会（S）指标的权重设定，确保评价结果的客观性，权重分配如图 19.1 所示。

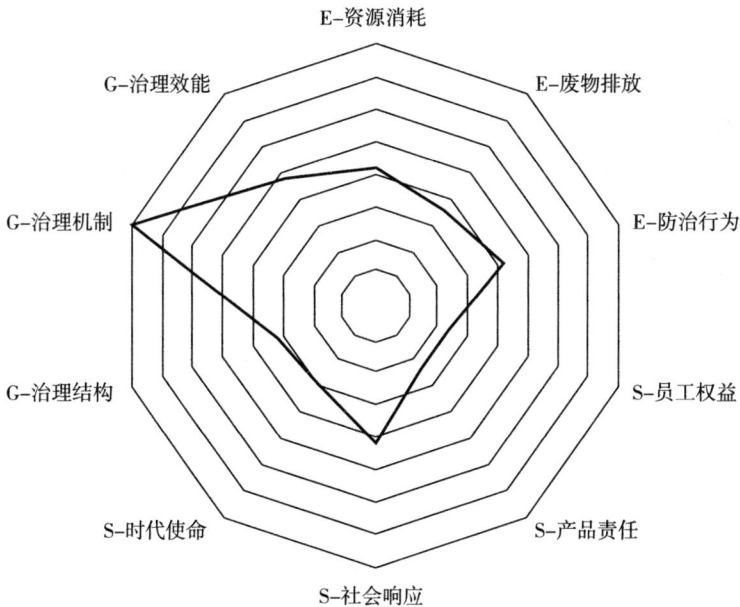

图 19.1　医药制造业评价权重分配

19.2 ESG 得分描述性统计

表 19.2 展示了根据证监会分类和筛选得到的 2020 年医药制造业 258 家企业 ESG 总得分及环境（E）、社会（S）、治理（G）各分项得分的描述性统计结果。可以看到，258 家企业的 ESG 总得分均值仅为 32.67 分，属于较低的水平，这在一定程度上反映出有相当一部分的医药制造企业未能践行 ESG 发展理念，仍需进一步做好企业自身信息披露工作，尤其是企业环境保护方面的信息。此外，ESG 总得分的标准差为 7.24 分，最小值仅为 17.55 分，与 62.38 的最大得分相差较大，表明在 ESG 理念的重视程度和践行力度方面，各企业相差较大。

表 19.2　2020 年医药制造业 ESG 得分的描述性统计

变量	样本量（家）	均值（分）	标准差（分）	最小值（分）	中位数（分）	最大值（分）
环境（E）得分	258	4.10	11.33	0	0	59.50
社会（S）得分	258	49.79	10.90	20.01	48.51	86.06
治理（G）得分	258	41.25	8.14	10.86	42.35	59.16
ESG 总得分	258	32.67	7.24	17.55	31.74	62.38

纵向比较环境（E）、社会（S）和治理（G）的得分，均值方面，3 个一级指标得分均值分别为 4.10 分、49.79 分和 41.25 分，可以看出，医药制造业上市公司在环境保护方面表现较差。社会（S）得分的最大值达到 86.06 分，说明部分公司能够积极承担社会责任；环境（E）和治理（G）得分的最大值相差不大，均接近 60 分，说明部分企业能够在一定程度上履行环境保护责任，提高自身治理质量。3 个一级指标最小值得分都偏低，尤其是环境得分和治理得分，说明部分上市公司对践行 ESG 理念、

提高自身可持续发展水平的重视程度较低，有很大改善空间。

19.3　企业 ESG 理念践行情况

19.3.1　环境维度

环境（E）得分均值仅为 4.10 分，最小值为 0 分，有 197 家企业在环境保护方面得分为 0 分，说明超过半数以上的医药制造业上市公司没有有效披露环境信息，企业自身和政府相关部门在环境保护和治理方面的重视程度亟须加强。环境（E）得分的最小值和最大值相差将近 60 分，绝大多数企业得分集中在 0~30 分，表现优异的企业数量有限。我国经济逐步向高质量发展，人们生活水平越来越高，快速发展的医疗行业和设备技术和日渐完善的医疗保障体系也让人们的平均寿命越来越长，健康生活的理念越来越深入人心，医药制造行业也因此得到越来越多的关注。关注医药制造企业的环境保护将大大促进我国绿色经济的发展。

19.3.1.1　资源消耗

资源消耗包含总用水量、单位营收耗水量、天然气消耗、燃油消耗、煤炭使用量 5 个三级指标。生产用水、天然气、燃油、煤炭是企业生产经营会消耗的主要自然资源，但通过数据查找和计算，这 5 个三级指标的信息披露度都较低，尤其是煤炭使用量，仅有七家医药制造企业有相关数据。医药制造企业中仅有八家企业资源消耗得分在 50 分或以上，得到最高分 85 分的是白云山公司。白云山公司积极披露相关数据，持续完善企业内的环境管理体系，不断优化资源使用减少对环境带来的负面影响。

19.3.1.2　废物排放

现代医药制造企业生产经营过程不可避免地会产生废弃物，且对于医疗废弃物的处理需要更为谨慎，减少甚至是避免医疗有害废弃物的产生是绿色经济发展的重要目标。

废物排放指标包括总温室气体排放、氮氧化物排放、二氧化硫排放、悬浮粒子/颗粒物、废水/污水排放量 5 个三级指标。与资源消耗披露情况相同，医药制造企业在废物排放方面的信息披露工作整体上仍需很大的提升和改善，所有废物排放三级指标均有超过 200 家企业没有披露相关数据，得到最高分 85 分的是科伦药业公司。科伦药业积极披露废物排放相关数据，坚持绿色经营，积极建设绿色工厂。

19.3.1.3　防治行为

是否积极采取相关措施和升级技术等防治行为以节能降耗是衡量一家医药制造企业环境保护意识的重要标准。本章通过数据库查找和数据计算得到防治行为指标下，企业的有害废弃物、无害废弃物、总能源消耗、人均能耗、耗电量、节水/省水数量、节省能源数量 7 个三级指标数据，从中分析企业在减少废弃物产生、降低能源消耗以及节约水资源方面的管理情况。信息披露程度方面，总体上对这 7 个三级指标进行数据披露的企业数量较低，皆有超过 240 家企业没有相关数据信息，这表明了多数企业在废弃物分类记录标准以及信息披露方面需要进一步的引导和规范。有 233 家医药制造企业防止行为得分为 0 分，剩余的企业得分集中在 10~40 分，其中华润三九和华润双鹤得分最高，为 60.71 分。华润双鹤积极披露企业2020 年社会责任报告，坚持绿色经营、绿色管理和绿色办公，在节约用水用电用纸方面成果显著。

相关部门应进一步加强对企业能源节省、废物减排等防治行为的引导和监督，企业应增强自身环境防治意识和责任感，完善节能减排相关措施的执行。

19.3.2　社会维度

社会（S）得分方面，不同企业得分差异很大，标准差达到 10.90 分，最小值与最大值相差超过 60 分，说明各企业对承担社会责任的重视程度存在很大的差异。医药制造业有 44 家企业的社会（S）得分在 60 分或以上，超过半数企业社会得分集中在 10~50 分，说明有一部分医药制造企业注重对员工福利的投入和企业社会形象的建设，但大多数企业还需要加强社会责任承担意识。

19.3.2.1　员工权益

员工权益对企业的发展具有不可替代的重要性，医药制造业是技术密集型产业，员工整体素质更是对企业长远发展有着至关重要的作用。员工权益包含女性员工比例、是否披露职工权益保护、雇员总人数、离退休人数比例、平均年薪、人均培训投入 6 个三级指标。员工权益的信息整体披露度较高，但是女性员工比例、离退休人数比例、人均培训投入这 3 个指标的数据披露情况较差，均有超过一半的企业没有披露相关数据。相关部门和社会各界应加强对企业的监督，引导企业进一步加强对员工权益的重视，尤其是员工培训和女性员工等方面数据的披露。

尽管员工权益数据披露程度较高，但是此项得分达到 60 分或以上的企业只有 14 家，其中仅有 1 家企业的得分在 80 分以上，表明不同企业在员工权益保障方面和重视程度存在较大差异，且表现优秀的企业数量有限。得分超过 80 分的是华海药业，华海药业积极披露企业 2020 年社会责任报告以及员工权益相关的指标数据，2020 年疫情期间强化员工关爱和健康保障，做到充分尊重和维护公司员工的合法权益。

19.3.2.2　产品责任

随着人们对美好生活的追求，医药产品的市场竞争越来越大，唯有保证医药产品的制造品质和服务质量，医药企业才能获得长远发展。产品责任包含是否披露客户及消费者权益保护、是否披露供应商权益保护 2 个三级指标和专利数量、研发投入强度、是否有中药制品 3 个特色指标。从得分来看，专利数量和研发投入强度这 2 个指标的披露情况不理想，都有超过一半的企业没有披露相关数据，表明大多数医药制造企业中仍需加强自身的专利意识和加大产品研发环节的投入。有 27 家医药制造企业产品责任得分在 90 分或以上，其中有 15 家企业得分为 100 分，说明有相当部分的医药制造企业能够真正意识到产品质量对企业发展的重要性。

19.3.2.3　社会响应

社会响应收集了企业的合规经营（根据近一年违规次数、交易所对公司和相关责任人处罚次数等计算）、是否披露社会责任制度建设及改善措施、诉讼次数、是否披露公共关系和社会公益事业 4 个三级指标数据信息和是否用营销负面事件 1 个特色指标，从这些角度来评价医药制造企业的对外形象的建设。

医药制造企业有 225 家企业的得分在 40~70 分，有 23 家企业得分在 70 分或以上，说明大多数医药制造企业比较注重自身的社会形象和影响。长春高新公司社会响应得分为 100 分，它积极披露企业 2020 年社会责任报告和社会响应的 5 个指标数据，公司努力实现企业与社会、环境相协调，建立合规高效的营销体系和加强专业化团队的建设。

19.3.2.4　时代使命

2020 年是抗击新冠肺炎疫情的重要一年，也是我国经济和社会发展的重要时期，医药制造企业不忘初心，积极抗疫，推动时代使命的完成。时代使命包含非管理层员工薪酬、实交所得税、社会捐赠额 3 个三级指标，信息披露度较好，但有超过一半的企业没有社会捐赠额的数据，说明近年来越来越多的企业意识到自身的时代使命和责任，但是在社会捐赠方面还需要增强相关意识。

从得分情况来看，有 135 家医药制造企业时代使命得分在 50~100 分。有包括华润三九在内的 13 家企业得分为 100 分，华润三九积极披露企业 2020 年社会责任报告，时代使命下的 3 个指标得分均为 100 分；在抗疫的关键一年，华润三九发挥自身医药企业的优势作用，向全国 600 余家医疗机构和企事业单位支援医疗物资，同时以最快速度、最大产量优先生产防疫相关药品。

19.3.3　治理维度

医药制造企业公司治理（G）得分均值为 41.25 分，最高得分为 59.16 分，在 258 家医药制造企业中有 34 家企业治理得分在 50 分或以上，治理方面表现优秀的企业数量有限，行业内能够起到引导作用的企业不多。大多数企业得分集中在 0~45 分，企业未来需进一步提高公司治理水平。

19.3.3.1　治理结构

治理结构包含第一大股东持股比例、机构投资者持股比例、股权制衡、两权分离度、女性董事占比、高管持股比例、董事会规模、董事会独立董事比例、董事长和 CEO 是否是同一人、监事人数 10 个三级指标。治理结构的评分指标较多，大部分医药制造企业得分较低——有 228 家企业得分集中在 10~40 分，第一大股东持股比例、股权制衡和高管持股比例这 3 个指标的数据披露度较低，有较多企业需要进一步提高相关信息的披露程度。

258 家医药制造企业治理得分均低于 50 分，最高得分企业是云南白药，为 52.03 分。云南白药积极披露企业 2020 年社会责任报告，持续完善公司治理结构，形成了以股东大会、董事会、监事会和高级管理层为主体架构的决策与经营管理机构，切实保障公司和全体股东的权益。

19.3.3.2　治理机制

良性的治理机制是公司实现长远发展的保障，治理机制包含是否有股权激励计划、高管年薪、是否有现金分红、ROE、营业收入同比增长、管理费用率、大股东占款率、股息率、质押股票比例、商誉/净资产、关联交易 11 个三级指标。

共有 26 家医药制造企业治理机制得分在 50 分或以上。超过 200 家医药制造企业在 2020 年没有披露股权激励计划信息，表明医药制造业企业对股权激励计划的重视程度较低。治理机制得分最高的医药制造企业是奇正藏药，得分为 67.67 分。奇正藏药积极披露企业 2020 年社会责任报告以及治理机制相关数据信息，同时凭借在企业社会责任方面的突出表现及成就入选工业和信息化部"百家优秀企业社会责任报告"。

19.3.3.3　治理效能

治理效能是衡量企业治理水平的一个重要指标，治理效能包含财报审计出具标准无保留意见、内控审计报告出具无保留意见、社会责任报告是否参照 GRI、非经常性损益占比 4 个三级指标。医药制造行业关于治理效能的财报审计出具标准无保留意见和内控审计报告出具无保留意见的信息披露情况较为理想，绝大部分企业都进行了披露。

随着公司治理理论的发展和现代企业的积极实践，上市公司的治理效能实现了显著提升，有111家医药制造企业治理效能得分在60分或以上。其中康美药业和康芝药业是治理效能得分最高的医药制造企业，得分为100分。康芝药业在2020年社会责任报告中积极披露治理效能相关数据，有三项指标得分为100分。

19.4 企业财务分析

19.4.1 财务指标对比

表19.3分别从平均总市值、盈利能力、运营效率和偿债能力方面，对比了医药制造业上市公司ESG总得分排名前50%和排名后50%企业的表现。从表中可以看出，医药制造业上市企业ESG总得分排名前50%企业的平均总市值达到了273亿元，要明显高于ESG总得分排名后50%的市值均值（111亿元）。在盈利能力方面，总得分排名前50%企业的净资产收益率和营业利润率要明显优于排名后50%企业，说明ESG总得分排名靠前的医药制造企业在面对变动不定的外部市场环境时盈利能力表现更优秀。在运营效率方面，总得分排名前50%企业的总资产周转率优于排名后50%企业，但应收账款周转率后者要优于前者，应收账款周转率应结合企业自身经营情况来分析。在偿债能力方面，总得分排名前50%的企业流动比率均值为3.05，稍低于排名后50%的企业的4.13，但企业的存货、待摊费用等变现能力较弱的流动资产也会影响流动比率，所以对流动比率高低的评价要结合企业的自身情况来看；平均资产负债率方面，两者差别不大，总得分排名前50%的企业略高于排名后50%的企业。

表 19.3　医药制造业上市公司财务指标对比

ESG 总得分 排名	平均 总市值 （亿元）	盈利能力		运营效率		偿债能力	
		净资产 收益率 （%）	营业 利润率 （%）	总资产 周转率 （次）	应收账款 周转率 （次）	流动 比率	资产 负债率 （%）
前 50%	**273**	**8.5**	**8.0**	**0.55**	9.11	3.05	**32.6**
后 50%	111	-9.0	-2132.6	0.49	**11.35**	**4.13**	29.1

19.4.2　投资回报分析

图 19.2 展示了医药制造业上市公司 ESG 排名前 50% 和排名后 50% 的企业在月个股回报率上的差异。图例中纵轴为对应日期的月个股回报率（考虑现金分红）；横轴为 2020 年 1 月至 2021 年 12 月的股票交易日，为了更清晰、直观地展示不同组别下月个股回报率的差异及变动趋势，选择了每个月的个股回报率数据，共 24 个时间点上的两组数值进行比较。

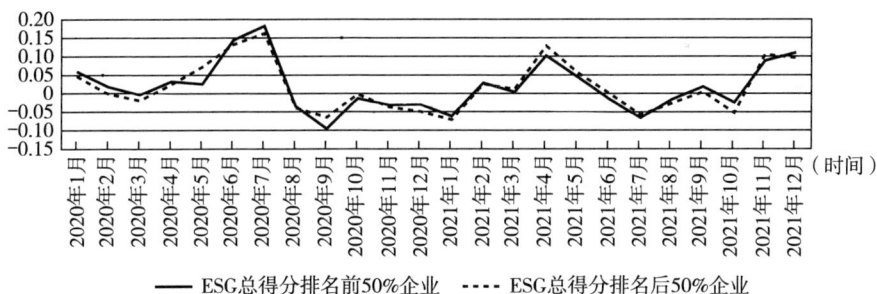

—— ESG总得分排名前50%企业　　- - - - ESG总得分排名后50%企业

图 19.2　医药制造上市公司 ESG 总得分排名前 50% 和
后 50% 企业的月个股回报率对比

注：本书不应被接收者作为其投资决策的依据，不对任何人使用本书内容的行为或由此而引致的任何损失承担任何责任。

由图例的结果可知，医药制造业 ESG 排名前后 50% 的企业在考察期内的月个股回报波动趋势都较大，但两者差异不大，在 2020 年 5 月、9

月、10月以及2021年3~7月前50%的企业月个股回报率甚至稍稍低于后50%的企业；但是到了2021年底，医药制造业的个股回报率有了回升的趋势。2020年是全国抗击新冠肺炎疫情的重要一年，各行业经济受到冲击，各种抗疫药品和物资成为急需品，医药制造企业也积极调整经营方式以应对外部经济市场的变化和机遇。

第20章 汽车制造业上市公司ESG评价

20.1 评价指标体系

20.1.1 评价指标

经过50多年的发展，汽车走进了各行各业、各家各户中，庞大的汽车制造市场推动我国汽车消费走向成熟。在未来发展中，绿色智能是汽车制造业的重要发展方向，关注汽车制造生产环节的安全性、效率性，将是中国制造业转型升级的必选题。

近年来，随着经济发展，我国汽车需求量快速增长，作为一个资本密集型和技术密集型的行业，汽车制造业是我国重要的中游制造业。节能、环保、电子信息技术是汽车制造业未来发展的重点方向，近年来国家也在积极促进新能源汽车和智能汽车产业升级调整，鼓励研发制造高质量、高技术水平的自主品牌汽车。关注汽车制造业上市公司的ESG表现有利于促进我国汽车产业的健康发展。

评价体系共包含3个一级指标、10个二级指标、64个三级指标。具体指标如表 20.1 所示。

表 20.1　评价指标体系

一级指标	二级指标	三级指标
环境指标（E）	资源消耗	总用水量、单位营收耗水量、天然气消耗、燃油消耗、煤炭使用量
	废物排放	总温室气体排放、氮氧化物排放、二氧化硫排放、悬浮粒子/颗粒物、废水/污水排放量
	防治行为	有害废弃物量、无害废弃物量、总能源消耗、人均能源消耗、耗电量、节水/省水数量、节省能源数量、**是否有新能源产品**
社会指标（S）	员工权益	女性员工比例、是否披露职工权益保护、雇员总人数、平均年薪、离退休人数比例、人均培训投入、**是否有安全训练/应急演练、是否披露安全生产内容**
	产品责任	是否披露客户及消费者权益保护、是否披露供应商权益保护、**累计专利数量、当年专利数量、研发投入强度、是否有产品质量负面事件**
	社会响应	合规经营、是否披露社会责任制度建设及改善措施、诉讼次数、是否披露公共关系和社会公益事业
	时代使命	非管理层员工薪酬、实交所得税、社会捐赠额
治理指标（G）	治理结构	第一大股东持股比例、机构投资者持股比例、股权制衡、两权分离度、高管持股比例、女性董事占比、董事会规模、董事会独立董事比例、董事长和CEO是否是同一人、监事人数
	治理机制	是否有股权激励计划、高管年薪、是否有现金分红、ROE、营业收入同比增长、管理费用率、大股东占款率、股息率、质押股票比例、商誉/净资产、关联交易
	治理效能	社会责任报告是否参照GRI、财报审计出具标准无保留意见、内控审计报告出具标准无保留意见、非经常性损益占比

20.1.2　特色指标解读

20.1.2.1　是否有新能源产品

由于我国"富煤、缺油、少气"的基本国情，发展新能源产品可以有效解决"缺油、少气"带来的问题。同时，从绿色环保角度分析，使用新能源转化的电能，纯电动车将会比燃油汽车节能达 70%，费用方面也将降低 50% 左右，因此，国务院于 2006 年 2 月印发《国家中长期科学和技术发展规划纲要（2006—2020 年）》，其中将"低能源与新能源汽车"和"氢能及燃料电池技术"分别列入优先主题和前沿技术，鼓励国内车企大力发展新能源产品。2020 年 11 月 2 日，国务院办公厅印发《新能源汽车产业发展规划（2021—2035 年）》（以下简称《规划》），我国坚持"纯电驱动"的战略取向，新能源汽车产业发展取得了巨大成就，成为世界汽车产业发展转型的重要力量之一。但我国新能源汽车发展也面临核心技术创新能力不强等问题，《规划》提出要提高技术创新能力，强化整车集成技术创新，提升产业基础能力，深化"三纵三横"的研发布局，力求到 2025 年，纯电动乘用车新车平均电耗降至 12.0 千瓦时/百千米，新能源汽车新车销售量达到汽车新车销售总量的 20% 左右。

20.1.2.2　是否有安全训练/应急演练、是否披露安全生产内容

随着我国汽车产业的发展，汽车制造业的安全生产面临新挑战和新任务。现在越来越多的智能机器人进入汽车生产制造环节，在节省人力的同时，这些大型制造机器人同样对生产工人和生产环境造成一定的影响；制造自动化程度高、集成度高、材料消耗快、需要频繁进出危险区域等特点也表明必须关注汽车制造企业的安全生产状况。关注企业的生产制造环节的安全性，促进汽车制造安全保护技术的升级与推广是汽车制造业获得长足发展的基础。

20.1.2.3　累计专利数量、当年专利数量

在中国汽车工程学会和中国汽车工程研究院联合主办的中国汽车产业知识产权发展论坛上首次出版发行的《中国汽车产业知识产权发展报告（2016）》指出，我国自主品牌当前在知识产权尤其是专利运用及核心专利技术创造方面仍存在明显不足。中国汽车工程研究院副总经理周舟表示，虽然在 2015 年我国汽车行业专利公开量超 4 万件。其中，在新能源汽车领域，我国的全球专利申请量排名已上升至第三位，占申请总量的

19%。可见，中国已成为知识产权大国，但仍不是知识产权强国。我国应当进一步增强汽车领域产品和技术的知识产权保护意识，且当前车企的技术突破主要集中于工艺创新及质量提高方面，其关键技术还有待突破。

20.1.2.4　研发投入强度

随着科学技术的发展和市场需求的提高，研发活动已成为企业发展的重要活动，代表着企业优势的开发。当前我国已经成为世界上汽车生产量最大的国家，制造能力也在不断提升，同时也是全球最大的汽车消费市场，已经连续10年汽车产量蝉联世界第一。但汽车制造业要发展壮大，须拥有自己的技术产品优势，而研发活动则是打造技术产品优势的前提。目前中国汽车制造业研发投资量与世界水平还有一定的差距，严重影响着汽车制造业未来的发展。

汽车制造业研发投资对于企业价值有明显的促进作用，企业应加大研发投资，优化研发投资结构，完善企业管理制度，优化市场环境，最大化地发挥研发活动对企业的支持促进作用。

20.1.2.5　是否有产品质量负面事件

受疫情影响，用户在购车时对于品牌、产品安全性的关注度在不断上升。胡润报告显示，消费者对品牌的负面新闻非常敏感，超过50%的人认为负面新闻在他们购车时对购车品牌的选择有较大的影响，车主们认为他们听说过的负面新闻会引发的社会问题很多，对社会造成了较大的负面影响。

20.1.3　权重设置

指标权重设置方面，我国汽车制造技术日益先进，未来汽车市场的竞争不仅在智能技术上，更在汽车制造企业的公司治理上，所以根据指标数据的重要性和可得性，确定各二级指标在E、S、G 3个一级指标下的权重分配；在3个一级指标权重设置中，给予"治理（G）指标"以较高的权重，确保评价结果的客观性，权重分配如图20.1所示。

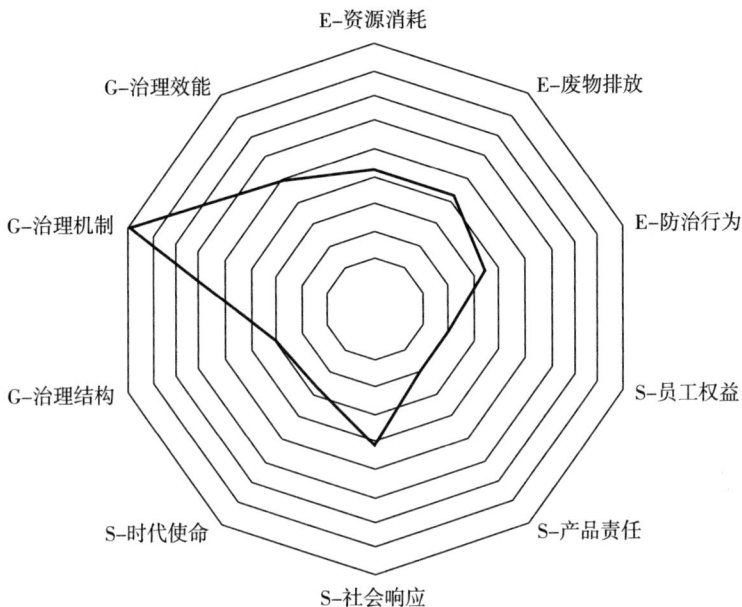

图 20.1　汽车制造业评价权重分配

20.2　ESG 得分描述性统计

表 20.2 展示了根据证监会分类和筛选得到的 2020 年汽车制造业 139 家企业 ESG 总得分及环境（E）、社会（S）、治理（G）各分项得分的描述性统计结果。可以看到，139 家企业的 ESG 总得分均值仅为 30.99 分，属于较低的水平，这在一定程度上反映了大部分汽车制造业企业尚未重视 ESG 工作，有待真正意识到 ESG 对企业长远发展的重要性，也仍需进一步做好企业自身信息披露工作，尤其是企业环境保护方面的信息。此外，ESG 总得分的标准差为 6.61 分，最小值仅为 17.95 分，与 59.07 分的最大得分相差较大，表明在 ESG 理念的重视程度和践行力度方面，各企业相差较大。

表 20.2   2020 年汽车制造业 ESG 得分的描述性统计

变量	样本量（家）	均值（分）	标准差（分）	最小值（分）	中位数（分）	最大值（分）
环境（E）得分	139	4.98	9.06	0	4.38	63.72
社会（S）得分	139	41.78	12.27	7.45	42.60	70.14
治理（G）得分	139	42.40	7.83	25.26	41.61	67.27
ESG 总得分	139	30.99	6.61	17.95	29.66	59.07

纵向比较环境（E）、社会（S）和治理（G）的得分均值方面，3 个一级指标得分均值分别为 4.98 分、41.78 分和 42.40 分，可以看出，上市公司在公司治理和承担社会责任方面得分相近，在环境保护方面表现较差。社会（S）得分的最大值达到 70.14 分，说明部分公司能够积极承担社会责任；环境（E）和治理（G）得分的最大值相差不大，均接近 70 分，说明部分企业能够在一定程度上履行环境保护责任，提高自身治理质量。3 个一级指标最小值得分都偏低，尤其是环境得分和社会得分，说明部分上市公司对践行 ESG 理念、提高自身可持续发展水平的重视程度较低，有很大改善空间。

20.3   企业 ESG 理念践行情况

20.3.1   环境维度

环境（E）得分均值仅为 4.98 分，最小值为 0 分，有 52 家企业在环境保护方面得分为 0 分，而该项得分不为 0 分的企业平均得分也仅为 7.96 分。说明多数汽车制造业企业没有有效披露环境信息，披露环境信息的企业得分也整体偏低。企业自身和政府相关部门在环境保护和治理方面的重视程度亟须加强。环境（E）得分的最小值和最大值相差超过 60 分，绝大多数企业得分集中在 0~30 分，表现优异的企业数量有限。在当今的经济发展中，环保理念已经深入人心，越来越多的汽车进入各行各业和老百姓家中，这就对汽车制造企业对环境保护责任的履行提出了更高的要求，关注中国汽车制造企业环境保护现状，引导中国企业重视环境保护，不仅可以进一步提高各项资源的利用效率，减少能源消耗，同时有利于解决当前的环境污染及生态安全问题。

20.3.1.1　资源消耗

资源消耗是衡量企业在承担保护生态环境方面所做贡献的重要指标。资源消耗包含总用水量、单位营收耗水量、天然气消耗、燃油消耗、煤炭使用量 5 个三级指标。生产用水、天然气、燃油、煤炭是企业生产经营会消耗的主要自然资源，但通过数据查找和计算，这 5 个三级指标的信息披露度都偏低，所有指标都有超过 130 家汽车制造企业得分为 0 分，汽车制造企业应积极采取节能环保措施，加强自然资源消耗信息的披露，促进汽车制造行业的绿色发展。

汽车制造企业中得到最高分 65 分的企业有长城汽车和潍柴动力。长城汽车积极披露 2020 年企业社会责任报告以及环境资源消耗的详细数据，2020 年长城汽车坚持节能降耗，通过进行工艺改造和技术升级持续较少自身的能源消耗，同时强化水资源节约管理，努力提高可持续发展能力，践行承担企业社会责任。

20.3.1.2　废物排放

现代汽车制造企业生产经营过程不可避免会产生废弃物，减少甚至是避免有害废弃物的产生是绿色经济发展的重要目标，而企业作为国家经济发展的重要主体，关注和监督它们经营管理中的废物排放情况有利于促进我国碳中和目标的实现和绿色经济的进一步发展。

废物排放指标包括总温室气体排放、氮氧化物排放、二氧化硫排放、悬浮粒子/颗粒物、废水/污水排放量 5 个三级指标。与资源消耗披露情况相同，汽车制造企业在废物排放方面的信息披露工作仍有很大提升空间，所有废物排放三级指标都有超过 120 家企业没有披露相关数据。

得到最高分 60 分的有两家企业，分别是长城汽车和宇通客车。宇通客车在 2020 年社会责任报告中披露的废物排放 3 个三级指标数据得分均为 100 分，积极采取各项措施较少废水、废气、废物的产生，始终坚持走"生产过程低污染低能耗、产品服务节能环保"的可持续发展道路，严格遵守环境法律法规，2020 年无环境污染事故发生，未受到环境违法处罚。

20.3.1.3　防治行为

现代企业生产制造环节中无法避免资源的消耗和废物的产生，是否积极采取相关措施和升级技术等防治行为是衡量一家企业环境保护意识的重要标准。本章通过数据库查找和数据计算得到防治行为指标下，企业的有害废弃物、无害废弃物、总能源消耗、人均能耗、耗电量、节水/省水数量、节省能源数量、是否有新能源产品 8 个三级指标数据，从中分析企业在减少废弃物产生、降低能源消耗以及节约水资源方面的管理情况。信息披露程度方面，总体上对这 8 个三级指标进行数据披露的企业数量不多，其中是否有新能源产品指标数据获得情况最为优异，139 家汽车制造企业中有 82 家企业得到 100 分；其余 7 个三指标都有超过 130 家企业得分为 0 分，这表明了多数企业在废弃物分类记录标准以及信息披露方面需要进一步的引导和规范。

相比于资源消耗和废物排放，汽车制造企业在防治行为上得分表现较好。大多数企业得分集中在 9 ~ 40 分，其中郑煤机公司得分最高，为 78.13 分。郑煤机积极披露 2020 年生产经营中的环境保护数据，在 2020 年未发现重大环境污染事故和生态污染事件，同时注重节能环保，寻求技术突破以革新排放物预处理方法，实现创新与环保齐头并进。

相关部门应进一步加强对企业能源节约、废物减排等防止行为的引导和监督，企业应增强自身环境防治意识和责任感，完善节能减排相关措施的执行。

20.3.2　社会维度

社会（S）得分方面，不同企业得分差异较大，标准差达到 12.27 分，最小值与最大值相差超过 60 分，说明各企业对承担社会责任的重视程度存在很大的差异。汽车制造业有 11 家企业的社会（S）得分在 60 分或以上，大多数企业社会得分集中在 10～50 分，说明有部分汽车制造企业注重对员工福利的投入和企业社会形象的建设，但大多数企业还是需要加强自身社会责任的承担意识。企业在创造利润、对股东和员工负责的同时，还要承担相应的社会责任，通过提高员工福利、注重产品责任、响应社会需求、履行时代使命，顺应时代潮流，建设良好的企业形象，进而实现长远发展。

20.3.2.1　员工权益

员工对企业的发展具有不可替代的重要性，在智能技术和新能源汽车发展越来越快的汽车制造业中，员工整体素质更是对企业长远发展有着至关重要的作用。员工权益包含女性员工比例、是否披露职工权益保护、雇员总人数、平均年薪、离退休人数比例、人均培训投入、是否有安全训练/应急演练、是否披露安全生产内容 8 个三级指标。员工权益的信息整体披露度较高，但是女性员工比例、离退休人数比例、人均培训投入这 3 个指标的数据披露情况较差，相关部门和社会各界应加强对企业的监督，引导企业进一步加强对员工权益的重视，尤其是员工培训和女性员工等方面数据的披露。

尽管员工权益数据披露程度较高，但是此项得分在 60 分或以上的企业只有 11 家，其中仅有 1 家企业的得分在 80 分以上，不同企业在员工权益保障方面和重视程度存在较大差异，且表现优秀的企业数量有限。得分超过 80 分的是广汽集团，广汽集团积极披露 2020 年企业员工权益相关数据，企业高级管理层的相关信息能够做到公开透明；广汽集团也严格落实企业安全主体责任，在 2020 年没有发生较大及以上生产安全事故，生产作业总体有序运行。

20.3.2.2　产品责任

汽车已经走进每家每户，汽车制造企业要想获得市场份额和保持自己的市场优势，保证产品质量和售后服务质量至关重要。产品责任包含是否披露客户及消费者权益保护、是否披露供应商权益保护 2 个三级指标和累计专利数量、当年专利数量、研发投入强度、是否有产品质量负面事件4个特色指标。从得分来看，累计专利数量、当年专利数量和研发投入强度这3个指标的披露情况不甚理想，相当部分汽车制造企业仍需加强自身的专利意识和加大产品研发环节的投入。只有加强企业技术积累，持续地为消费者提供高质量产品，汽车制造企业才能更好地适应未来汽车行业的发展需求。

20.3.2.3 社会响应

社会响应收集了企业的合规经营（根据近一年违规次数、交易所对公司和相关责任人处罚次数等计算）、是否披露社会责任制度建设及改善措施、诉讼次数、是否披露公共关系和社会公益事业4个三级指标数据信息，从这四个角度来评价汽车制造企业的对外形象的建设。

汽车制造企业的社会响应得分与员工权益和产品责任相比较优，有77家企业的得分在40~75分，其中有14家企业获得最高分75分。说明大多数汽车制造企业比较注重自身的社会形象和影响。长安汽车是获得社会响应最高分的企业之一，它在2020年合法合规经营，同时在新冠肺炎疫情暴发以来全公司上下一心，率先复工复产，第一时间发起抗疫捐赠，发挥自身优势为抗疫出力。

20.3.2.4 时代使命

2020年是抗疫的一年，也是国家政治经济稳步前进的一年，汽车制造企业要坚定信念，推动时代使命的完成。时代使命包含非管理层员工薪酬、实交所得税、社会捐赠额3个三级指标，这3个指标中前2个指标的信息披露度较好，但是有超过一半的企业没有社会捐赠额的数据，说明近年来越来越多的企业意识到自身的时代使命责任，但是在社会捐赠方面还需要增强相关意识，做出切实行动。

从得分情况来看，有86家汽车制造企业时代使命得分在50~100分。有六家企业得分为100分，比亚迪就是其中一家，比亚迪在2020年发挥自身最大的努力回馈社会，共同抗疫，投身科技慈善，同时鼓励员工参与公益活动。

20.3.3　治理维度

企业治理（G）得分均值为 42.40，最高得分为 67.27 分，在 139 家汽车制造企业中有 25 家企业治理得分在 50 分或以上，治理方面表现优秀的企业数量有限，行业内能够起到引导作用的企业不多。大多数企业得分集中在 20~45 分，企业未来需进一步提高公司治理水平。

20.3.3.1　治理结构

治理结构包含第一大股东持股比例、股权制衡、两权分离度、机构投资者持股比例、女性董事比、董事会规模、董事会独立董事比例、董事长和 CEO 是否为同一人、高管持股比例、监事人数 10 个三级指标。治理结构的评分指标较多，大部分汽车制造企业得分较低——有 116 家企业得分集中在 20~40 分，第一大股东持股比例、股权制衡和高管持股比例这 3 个指标的数据披露度较低，有较多企业需要进一步提高相关信息的披露程度。

治理结构得分在 50 分以上的企业只有力帆科技公司，得分为 52.03分。力帆科技在其 2020 年年度报告中积极披露治理结构相关数据，公司内部的治理结构也较为完善，规范股东会、董事会、监事会的运行，不断完善公司法人治理结构建设，加强信息披露工作，做好投资者关系管理工作。

20.3.3.2　治理机制

良性的治理机制是公司实现长远发展的保障，治理机制包含是否有股权激励计划、高管年薪、是否有现金分红、ROE、营业收入同比增长、管理费用率、大股东占款率、股息率、质押股票比例、商誉/净资产、关联交易 11 个三级指标。

与治理结构相比，汽车制造企业的治理机制信息披露程度较好，共有29 家企业治理机制得分在 50 分或以上，但绝大多数汽车制造企业在 2020年没有披露股权激励计划信息。治理机制得分最高的汽车制造企业是一汽解放公司，得分为 73.22 分，一汽解放积极披露了治理机制相关指标信息，践行上市公司治理制度规则，规范信息披露，依法合规稳健经营。

20.3.3.3　治理效能

治理效能是衡量企业治理水平的一个重要指标，治理效能包含财报审计出具标准无保留意见、内控审计报告出具无保留意见、社会责任报告是否参照 GRI、非经常性损益占比 4 个三级指标。汽车制造行业关于治理效能的财报审计出具标准无保留意见和内控审计报告出具无保留意见的信息披露情况较为理想，绝大部分企业都进行了披露。

随着公司治理理论的发展和现代企业的积极实践，上市公司的治理效能实现了显著提升，有 53 家汽车制造企业治理效能得分在 60 分或以上。其中潍柴动力是治理效能得分最高的汽车制造企业，得分为 87.5 分，潍柴动力在其 2020 年社会责任报告中积极披露治理效能的相关数据，有三项指标得分为 100 分。

20.4　企业财务分析

20.4.1　财务指标对比

表 20.3 分别从平均总市值、盈利能力、运营效率和偿债能力方面，对比了汽车制造业上市公司 ESG 总得分排名前 50% 和排名后 50% 企业的表现。从表中可以看出，汽车制造业上市企业 ESG 总得分排名前 50% 企业的平均总市值达到了 318 亿元，要明显高于 ESG 总得分排名后 50% 的平均总市值（69 亿元）。在盈利能力方面，排名前 50% 企业的净资产收益率要明显优于排名后 50% 企业；营业利润率前者却落后于后者，从数据上来看，2020 年汽车制造上市公司的营业利润率整体上是向好的，大部分企业营业利润率为正，但有个别企业，如众泰企业的营业利润率极低，拉低了排名前 50% 企业的营业利润率均值。在运营效率方面，排名前 50% 企业的总资产周转率和应收账款周转率均优于排名后 50% 企业，说明 ESG 排名靠前的汽车制造企业在公司治理上有着更为出色的运营能力。在偿债能力方面，总得分排名前 50% 的企业流动比率均值为 1.89，稍低于排名后 50% 的企业流动比

率均值（2.13），但企业的存货、待摊费用等变现能力较弱的流动资产也会影响流动比率，所以对流动比率高低的评价要结合企业的自身情况来看；平均资产负债率方面，两者差别不大，排名前50%企业略高于排名后50%企业。

表20.3　汽车制造业上市公司财务指标对比

ESG 总得分排名	平均总市值（亿元）	盈利能力		运营效率		偿债能力	
		净资产收益率（%）	营业利润率（%）	总资产周转率（次）	应收账款周转率（次）	流动比率	资产负债率（%）
前50%	**318**	**3.9**	−6.8	**0.68**	**7.78**	1.89	**49.8**
后50%	69	0.8	**2.8**	0.58	4.93	**2.13**	41.8

20.4.2　投资回报分析

图20.2展示了汽车制造上市公司ESG排名前50%和后50%的企业在月个股回报率上的差异。图例中纵轴为对应日期的月个股回报率（考虑现金分红）；横轴为2020年1月至2021年12月的股票交易日，为了更清晰、直观地展示不同组别下月个股回报率的差异及变动趋势，选择了每个月的个股回报率数据，共24个时间点上的两组数值进行比较。

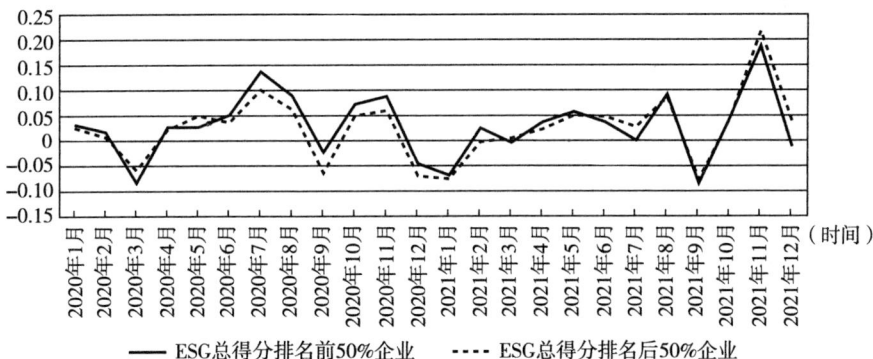

——ESG总得分排名前50%企业　-----ESG总得分排名后50%企业

图20.2　汽车制造上市公司ESG总得分排名前50%和
后50%企业的月个股回报率对比

注：本书不应被接收者作为其投资决策的依据，不对任何人使用本书内容的行为或由此而引致的任何损失承担任何责任。

由图20.2的结果可知，汽车制造业ESG排名前50%的企业和后50%的企业在考察期内的月个股回报波动趋势基本相似，在大部分时间点上排名前50%的企业月个股回报率比表现要优于排名后50%的企业，尤其是在2020年6月至2021年5月，排名前50%的企业的股票表现更稳定。整体来看，ESG排名靠前的汽车制造企业在资本市场中能够为投资者带来更为稳定的收益，面对快速变化的外部环境更具有竞争力。

第三篇

总结与建议

第 21 章　总结与发展建议

21.1　ESG 评价结果总结

根据前文对上市公司评价结果的分析，本书得出以下结论。

21.1.1　上市公司整体 ESG 表现存在一定差异

从 ESG 评价得分均值来看，金融行业的总体表现最突出，高于其他行业。各行业在环境（E）方面的表现均差于社会（S）和治理（G），各行业的环境（E）得分均较低。其中在环境保护和公司治理方面表现最突出的是电力、热力、燃气及水的生产和供应业。在国家发展"双碳"经济和全球化发展越来越深入的背景下，许多电力、热力、燃气企业积极转型和优化升级生产设备，也加大了对 ESG 工作的投入和信息披露，因此在 ESG 工作方面取得了显著成就。

在社会方面，金融业得分均值最高，披露相关 ESG 信息的金融企业在行业内占比要明显高于其他行业，说明金融企业对于企业 ESG 重视程度较高、关注员工发展和承担企业社会责任，这有利于企业的可持续发展和品牌形象建设。

21.1.2　不同行业内部各上市公司 ESG 表现存在一定差异

各行业中都存在 ESG 评价方面得分较高的公司，在行业中起到标杆作用，例如农、林、牧、渔业的温氏股份，采矿业的兖矿能源，制造业的白云山，金融业的中国银行等企业。这些企业的 ESG 评价得分在行业内均名列前茅，且其中绝大多数企业都在官方渠道公开了有关 ESG 方面的工作数据和成就荣誉，给其他企业的 ESG 工作提供了很好的经验借鉴和起到了模范带头作用。

从企业 ESG 得分的标准差来看，因为疫情的冲击和政府相关政策的出台，批发和零售企业的发展受到影响，整体上批发和零售企业得分不高，企业的 ESG 得分差异相对来说也较小；而采矿业企业得分差异较大，说明在行业内部因为公司自身发展方针策略、企业文化、所处环境等因素的不同，对 ESG 的投入和重视程度也有所不同，存在较大差异。

21.1.3　ESG 得分能够反映上市公司的财务指标和投资回报水平

本书分析了全行业及各分行业上市公司 ESG 得分排名前 50% 和后 50% 两组企业在平均总市值、盈利能力、运营效率和偿债能力四方面的财务数据。由数据可以看出，ESG 总得分排名前 50% 的企业在整体财务表现上要明显优于得分排名后 50% 的企业。整体上市公司和各行业上市公司 ESG 总得分排名前 50% 企业的平均总市值都要远高于 ESG 总得分排名后 50% 的企业；在盈利能力和运营效率方面，绝大多数行业内也是 ESG 总得分排名前 50% 的企业表现要优于排名后 50% 的企业；从偿债能力的数据上来看，除了农、林、牧、渔业和制造业，其他行业都是 ESG 总得分排名后 50% 的企业流动比率均值高于排名前 50% 的企业，包括采矿业，批发和零售业，租赁和商务服务业在内的七个行业，其 ESG 总得分排名后 50% 的企业资产负债率均值高于排名前 50% 的企业。由于 2020 年各行业都受到了疫情的影响，部分行业为顺应外部经济环境发展和应对公司内部经济变化而做出不同的财务决策会导致公司财务数据的变化。同时，流动比率会受到存活、待摊费用等影响，一年期流动比率和资产负债率的数据无法完全说明整个行业公司的偿债能力强弱。因此从整体上看，ESG得分越高、排名越靠前的企业在财务指标上表现更加突出，面对变化不定的经济环境也有更强的适应能力。

在投资回报水平上，根据各行业的月个股回报率分析，多数行业的月个股回报率在 2020 年到 2021 年都出现了较大波动。农、林、牧、渔业和教育业 ESG 总得分排名前 50%企业的月个股回报率表现在 2020 年要明显优于排名后 50%企业，但 2021 年优势逐渐降低；采矿业，水利、环境和公共设施管理业，电力、热力、燃气及水的生产和供应业的总得分排名前 50%和后 50%的企业在月个股回报率上变化基本一致，都经历了较大的波动，但 2021 年排名前 50%企业的月个股回报率表现较为稳定；制造业和金融业排名前 50%企业波动较小，相较于排名后 50%企业有更好的抗风险能力；建筑业，批发和零售业，交通运输、仓储和邮政业等行业的月个股回报率波动都较大，但行业内 ESG 总得分排名前 50%企业投资回报表现要较为平稳；住宿和餐饮业以及科学研究和技术服务业经济在疫情期间都受到了很大的冲击，但排名前 50%企业在月个股回报率上表现要明显优于排名后 50%的企业。因此从整体上看，ESG 重视程度较高的企业在面对外部经济环境的复杂变化时有更好的投资回报表现。

21.2　ESG 发展建议

21.2.1　上市公司需加强 ESG 信息披露，积极践行 ESG 理念

上市公司整体 ESG 得分不高，金融业作为 ESG 表现最好的行业，平均得分也较低，其重要原因就是相当一部分上市公司未能对其 ESG 信息

进行完整披露，本评价体系充分考量了企业的信息披露情况，信息披露程度较高的企业，才有可能得到较高的分数。在高质量发展的背景下，各行业上市公司需要积极开展 ESG 实践，加强 ESG 信息披露。

21.2.2 投资机构可重点关注 ESG 表现优异企业，采取相应投资策略

根据分析可知，对于绝大多数行业，ESG 得分较高的上市公司在平均总市值、盈利能力、运营效率等方面，均明显优于上市公司整体情况。同时，考虑月个股回报率，根据近两年数据对比可知，绝大多数行业 ESG 得分较高的企业能够在整体市场波动剧烈时，保证更为稳定的个股回报率表现。投资 ESG 得分较高的各行业上市公司能够在资本市场低迷时期避免更大损失，有利于投资机构锁定收益。有鉴于此，投资机构在采取投资策略时可以更多参考上市公司的 ESG 表现。但需要注意的是，本书中数据只反映了过去两年的投资回报表现，投资机构可重点关注 ESG 表现优异企业，针对实时投资环境，采取相应投资策略。

21.2.3 政府相关部门需为上市公司制定规范、统一和完善的 ESG 披露标准，指导上市公司进行 ESG 信息披露

统计分析表明，ESG 披露尚未标准化、体系化。分析各上市公司披露的具体 ESG 信息可知，部分上市公司能够有意识地进行 ESG 披露，但由于缺乏系统的披露标准引导，上市公司披露的 ESG 信息未能标准化、体系化，企业 ESG 信息的披露亟须相关标准的指导。中国 ESG 研究院牵头起草的《企业 ESG 披露指南》已于 2022 年 4 月 16 日正式发布，期待国家相关部门和各行业协会，根据各行业的特点，加快制定 ESG 国家和行业标准，共同指导上市公司的 ESG 信息披露。

21.3　展望

21.3.1　企业 ESG 评价应用前景广阔

ESG 评价可衡量企业 ESG 绩效表现，实现"以评促改"，监督企业不断适应市场的新变化，推动企业绿色低碳转型，引导企业高质量发展。目前社会已经对 ESG 评价的重要作用在一定程度上达成共识，通过 ESG 评价，企业可发现自身不足，有针对性地进行改善和提高；政府部门和投资机构可参考 ESG 评价结果进行决策和投资。

除了以上应用领域，ESG 评价还可以为企业在筛选供应链合作伙伴、消费者产品选择、求职者就业选择等方面提供参考。企业环境维度表现的优劣直接影响企业是否能够通过国家相关环保标准，是否能够稳定为企业客户、个人客户提供符合标准的产品。企业社会维度的表现则直接影响到企业产品的口碑、自身社会形象，进而影响消费者对企业的选择；企业员工福利高低、晋升通道是否通畅等内容的披露有助于求职者更准确地对招聘企业进行衡量。企业治理维度的表现则直接影响到企业能否长远健康发展，这有助于企业提升员工凝聚力与社会认同感。

企业 ESG 评价还有更多的应用场景亟待开发，相信通过政府部门、投资机构、评级机构等相关方的持续推动，引导企业更多地披露环境、社会和治理等方面的信息，供各类型需求者分析和参考，企业 ESG 评价的作用会得到更充分的发挥，更高效地推动社会的高质量发展。

21.3.2　企业 ESG 评价发展在差异中寻求共识

各机构的 ESG 评价体系并不相同，以上海华证指数信息服务有限公司和社会价值投资联盟为例，前者构建了三级指标体系，并根据国内不同行业情况，融入了更多特色指标（信息披露质量、违法违规情况、精准扶贫等），建立不同的权重与指标体系，最终企业评分被划分"AAA—C"9档；社会价值投资联盟构建了义利评估模型，形成通用性评估指标体系，并根据申万行业分类，形成了针对28个一级行业进行差异化评估的系列评估子模型，推出"义利99"评估报告和针对各个行业的可持续发展价值评估报告。

不同机构的评价结果也不同，根据上海华证指数信息服务有限公司评价结果，共有202家企业被评为AAA级，与本书评价结果中前202名企业的重合度仅有14.36%；社会价值投资联盟发布的"义利99"企业榜单中，有63家企业为中国ESG研究院的上市公司评价前99名企业，重合度为63.64%。

不同评价机构的评价体系和评价结果均有所不同，差异较大。一方面，丰富了企业、政府有关部门和投资机构的选择空间，相关方可根据需求参考一家或多家机构的评价结果做出决策；另一方面，这也反映出市场并未就如何进行企业ESG评价达成共识，企业ESG评价鼓励百花齐放、百家争鸣，但也会在差异中逐步形成一定程度的统一。中国ESG研究院牵头起草了《企业ESG披露指南》和《企业ESG评价体系》团体标准，并分别于2022年4月16日和2022年11月16日发布，填补了我国企业ESG披露标准和企业ESG评价领域的空白，相信在相关标准和文件的引导下，企业ESG评价发展会在差异中达成共识。

21.3.3　适用于特定行业企业 ESG 评价体系有较大完善空间

多个投资机构针对不同行业的企业进行了ESG评价，以社会价值投资联盟和润灵环球为例，前者先根据负面指标体系对企业进行初步筛选，再对进入评价池中的企业进行评价，行业分类采取申万行业分类；润灵环球根据全球行业分类标准（GICS）对企业进行分类评价。因此，评价机构针对不同行业的企业ESG评价在行业划分、指标选取、评价方案选择等方面各不相同。

《企业 ESG 披露指南》团体标准和《企业 ESG 评价体系》团体标准分别对全行业、各类型企业的 ESG 信息披露和 ESG 评价做出规范和引导。企业可参照《企业 ESG 披露指南》对自身 ESG 信息进行披露，评价机构可根据自身关注重点，参照《企业 ESG 评价体系》设定评价指标、评级权重、选择评价方法进行评价。

《企业 ESG 披露指南》和《企业 ESG 评价体系》在一定程度上可以为特定行业企业的信息披露和评价提供参考，但不同行业企业的 ESG 信息披露重点有所不同，针对不同的行业的企业，评价机构评价侧重点也有所不同。目前尚未形成针对不同行业的 ESG 信息披露标准和 ESG 评价标准，相信在市场需求引领和相关部门的推动下，适用于特定行业企业 ESG 评价体系会得到进一步完善。